추천의 글

「일상기도」는 기도에 관한 아주 훌륭한 책일 뿐 아니라 그 이상이다. 이 책은 하늘 아버지께서 우리를 사랑하심을 실제로 믿는 이답게 살아가려고 씨름하는 우리들의 이야기다. 그렇게 산다면, 기도에 헌신하지 못하게 우리를 막을 수 있는 것은 아무 것도 없다. 우리의 씨름에 대한 폴 밀러의 해석은 뜨끔하면서도 통찰력과 용기를 준다. 정말 기도하고 싶은 마음이 들게 하는 책이다!

폴 데이빗 트립_ 폴 트립 사역재단 총재, 「영혼을 살리는 말 영혼을 죽이는 말」, 「치유와 회복의 동반자」 저자

아주 참신한 책이다! 기도가 종교 행위처럼 느껴지고 형식적인 습관처럼 드려진다면, 꽉 막힌 기계적인 기도에 지쳤다면, 하나님이 자리를 비우신 게 아닌가 싶었다면, 혹시라도 기도를 포기할까 생각 중이라면 적어도 이 책을 읽기 전까지는 그러지 말라! 이 책을 읽고 나면 책을 추천한 나에게 감사하게 될 것이다.

스티브 브라운_ 리폼드 신학대학원 교수, 「다 알았다고 생각한 이후 내가 배운 것들」 저자

솔직하고, 현실적이고, 성숙하고, 지혜롭고, 깊이가 있다. 적극 추천한다.

J. I. 패커_ 리젠트 대학 신학 교수, 「하나님을 아는 지식」 저자

기도는 우리가 느끼는 깊은 회의와 하나님께 대한 절박성을 드러내 준다. 폴 밀러는 기도의 약속을 우리와 하늘 아버지의 마음을 소통시켜 주는 선물이자 세상을 변화시키는 길로 포착해낸다. 기도 충만한 삶을 살고자 정직하게 씨름하며 어린 아이처럼 즐거이 하나님의 마음을 경청하는 저자 덕분에 이제 우리도 감사할 수 있고 하나님께 담대히 아뢸 수 있다. 우리의 등 뒤에 하나님의 숨소리가 느껴지게 해 주는 책이다. 우리를 새로운 희망으로 끌어올려 줄 것이다.

댄 알렌더_ 마즈힐 대학원 학장, 「나를 찾아가는 이야기」, 「약함의 리더십」 저자

「일상기도」는 기도하면서 경험하는 하나님의 능력을 아주 감동적으로 증언한다. 폴 밀러는 자신의 삶과 성경의 지혜를 나누며 독자들의 마음이 '기도 공작소'가 되게 한다. 그 열정으로 하나님께 솔직히 아뢰면 우리의 삶과 우리가 기도해 주는 사람들의 삶이 변화된다.

트렘퍼 롱맨 3세_ 웨스트몬트 대학 성경학 교수, 「어떻게 시편을 읽을 것인가?」 저자

예수님이나 구원의 은혜가 당신에게 그저 추상적으로 다가온다면, 그분의 사랑이 살아있는 실체가 되게 하는 데 폴 밀러가 큰 도움을 줄 것이다.
팀 켈러_ 박사, 뉴욕 리디머 장로교회 담임목사, 「살아 있는 신」 저자

폴 밀러는 영적인 삶과 일상생활을 결코 분리하지 않는다. 「일상기도」에서 그는 그리스도와의 끊임없는 소통이 일상생활, 특히 가정생활에 가져오는 변화를 보여 준다. 이 책을 읽으면 일상생활 속에 기도가 녹아들면서 당신의 이야기에 기도가 더욱 중요한 부분이 될 것이다.
필립 라이큰_ 박사, 필라델피아 제10장로교회 담임목사, 「개혁주의 핵심」 공저자

내 서재에 기도에 관한 책이 스무 권쯤 되지만 이 책만큼 내 마음을 사로잡거나 아버지와의 시원한 소통으로 떠밀어 준 책은 없었다. 하나님의 은혜의 복음에 담긴 근본적인 속뜻을 마침내 기도에 적용한 책이다! 기도하는 것은 예수님을 더 똑똑히 보고 매사, 매순간 그분을 더 수시로 만나는 것임을 폴은 어린 아이 같은 경이감, 현자 같은 지혜, 마음에서 우러난 솔직함으로 우리에게 보여 준다. 나를 정말 중요한 일에 다시 불러 준 그에게 감사한다.
스코티 스미스_ 테네시 주 프랭클린의 그리스도 공동체 교회 목사

그간 폴 밀러는 때에 맞는 말과 행동으로 나에게 깊은 영향을 끼쳤다. 이번 책 역시 적시타다! 기도 생활의 비결은 당신이 살고 있는 이야기들을 적극적으로 이해하는 데 있음을 보여 주는 책이다. 이야기마다 그 속에 기도가 있고 기도마다 그 속에 이야기가 있다.
찰리 피코크_ Art House America 공동대표, *New Way to Be Human* 저자

많은 그리스도인들처럼 나도 의미 있는 기도 생활을 유지하느라 힘들어한다. 내 기도는 급하고 얕고 형식적일 때가 너무 많다. 그런데 폴 밀러의 「일상기도」는 기도를 더 잘하고 싶어 하는 우리에게 깊은 감화와 도움을 준다. 마음에 와 닿는 이야기들, 탄탄한 성경적 기초, 통찰력 있는 영적 원리들을 통하여 기도의 본질부터 설명한 다음, 기도 방법에 관한 실제적인 제안까지 기도로 가는 편안한 길을 열어 놓았다. 즐거운 독서가 될 것이고, 당신의 기도 생활이 훨씬 더 의미 있어질 수 있음에 놀랄 것이다.
밥 러셀_ 목사, *When God Builds a Church* 저자

찰스 스펄전은 '기도는 더 큰 일을 위해 우리를 준비시켜 주는 것이 아니라 기도가 곧 더 큰 일이다'라고 말했다. 이 책은 그 '더 큰 일'로 우리를 다시 불러 준다. 주님의 임재 안에서 누리는 기쁨을 일깨워 주고, 기도 생활의 능력과 친밀감을 되찾는 법에 관한 실제적 통찰을 준다.
켄 샌드_ Peacemaker Ministries 총재

일상 기도

일상기도

지은이_폴 밀러 | 옮긴이_윤종석 | 펴낸이_김혜정 | 교정교열_ 정인숙
마케팅_ 윤여근, 정은희 | 디자인_gnalendesign
초판1쇄 펴낸날_2011년 10월 14일 | 초판9쇄 펴낸날_2026년 1월 15일

펴낸곳_도서출판 CUP | 등록번호_제395-3070000251002001000021호(2001.06.21.)
(10594) 경기도 고양시 덕양구 동축로 70, B동 A604호(현대프리미어캠퍼스 지축역)
T.(02)745-7231 F.(02)6455-3114 | www.cupbooks.com | cupmanse@gmail.com

This edition issued by contractual arrangement with NAVPRESS,
a division of The Navigators, USA.
Originally published by Navpress in English
as *A PRAYING LIFE*, Copyright © 2009 by Paul Miller

ISBN 978-89-88042-55-7 03230 Printed in Korea.

· 파손된 책은 구입하신 서점에서 교환해 드리며, 책값은 뒤표지에 있습니다.

일상 기도

폴 밀러 지음 | 윤종석 옮김

CUP

A Praying Life

Connecting with God in a Distracting World

Paul E. Miller

이 책이 나오기까지 많은 도움을 준 펜실베니아 주 드레셔에 있는 첼튼 침례교회의 제인 헤브든과 휴스턴 재단, 플로리다 주 레이크랜드에 있는 트리니티 장로교회의 우리 친구들-론과 킴 에이버리, 하워드와 디나 베이리스, 잭과 티나 해럴, 팀과 티나 스트로브리지, 짐과 크리스티 밸런티, 저스틴과 젠 윌슨 등-에게 특별히 감사를 드린다.

차례

데이빗 폴리슨 서문

기도는 어렵다. 많은 사람들이 무엇인가 필요한 것을 믿을 만한 친구에게 부탁하는 것도 어려워한다. 그런데 그 부탁에 '기도'라는 이름이 붙고 친구가 '하나님'으로 바뀌면 일이 정말 복잡해진다. 뒤죽박죽인 문장, 공식처럼 굳어진 문구, 무의미한 반복, 요청인지 부탁인지, 뭔지 모를 애매한 표현, 거룩한 목소리, 혼란스러운 말투를 당신도 경험해 보았을 것이다. 친구나 가족에게 그런 식으로 말했다가는 미쳤다는 소리를 듣겠지만 아마 하나님께는 그렇게 말해 왔을 것이다. 게다가 기도를 액운을 면하고 행운을 가져오는 부적처럼 대하는 사람들도 있고, 기도 양이 정해진 기준에 못 미쳐서 죄책감을 느끼는 이들도 있다. 어쩌면 당신이 그런 사람인지도 모른다.

기도_ 고역이자 문젯거리가 되는 경향이 있다.

삶_ 언제나 고역이고 문젯거리다. 우리는 해야 할 일들과 염려, 잡념, 부담, 기쁨, 짜증 속을 쳇바퀴 돌듯 돌고 있다.

하나님_ 저기 어딘가에 어쩌다 계시는 분이다.

이렇듯 고역이자 문젯거리인 기도와 삶, 그리고 천지의 주인이신 하나님은 왠지 잘 어울리지 않는 것 같다.

하지만 기도는 고역이나 문젯거리가 아니며, 하나님은 지금 여기 계신다. 기도란 당신의 삶과 하나님이 만나서 나누는 대화다. 폴 밀러는 그것을 분명하게 이해하고 있으며, 「일상기도」를 통해 독자들이 그 지식을 삶으로 실천하도록 도와준다.

기도하는 삶이야말로 정상적인 생활 방식이다.

세상은 기껏해야 자기 자신에게 말하는 법을 가르쳐 줄 뿐이다. "자신에게 하는 말을 바꾸라. 그러면 어떤 상황에서든 다르게 느낄 것이다. 자기 대화 방식을 바꾸라. 그러면 자신에 대한 느낌이 달라질 것이다. 당신 힘으로 변화시킬 수 없는 것들을 만나면 자기 대화를 통하여 그 절망에서 벗어나라. 당신의 노력으로 변화시킬 수 있다면 뭔가 건설적인 일을 하라." 이것이 세상이 말하는 최선의 노력이다. 그러나 이것은 우리에게 익숙한 방식이지만 비정상적인 생활 방식이다.

그러나 예수님의 삶과 가르침은 뭔가 다르다. 그분이 하시는 일은 익숙하지 않지만 바람직하다. 예수님은 당신도 그렇게 하도록 도우신다. 인간답고 인도적인 본연의 삶을 가르쳐 주신다. 어떻게 자기 대화를 멈추고, 기도를 고역으로 만드는 것을 그만 두어야 하는지 보여 주신다. 당신에게 이제부터 아버지막달라 마리아에게 말씀하신 것처럼 '내 아버지 곧 너희 아버지' 께 말하는 법을 가르치신다. 이 세상을 다스리시며, 당신이 무조건 잘되기만을 바라시기로 작정하신 하나님과 대화하는 법을 보여 주신다.

일상 속에서 하나님과 함께 삶을 의논하는 것이야말로 '기도' 라 이름 붙일 만한 대화다. 성경에 수백 가지 예가 나오며 폴 밀러도 그것을 들었다. 성경의 기도는 일상생활 속에서 이루어지며 실존하시는 하나님과 통한다. 실제로 들으시는 하나님께 실제의 어려움과 필요를 가져가는 것이다. 그러므로 성경의 기도는 결코 고역처럼 보이지 않는다. 실제처럼 들리고 실제처럼 느껴진다. 그야말로 실제이기 때문이다.

폴은 하나님과의 살아있는 교제가 어떻게 생각하고, 말하고, 느끼고, 행동하는 것인지를 분명하게 보여 준다. 그의 가정 생활과 기도 생활 속으로 당신을 데려갈 것이다. 어떻게 삶과 하나님이 서로 연결되어 있는지를 봄으로써 당신은 하나님의 자녀로서 삶의 기쁨을 맛보게 되며, 당신의 아버지요 선한 목자이신 그분과 가까이 동행하는 모험을 경험할 것이다.

「일상기도」는 당신의 기도에 생생하고 활기찬 현실성을 가져다 줄 것이다. 이 책을 마음에 깊이 새겨 기도하는 삶으로 들어갈 수 있기를 소망한다.

데이빗 폴리슨_「성경이 말하는 영적전쟁」 저자, Journal of Biblical Counseling 편집인

머리말

처음부터 기도에 관한 책을 쓰려고 했던 것은 아니다. 그저 내가 기도하는 법을 터득했다는 사실을 알았을 뿐이다. 삶에 등장하는 예기치 못한 반전들이 내 마음속에 하나님께 가는 길을 만들어냈다. 하나님은 고난을 통하여 나에게 기도를 가르치셨다.

1990년대 후반에 어느 목사님이 여름 동안 강단을 맡아 달라고 부탁했다. 그 일을 계기로 그동안 배웠던 기도에 관한 원고를 정리해 보았는데, 그 원고가 토대가 되어 친구 밥 앨럼스와 함께 벌써 60회 이상의 기도 세미나를 하고 있다. 기도 세미나에 대한 반응은 거의 폭발적이었다. 사람들의 삶에 심금을 건드렸던 것이다.

나는 세미나로 충분하며 기도에 관한 또 하나의 책을 쓸 필요는 없다고 생각했다. 게다가 시간을 내기도 여의치 않았다. 그런데 친구 데이빗 폴리슨과 아내 질이 책을 써서 더 많은 사람에게 도움을 주기를 강권했고, 이사장이신 리네트 헐도 글을 쓰며 하루를 시작하면 좋겠다고 했다. 그리하여 제대로 살아보려고 애쓰는 사람들, 기도를 잘하지는 못하지만 하늘 아버지와의 소통을 갈망하는 사람들을 위하여 쓰게 되었다.

이 책의 첫 장은 기도와 관련한 여러 가지 좌절을 언급하고, 2장에서는 우리가 어디로 향하여 가고 있는가를 짚어본다. 1부 "어린 아이처럼 기도하라"에서는 하늘 아버지를 어린 아이처럼 대하는 기본을 살펴본다. 2부 "다시 신뢰하기를 배우라"에서는 더 깊이 들어가, 우리 마음이 기도에 무디어지게 하고 아버지의 삶 속으로 끌려들지 못하게 막고 있는 습관들을 몇 가지 알아본다. 3부 "아버지께 구하기를 배우라"에서는 우리의 시대 정신에서 비롯되는 기도의 장애물을 살펴본다. 4부 "하나님의 계획을 발견하라"에서는 이 모든 것이 하나로 수렴된다. 기도하는 삶을 살면, 하나님이 우리 삶 속에 엮어 가시는 이야기를 알게 되고 그 안으로 들어가게 된다. 마지막 5부 "일상 속에서 기도하라"에서는 그동안 기도를 배우는 많은 사람들에게 도움이 되었던 몇 가지 간단한 도구와 기도 방식을 소개한다. 그런 도구를 보면서 우리의 마음에 대하여, 그리고 하나님이 우리 삶에서 어떻게 이야기를 엮어가시는지를 계속하여 배우게 될 것이다.

그것이 이 책의 뼈대다. 나머지 살은 우리 가정의 이야기들이다. 극적인 것들이 아니라 스트레스와 실망으로 가득한 이 세상에서 어떻게든 살아남고 잘되려고 애쓰는 일상 생활 속의 이야기들이다. 우리를 보면서 당신도 예수님의 임재를 경험하게 되기를 바란다.

사도 바울은 모든 참된 사역이 이루어지는 원리를 이렇게 말했다.

"그리스도의 고난이 우리에게 넘친 것 같이 우리가 받는 위로도 그리스도로 말미암아 넘치는도다"고후 1:5.

이 책을 통해 비교적 가벼운 나의 고난이 당신의 삶 속에 위로로 넘치기를, 그리하여 막힘없이 하나님의 마음과 통하게 되기를 기도한다.

일상기도

일상 속에서 하나님 만나기

A Praying Life

기도가 무슨 소용이에요?

01

주말에 다섯 아이와 함께 펜실베니아 주 엔드리스 산맥에서 캠핑을 하던 중이었다. 아내는 여덟 살 된 딸 킴과 집에 있었는데, 그전 해 여름 캠핑에서 아찔한 일을 겪은 후로 차라리 집에 남고 싶어 했다.

텐트 쪽에서 차가 있는 방향으로 걸어가고 있는데 열네 살 된 딸 애슐리가 잔뜩 굳은 표정에 속상한 모습으로 밴 앞에 서 있었다. 무슨 일이냐고 물으니 딸이 "콘택트렌즈를 잃어버렸어요. 없어졌어요"라고 말한다. 바닥은 숲의 낙엽과 잔가지로 덮여 있어 렌즈가 들어갈 작은 틈새가 무진장 많았다.

내가 말했다.

"애슐리, 움직이지 마. 기도하자."

하지만 기도를 시작하기도 전에 애슐리가 울음을 터뜨렸다.

"기도가 무슨 소용이에요? 그동안 킴이 말하게 해달라고 얼마나 기도했는데 … 아직도 말을 못하잖아요."

자폐증과 발달지체로 고생하고 있던 킴은 미세운동 기능도 약하고 동작이 뜻대로 되지 않아 말도 하지 못하는 상황이었다. 5년째 언어 치료를 받던 어느 날, 킴은 좌절감에 언어 치료사 사무실을 울면서 기어 나왔다. 아내도 그만 하자고 했고 결국 우리는 언어 치료를 중단했었다.

애슐리에게 기도는 더 이상 형식적인 행위가 아니었기에 하나님의 말씀을 그대로 믿고 킴이 말하게 해달라고 기도했던 것이다. 하지만 아무 일도 없었다. 킴이 여태 말을 못한다는 사실은 하나님이 침묵하신다는 증거였다. 기도가 소용 없어 보였다.

나는 의문이 들었다. 기도한다고 달라지는 게 있을까?
하나님이 계시기나 한 것일까?

왜 우리는 기도하지 못하는가?

진심으로 드린 기도가 응답되지 않으면 우리 안에 조용히 냉소주의가 생기거나 영적인 피로가 몰려온다. 그렇다고 애슐리처럼 당당하게 대놓고 말하는 사람은 드물다. 우리는 믿음이 부족하거나 못된 그리스도인처럼 보이기 싫어 자신에게마저 의심을 숨긴다. 냉소에 창피함까지 더할 까닭은 없지 않은가. 그래서 우리는 마음의 문을 닫아 버린다.

흔히들 하는, 기도에 관한 입에 발린 말들도 우리의 냉소를 더 굳혀 준다. “기도할게” 혹은 “기도해 보자”라는 말로 대화를 끝내기도 하는데, “당신을 기도로 올려드리겠다”, “기도할 때 기억하겠다” 따위의 용어들을 쓰기도 한다. 하지만 많은 사람들이 말만 그렇게 해놓고 정작 기도하지는 않는다. 우리도 마찬가지다. 왜 그럴까? 기도해봐야 별로 달라질 것이 없다고 생각하기 때문이다.

그런데 냉소와 입에 발린 말은 문제의 일부에 지나지 않는다. 가장 흔한 좌절은 기도 그 자체다. 기도한지 15초만 지나도 난데없이 할 일들이 떠오르면서 생각이 삼천포로 빠진다. 순전히 의지력으로 다시 마음을 다잡고 기도로 돌아가 보지만 어느새 똑같아진다. 기도 대신 잡념과 염려가 뒤죽박죽 섞인다. 그러다 보면 죄책감도 든다. ‘난 뭔가 문제가 있는 게 분명해. 다른 사람들은 기도할 때 이런 문제가 없는 것 같던데.’ 그러면서 5분 만에 “난 기도할 사람이 못 돼. 차라리 볼일이나 처리하는 게 낫겠다”라고 말하며 포기해 버린다.

아닌 게 아니라 우리에게 뭔가 문제가 **있다**. 기도하고 싶은 본능은 창조 때부터 주어진 것이다. 우리가 하나님의 형상대로 지음 받았기 때문이다. 그런데 타락으로 인해 기도할 줄 모르는 무능함이 생겨났다. 악이 우리 안에 있는 하나님의 형상을 훼손시켜서 하나님께 말하고 싶어도 그렇게 하지 못한다. 기도하고 싶은 갈망과 철저히 망가진 기도 안테나가 서로 마찰을 일으켜 끊임없이 좌절을 낳는다. 꼭 우리가 뇌졸중 환자라도 된 것 같다.

여기에 어떤 기도가 좋은 기도인가 하는 엄청난 혼란까지 가중되면 사태는 더 복잡해진다. 기도를 시작할 때 나 자신이 아닌 하나님께 집중해야 한다는 막연한 생각에 기도 첫머리에는 예배를 드리려 한다. 그러나 잠깐 동안은 그런 대로 되지만 그래도 억지 같은 기분이 든다. 그러다 보면 다시 죄책감이 들고 의문이 생긴다. '내 예배가 충분했을까? 정말 진심으로 했을까?'

갑자기 영적인 열심이 생겨 기도 리스트를 만들고 기도 제목에 따라 기도하기도 한다. 그러나 곧 무덤덤해져서 해도 좋고 안 해도 그만인 것 같아진다. 기도 제목은 점점 많아지고 귀찮아지며, 많은 제목들이 피부에 와 닿지도 않고 기도가 허공의 메아리처럼 느껴진다. 누군가 병이 낫거나 문제가 해결되어도 어차피 그렇게 될 일이 아니었을까 하는 의문도 든다. 그러다 어느새 기도 제목을 적은 종이를 잃어버린다.

기도는 우리가 얼마나 자아에 함몰되어 있는지를 드러내고 우리의 회의를 들추어낸다. 기도하지 않는 편이 차라리 더 쉬웠다. 우리의 기도는 몇 분만 지나면 아수라장이 된다. 겨우 출발선을 떠났나 싶은데 어느새 냉소와 죄책감과 절망에 빠져 옆길에 주저앉고 만다.

기도는 힘들다

미국 문화야말로 세상에서 기도를 배우기 가장 힘든 곳일 것이다. 워낙 바쁜 우리인지라 막상 차분히 기도하려고 하면 불편해진다. 우리는 성취와 생산을 높이 평가한다. 그런데 기도는 고작 하나님께 말이나 하고 있는 것이니 시간 낭비 같고 무용해 보인다. 우리 몸속의 뼈마디 하나하나가 일제히 "가서 일이나 해"라고 소리친다.

일하지 않는 시간에는 오락에 빠져 있다. 텔레비전, 인터넷, 비디오게임, 휴대전화 때문에 자유 시간도 일할 때만큼이나 바쁘다. 행여 속도를 늦추면 금방 멍해진다. 고속 질주하는 삶에 지칠 대로 지쳐, 화면 앞에서 또는 이어폰을 꽂은 채로 그냥 식물 인간이 되는 것이다.

더욱이 좀 조용해지려고 하면 C. S. 루이스가 말한 '소음 왕국'[1]이 우리를 공격해 온다. 어디를 가나 소음이 백그라운드가 되어 있다. 외부에 소음이 없으면 우리 스스로 아이팟으로 소음을 만들어낸다. 심지어 어수선한 기운은 교회 예배에도 있을 수 있다. 하나님 앞에서 가만히 있을 자리가 별로 없다. 본전 생각에 늘 무슨 일이든 일어나야만 한다. 우리는 침묵이 불편하다.

기도를 방해하는 가장 교묘한 장애물 중 하나는 아마 우리 사회에 가장 만연한 그것이 아닐까 싶다. 즉 문화 전반도 그렇고 교회도 그렇고, 우리는 지성과 능력과 부를 중시한다. 하나님 없이도 인생을 살아갈 수 있으니, 기도가 좋은 것이긴 해도 꼭 필요해 보이지는 않는다. 기도로 하는 일을 돈으로도 할 수 있다. 오히려 돈이 더 빠르고 시간도 덜 걸린다. 자신과 자신의 재능을 믿는 한 우리는 어차피 하나님과 상관없는 독자적인 존재다. 그러니 기도하라는 권면은 귀에 들어오지 않는다.

또한 기도가 얼마나 이상한 일인지 잠시 생각해 보면 사태는 더 심각해진다. 전화 통화를 할 때는 목소리를 듣고 반응하지만 기도는 허공에 대고 말하는 것이다. 혼잣말은 미친 사람들이나 하는 짓 아닌가! 어떻게 영과 대화한단 말인가? 말소리가 들리지 않는 존재와 어떻게 말을 한다는 말인가?

그런데 기도 중에 하나님이 나에게 말씀하실 수 있다고 믿는다 해도, 내 생각과 그분의 생각을 어떻게 구분할 것인가? 기도는 헷갈리는 일이다. 성령께서 어떤 식으로든 개입하신다는 사실은 막연하게나마 알고 있지만 영이라는 것이 언제 어떻게 나타나며 심지어 그것이 무슨 의미인지조차도 우리는 잘 모른다. 어떤 사람들은 성령충만하여 잘 알지도 모르지만 나는 아니다.

하나님에 관한 생각은 그렇다 치고 나는 어떻게 해야 하는가? 내가 원하는 대로 기도해도 되는가? 나에게 무엇이 필요한지 하나님이 이미 아신다면 기도는 무엇 때문에 하는가? 하나님을 지루하게 만들 이유가 없지 않은가? 기도란 꼭 귀찮게 조르는 일 같아서 생각만 해도 답답해진다.

지금까지 당신의 경험이 그러했는가? 만일 그렇다면 알아야 할 것이 있다. 당신 말고도 그런 사람들이 많다는 것이다. 기도에 관한 한 대부분의 그리스도인들이 좌절을 느낀다!

당신은 도움이 필요하다

당신이 기도 생활을 똑바로 하려고 기도 치료사를 찾아간다고 상상해 보자. 치료사가 말한다. "먼저 당신과 하늘 아버지의 관계부터 봅시다. 하나님은 '[내가] 너희에게 아버지가 되고 너희는 내게 자녀가 되리라' 고후 6:18고 하셨습니다. 당신이 하나님의 자녀라는 말이 무슨 뜻입니까?"

당신은 그것이 예수님을 통하여 하늘 아버지께 막힘없이 나아갈 수 있다는 뜻이라고 답한다. 참으로 친밀한 관계가 당신에게 주어졌으며, 그 근거는 당신의 선함이 아니라 예수님의 선하심에 있다. 그뿐만 아니라 예수님은 당신의 형제시며 당신은 그분과 함께 공동 상속자다.

치료사가 웃으며 말한다. "맞습니다. 자녀 됨의 교리를 아주 잘 설명하셨습니다. 그렇다면 당신이 아버지와 **함께 있는다**는 것이 무엇인지 말씀해 보십시오. 그분과 **대화한다**는 것은 무엇입니까?"

당신은 잠시라도 아버지의 임재 안에 있기가 힘들다고 조심스럽게 치료사에게 털어놓는다. 하나님 앞에 있으려면 잡념이 들고 뭐라고 말해야 할지 막막하다. 그래서 의문이 든다. '기도한다고 달라지는 게 있을까? 하나님이 계시기나 한 것일까?' 그러다 그렇게 의심하는 자신에게 죄책감이 들어 그냥 그만두어 버린다.

당신이 이미 짐작했던 바를 치료사가 말해 준다. "당신과 하늘 아버지의 관계는 역기능적입니다. 말로는 친밀한 관계가 있다고 하지만 사실은 그렇지 못합니다. 이론적으로는 가까운데 실제로는 멉니다. 당신은 도움이 필요합니다."

그래도 나는 기도했다

애슐리가 울음을 터뜨리던 그때, 나도 도움이 필요했다. 나는 딸의 의심과 나 자신의 의심 사이에 갇혀 얼어붙어 버렸다. 킴이 말하게 해 달라고 애슐리가 기도했었다는 사실을 몰랐다. 애슐리의 눈물이 그토록 난감했던 것은 그 아이의 말이 옳았기 때문이다. 하나님은 애슐리의 기도에 응답하지 않으셨다. 킴은 여전히 말을 하지 못했다. 나는 딸의 믿음과 내 믿음이 어떻게 될까봐 두려웠다. 어찌해야 할지 막막했다.

여기서 내가 기도하면 문제가 더 악화되지나 않을까? 기도했는데 콘택트렌즈를 찾지 못하면 애슐리의 불신을 더 깊게 다져 주는 꼴만 되리라. 우리 부부는 이미 애슐리의 마음을 잃고 있었다. 하나님을 믿던 애슐리의 어릴 적 믿음은 남자아이들에 대한 믿음으로 바뀌고 있었다. 애슐리는 귀엽고 다정다감하고 외향적이었다. 아내는 애슐리의 남자친구들을 계속 따라잡느라 애를 먹고 있었고, 그래서 그들을 고대의 왕처럼 부르기 시작했다. 첫 남자친구가 프랭크였으므로 그 다음은 프랭크 2세, 프랭크 3세, 그런 식이었다. 우리 부부는 도움이 필요했다.

사실 하나님이 뭔가 해 주시리라는 확신은 별로 없었지만 나는 속으로 기도했다. '아버지, 약속을 지키실 정말 좋은 기회입니다. 애슐리를 위해서라도 이 기도를 들어 주셔야 합니다.' 그러고 나서 애슐리와 함께 소리 내서 기도했다.

"아버지, 콘택트렌즈를 찾도록 도와주세요."

기도를 마치고 몸을 구부려 흙과 잔가지 사이를 잘 살펴보았다. 거기 나뭇잎 위에 잃어버린 콘택트렌즈가 놓여 있었다.

기도해서 정말 달라진 것이다.

일상기도는 축제다

02

자신이 기도를 잘 못한다고 생각되더라도 일상 생활 가운데 하나님과 동행하며 기도하는 삶을 가꾸려면, 좋은 기도란 어떤 것이고 어떤 느낌인지 알 필요가 있다. 일상기도가 지향하는 곳을 알고 있으면 여정에 도움이 될 수 있다. 그래서 구체적인 기도 방법으로 들어가기 전에 우리의 목표부터 좀 더 정확히 알아보자.

일상기도는 좋은 친구들과의 저녁식사 같다

킴에게 일주일 중 최고의 시간은 토요일 날 근처 식당에서 할머니와 함께 저녁식사를 하는 시간이다. 무더운 여름이나 추운 겨울 애견보호소에서 개들을 산책시키는 일을 하느라 지쳐서 들어오다가도 할머니와 함께 식당에 앉기만 하면 킴은 기운이 살아난다. 말하는 컴퓨터를 앞에 놓아 주면 112개나 되는 자판으로 정신없이 떠들어댄다. 전자 목소리지만 딸의 이야기는 아무리 들어도 질리지 않는다. 그러다 혹시라도 말문이 트일지 누가 알겠는가.

최근에 함께 간 식당에서 킴이 말하는 컴퓨터로 라자냐를 주문했다. 세 가지 아이콘을 순서대로 누르면 컴퓨터에서 '라자냐'라는 말소리가 난다.[1] 웨이트리스가 킴에게 라자냐는 채식 메뉴라고 말해 주자, 본래 채소를 좋아하지도 않지만 그렇다고 뭐든 바꾸는 것도 싫어하는 킴이 주먹으로 식탁을 쾅 쳤다. 그러자 포크며 나이프며 접시들이 춤을 추었고 딱한 웨이트리스는 놀라서 어쩔 줄 몰라했다. 나중에 음식을 가져와서도 그녀는 언제 또 같은 일을 당할지 몰라 우리 주변을 조심조심 다녔다. 우리 가족들이 두고두고 하는 이야기다.

가족으로서 함께하는 최고의 시간은 저녁식사 때다. 식후에 그릇을 밀쳐놓고 커피나 핫초콜릿을 마시며 그냥 뭉그적거린다. 특별히 할 일이 있는 것도 아니고 그냥 서로를 즐거워한다. 듣고, 말하고, 웃는다. 당신도 좋은 친구들이나 가족들과 함께 경험해 보면 알겠지만, 그야말로 천국을 슬쩍 맛보는 시간이다.

예수님은 친밀함을 설명하실 때 함께 식사하는 것을 예로 들어 말씀하신다. "볼지어다 내가 문 밖에 서서 두드리노니 누구든지 내 음성을 듣고 문을 열면 내가 그에게로 들어가 그와 더불어 먹고 그는 나와 더불어 먹으리라"계 3:20.

일상기도는 우리 가족의 식사 시간과 같다. 기도는 관계가 제일 중요하기 때문이다. 기도는 친밀한 것이며 영원을 머금고 있다. 기도할 때 우리는 커뮤니케이션이나 단어가 아니라 대화 상대를 생각한다. 기도는 단순히 하나님을 경험하고 그분과 소통하는 매체일 뿐이다.

그런데 이상하게도, 많은 사람들이 기도 방법을 배우는 데 더 매달리는 것은 하나님이 아니라 기도 자체에 초점을 두기 때문이다. 기도를 중심으로 삼는 것은 가족 식사 시간의 중심에 대화 자체를 두는 것과 같다. 기도할 때 대화에 초점을 두는 것은 자동차 앞 유리 바깥이 아니라 유리 자체를 보면서 운전하려는 것과 같다. 그러면 어디로 가야 할지 몰라 꼼짝 못하게 된다. 대화는 서로를 경험하는 수단일 뿐이다. 그러므로 이 책의 중심도 기도가 아니라 하나님이라는 인격체를 아는 것이다.

일상기도는 삶 전반과 얽혀 있다

기도의 핵심은 관계다. 그러므로 기도를 삶과 동떨어진 한 부분으로 보고 접근해서는 안 된다. 그것은 마치 체육관에 가서 왼쪽 팔만 운동하는 것과 같다. 왼팔이야 강해지겠지만 전체 체형이 이상해질 것이다. 기도와 관련해 많은 사람들이 좌절하는 것도 기도를 추상적인 훈련으로 보고 접근하기 때문이다.

기도는 나머지 삶과 따로 떼어서 배울 수 있는 것이 아니다. 내가 막내딸 에밀리를 사랑하면 할수록 그 아이를 위해서 더 기도하게 되는 것처럼 말이다. 반대로 생각해도 그렇다. 에밀리를 위해 기도를 배울수록 그 아이를 더 사랑하게 된다. 믿음 또한 기도와 별개가 아니다. 나의 믿음이 자랄수록 아내를 위한 기도는 더 담대해지고, 아내를 위한 기도가 응답되면 될수록 나의 믿음도 더 자란다. 고난도 마찬가지다. 고난 속에서 기도를 배우고, 기도를 배우면서 고난을 견디는 법도 배운다. 그리스도인 삶의 모든 부분이 이렇게 서로 얽혀 있다.

이처럼 기도 생활이 삶의 모든 부분과 얽혀 있으므로, 기도를 배우는 것은 평생 동안 성숙해 가는 과정이라고 볼 수 있다. 성장하는 것은 어떤 기분인가? 날마다 다르다. 기도를 배우는 기분도 그렇다.

그러므로 기도할 때 감정을 좇지 말라. 우리 마음 깊은 곳에서는 하나님 체험 내지 기도 체험을 원하지만 그것을 쫓아다니면 하나님을 잃는다. **우리는 하나님을 체험하는 것이 아니라 그분을 알아가야 한다.** 그분께 복종하고 그분을 즐거워하는 것이 우리 삶이 되어야 한다. 어디까지나 하나님은 인격체이시기 때문이다.

따라서 일상기도는 1년 만에 이루어내는 일이 아니라 평생의 여정이다. 배우자나 친구 사랑하는 법을 배우는 것도 마찬가지다. 이 땅에 사는 한 배움은 끝나지 않는다. 쉽게 사랑을 터득하기에는 그 대상인 인간이 너무 깊다. 마찬가지로, 쉽게 기도를 터득하기에는 그 대상이신 하나님이 너무 깊으시다.

그러나 성장이나 사랑 훈련 같은 것에는 전체적으로 어떤 느낌이 있다. 느리고, 부단하고, 기복이 많다. 거창하지 않지만 그럼에도 끝없이 이어질 현실이다. 쉬운 지름길이 아니라 우리를 영적 여정 내지 순례로 이끌어갈, 수없이 많이 굽어지고 골 깊은 길이다. 그리고 모든 영적 순례는 이야기다.

일상기도는 우리 삶 속에 짜고 계신 이야기를 보게 한다

하나님이 주권자시라면 그분은 내 삶의 모든 세부사항을 주관하고 계신다. 하나님이 사랑이시라면 내 삶의 모든 세부사항을 나의 유익을 위하여 빚으실 것이다. 하나님이 전지하시다면 내가 원하는 대로 무조건 다 해 주지 않으실 것이다. 나는 나에게 무엇이 필요한지 모르니 말이다. 하나님이 인내심이 많으시다면 그 모든 일에 시간을 들이실 것이다. 그러므로 하나님의 주권과 사랑과 지혜와 인내, 이 넷이 다 모여 그분의 이야기가 된다.

사람들은 흔히 하나님이 내 삶 속에서 이뤄 가시는 일과 기도가 서로 무관한 것처럼 말한다. 하지만 우리는 그분의 드라마에 출연하는 배우이니 자신의 대사를 귀담아 들어야 한다. 작가의 음성이 잘 들리도록 마음을 잠잠히 해야 한다.

또한 긴장과 갈등이 없이는, 즉 일이 틀어지지 않고는 좋은 이야기가 될 수 없다. 응답되지 않는 기도는 하나님이 우리 삶 속에 짜고 계신 이야기에 긴장을 불러일으킨다. 그 사실을 알면 우리는 지금 하나님이 하고 계신 일이 무엇인지 궁금해진다. 하나님은 어떤 무늬를 짜고 계시는가?

일상기도는 희망을 낳는다

하나님이 우리의 삶으로 하나님의 이야기를 쓰고 계시다면 삶은 더 이상 정지된 것이 아니다. 삶에 치여 무기력해지지 않고 희망을 품을 수 있다.

많은 그리스도인들이 조용한 냉소에 빠져 자기도 모르게 무기력해진다. 세상은 변하지 않을 것이라 생각한다. 그러니 하나님께 변화를 구하려다 보면, 기도한다고 달라질까 하는 회의감에 부딪친다. 변화가 가능하기는 할까? 어차피 만사가 하나님 소관이 아닌가? 그렇다면 무슨 소용인가? 그래서 의심하는 자신을 느끼고 냉소를 대면하기가 불편해서 활동이라는 마취제로 자신의 영혼을 둔하게 만든다. 많은 일들을 만들어 정신없는 삶을 살아가는 것이다.

많은 그리스도인들이 더 이상 하나님을 믿지 않는 것이 아니라, 사실상의 이신론자理神論者가 되어 하나님과 거리를 두고 살아간다. 우리는 세상을 규격이 정해진 상자로 본다. 하지만 기도를 잘 배우면 세상이 우리 아버지의 세상임을 알게 된다. 만사가 내 아버지의 소관이기에 나는 구할 수 있고, 그분은 들으시고 행동하신다. 내가 그분의 자녀이기에 변화가 가능한 것이다. 그래서 희망이 태동한다.

일상기도는 바쁜 삶에 평강을 준다

영적인 사람은 삶에 힘들어 하지도 않고 중압감을 느끼며 흔들리지 않는다고 생각하는 이들이 많다. 영적인 사람일수록 삶에 초탈할 것이라는 생각은 고대 세계, 특히 그리스 사상에서 왔다. 물론 동양 사상에도 강하게 나타난다.

하지만 예수님의 삶은 대충만 보아도 바빠 보인다. 복음서 기자들이 모두 예수님의 바쁜 삶을 말하지만, 특히 마가가 그 점을 강조한다. 한 번은 예수님이 너무 바쁘신 것을 보고 그분의 가족들이 개입하려 한다.

"집에 들어가시니 무리가 다시 모이므로 식사할 겨를도 없는지라 예수의 친족들이 듣고 그를 붙들러 나오니 이는 그가 미쳤다 함일러라"막 3:20~21.

고대 세계에서 함께 먹는 일을 신성시한 점을 생각할 때, 예수님의 삶은 균형을 잃은 것처럼 보인다. 하지만 그분은 사람들을 사랑하시며, 또한 도우실 능력도 있다. 그러다 보니 일이 끊임없이 생긴다. 예수님이 만일 지금 이 땅에 사신다면 그분의 휴대전화는 쉬지 않고 울릴 것이다.

사람들을 사랑하고 도울 능력도 있다면, 당연히 우리는 바빠질 것이다. 기도를 배운다고 삶이 덜 바빠지는 것은 아니다. 마음이 덜 바쁠 뿐이다. 겉으로는 바쁘지만 내면의 평정을 가꿀 수 있다. 내면이 덜 소란스러우니 사랑할 역량이 더 커지고, 그래서 바빠지고, 그래서 더 기도 생활 속으로 들어가게 된다. 기도로 아버지와 함께 시간을 보내면 우리의 삶이 그분의 삶그분이 우리 안에 하고 계신 일과 통합된다. 우리의 삶에 더 일관성이 생기며, 혼란과 압박 속에서도 더 침착하고 더 정연해진다.

일상기도는 하나님이 일하시게 한다

끝으로, 하나님 아버지를 알게 되면 자신의 마음도 알게 된다. 하나님과의 관계가 발전되면 그것이 당신을 변화시킨다. 좀 더 구체적으로 말하면, 그분이 당신을 변화시키신다. 진정한 변화는 마음에서부터 이루어진다.

우리는 하나님이 인격이심을 자꾸 잊어버린다. 누군가를 사랑하는 법을 배우면 반드시 내가 달라지게 되어 있다. 그것이 하나님의 마음을 닮은 사랑의 속성이다. 하나님의 사랑이 불변하시기에 삼위일체의 제2위이신 나사렛 예수의 몸에 흉터가 남았다. 삼위일체 하나님도 사랑 때문에 달라지셨다.

그러므로 하늘 아버지와의 관계를 가꾸면 당신이 변화된다. 마음속에 있는 냉소와 교만과 아집의 둥지가 드러나고 가면이 벗겨진다. 속이 탄로 나는 것을 좋아할 사람은 없다. 우리는 의존하는 것에 알레르기 반응을 보이지만, 의존이야말로 일상기도에 가장 필요한 마음 상태다. 가난한 마음이 곧 기도하는 마음이기 때문이다. 의존은 기도의 심장박동과 같다.

그러므로 지금부터 삶이 불편해지고 힘들어지거든 하나님을 피하여 물러나지 말라. 그분이 막 일하기 시작하신 것이다. 인내하라.

지금까지 말한 내용을 종합하면 다음과 같은 이야기가 된다.

일상기도는 내 영혼의 축제다

일을 마치고 기차역으로 걸어가던 길에 나도 모르게 내가 일하던 사역 기관을 다른 기관과 비교하고 있다는 것을 알았다. 남을 희생시켜서라도 내가 유명해지려고 시기하고 있다는 생각이 퍼뜩 들었다. 내 시기심에 놀랐다. 처음 일은 아니었겠지만 그렇게 콕 집어 말해보기는 처음이었다.

계속 걸으면서 생각했다. '말도 안 된다. 모두 주님의 일을 하고 있는데 마음속으로 다른 그리스도인들과 경쟁하며 시기심을 품다니.' 기차역에 도착하기 전에 내 일을 기도로 조용히 예수님께 내려놓았다. 그분이 정말 가져가실지도 모른다는 생각이 들었다.

물론 그분은 가져가셨다. 몇 달 후에 탈진하면서부터 시작되어 6년이나 걸렸지만 말이다. 그날 다른 기차역에서 집에 가려고 기다리던 중, 갑자기 눈물이 흘러내렸다. 일터에서 힘든 하루를 보냈는데 이제 그것도 끝났음을 깨달았다. 그토록 좋아하던 일을 두고 떠나야 했다.

기도를 배운다고 삶이 덜 바빠지는 것은 아니다.
마음이 덜 바쁠 뿐이다.

이 이야기가 어떻게 기도하는 삶의 예화가 될까? 첫째, 이 이야기는 실제 관계relationship를 보여 준다. 6년 동안 하나님은 나를 그분의 마음속으로 자꾸만 더 바짝 끌어당기셨다. 그것은 내 영혼의 축제였다.

내 아내가 그러듯이 하나님은 내 삶의 잘못된 부분에 대하여 내 영을 팔꿈치로 쿡쿡 찌르셨다. 둘째, 내 기도는 삶의 모든 부분과 얽혀 있었다. 일에 대한정말 모든 것에 대한 내 태도에 영향을 미쳤다. 내가 좋아하던 것에 대한 통제권을 내려놓자 하나님과의 교제의 문이 열렸다. 셋째, 내 삶은 긴장으로 가득 찬 이야기가 되었고 결국 변화와 희망으로 이어졌다. 그 6년 동안 내가 기도를 배웠기 때문이다. 넷째, 내 삶은 통합되었다. 내 앞에 닥친 어려운 일들과 내 기도의 연관성이 이해가 되었다. 내 기도는 삶과 동떨어져 있지 않았다. 끝으로, 내 기도는 회개, 하나님과의 만남과 떼어놓을 수 없었다. 그리스 정교회 작가 안토니 블룸의 말대로, "모든 것을 버리라. 그러면 천국을 받을 것이다."[2) 하나님께 당신의 삶을 드리면, 그분은 자신을 선물로 주신다.

이제부터 기도하는 삶을 가꾸는 법을 하나씩 차근차근 배워보자.

1부

어린 아이처럼 기도하라

A Praying Life

어린 아이처럼 기도하라

03

예수님은 제자들에게 어린 아이들처럼 되라는 말씀을 여러 번 하셨다. 그중 제일 유명한 이야기는 젊은 엄마들이 예수님의 축복을 받고자 아기들을 데리고 왔을 때였다. 제자들이 이들을 막자 예수님은 엄히 꾸짖으신다. "어린 아이들이 내게 오는 것을 용납하고 금하지 말라 하나님의 나라가 이런 자의 것이니라 내가 진실로 너희에게 이르노니 누구든지 하나님의 나라를 어린 아이와 같이 받들지 않는 자는 결단코 그 곳에 들어가지 못하리라"막 10:14~15. 제자들은 예수님의 책망에 놀랐을 것이다. 그게 이상해 보였을 테니 말이다. 1세기에만 해도 아이들은 귀엽거나 천진난만한 존재로 통하지 않았다. 아이들이 우상이 된 것은 19세기 낭만주의 시대 이후부터다.[1)]

또 다른 사건은 제자들이 여행 중에 누가 제일 큰가를 놓고 서로 입

씨름을 벌일 때였다막 9:33~37 참조. 일행이 가버나움의 베드로 집에 이르자 예수님은 그들에게 길에서 무슨 얘기를 했느냐고 물으셨다. 제자들은 땅만 쳐다보며 딴전을 피웠다. 처음에 예수님은 아무 말씀이 없으셨다. 그냥 자리에 앉아 어린 아이를 데려다가 한가운데 세우셨다. 그리고는 아이를 번쩍 들어 안으시고 말씀하신다.

"너희가 돌이켜 어린 아이들과 같이 되지 아니하면 결단코 천국에 들어가지 못하리라"마 18:3.

어린 아이들은 예수님께 아주 중요하다. 어른이 어린 아이처럼 되는 것도 마찬가지다.

덜 알려진 사건이 하나 있다. 제자들이 모두 첫 선교 여행에서 흥분해서 돌아와 "주여 주의 이름이면 귀신들도 우리에게 항복하더이다"눅 10:17라고 보고하자 예수님은 기뻐서 이렇게 기도하신다. "천지의 주재이신 아버지여 이것을 지혜롭고 슬기 있는 자들에게는 숨기시고 어린 아이들에게는 나타내심을 감사하나이다"눅 10:21. 예수님은 제자들이 어린 아이들과 같아서 감격하신 것이다.

그래서인지 제자들은 어린 아이들처럼 행동할 때가 많다. 예를 들어 베드로는 머릿속에 떠오른 생각을 그냥 내뱉는다. 아이들이 본래 그렇다. 한 번은 내가 어느 교회에서 말씀을 전할 때 목소리가 오페라 가수 같은 여자가 독창을 했다. 예배가 끝난 후 그녀는 킴에게 다가가 자신의 노래가 어땠느냐고 다정하게 물었다. 자폐증 때문에 큰 음악 소리에는 몸을 움츠리는 킴은 주먹을 이마에 갖다 댔다. "바보 같다"는 뜻이다. 그 여자는 내 아내를 보며 킴의 손짓이 무슨 뜻이냐고 물었다. 아내는 뜨끔했다. 마침 수화 통역을 배우던 중이었는데, 상대방의 말을 정확히 옮기는 것이 통역의 철칙이다. 그래서 아내는 "바보 같대요"라고 말했다.

제자들도 킴처럼 그냥 머릿속에 있는 대로 말했다. 아마 무심코 그랬을 것이다. 마지막 만찬에서는 예수님께 "지금은 밝히 말씀하시고 아무 비유로도 하지 아니하시니"요 16:29라며 좋아한다. 하나님 나라에서 1인자와 2인자가 되고 싶었던 야고보와 요한은 어머니의 치맛바람을 동원한다마 20:20~21. 유다만 빼고 제자들은 다 가식이 없다.

예수님은 우리가 기도로 나아갈 때 가식이 없기를 원하신다. 그런데 우리는 종종 나 아닌 존재가 되려고 한다. 기도를 시작할 때 하나님께 집중하지만 곧 온갖 잡념이 몰려오고, 영적으로 되어 보려는 각오는 그날의 문제들에 밀려난다. 마음을 다잡고 다시 기도해 보지만 삶이 기도를 몰아낸다. 그러다 이렇게 기도해서 무슨 소용인가 하는 생각에 절망하고 포기해 버린다. 차라리 일이나 하는 게 나을 것 같다.

무엇이 문제인가? 우리가 영적이 되려 하고 제대로 하려는 것이 문제다. 단정한 행실로 와야만 그리스도인이 될 수 있는 것이 아님을 알면서도 우리는 기도에 대해서는 그 사실을 잊어버린다. 어른들처럼 자신을 고치려 한다. 그러나 예수님은 우리가 어린 아이처럼 있는 모습 그대로 오기를 원하신다.

엉망인 채로 가라

있는 모습 그대로 하나님께 가기가 어려운 것은 우리가 엉망이기 때문이다. 게다가 기도가 문제를 악화시킨다. 차분히 기도하려고 하면, 내가 얼마나 영적이지 못하고 하나님께 집중하기 어려운지에 즉각 부딪친다. 착해지려고 해 봐야 비로소 자신이 얼마나 못됐는지 아는 법이다. 우리의 이기심과 영적 무력함을 기도만큼 겉으로 드러내 주는 것은 없다.

반대로, 어린 아이들은 자신의 이기심 때문에 뒤로 빼는 법이 없다. 제자들처럼 있는 모습 그대로, 완전히 자아에 몰입된 채로 온다. 또한 아이들은 제대로 할 때가 드물다. 우리도 부모나 친구로서 그것을 잘 안다. 사실, 아이들의 어린 마음속에 무엇이 들어 있는지를 아는 것은 우리에게 기쁨이다대부분의 경우에 그렇다!. 우리는 아이들이 자기밖에 모르거나 겁이 많다고 꾸짖지 않는다. 아이들은 본래 그렇다.

우리 부부가 킴에게 보인 반응도 그랬다. 킴이 과연 걸을 수 있을지도 확신할 수 없었기에 세 살에 첫 걸음을 떼었을 때 이렇게 말하지 않았다. "킴, 아주 잘했지만 넌 지금 2년이나 뒤졌어. 부지런히 따라잡아야 돼. 뛰고 달리는 건 물론이고 장거리도 걸어야 된다고." 우리는 킴이 엉망이고 느리다고 혼내지 않았다. 그럼, 어떻게 했을까? 우리는 기쁨에 소리쳤다. 고함을 지르며 펄쩍펄쩍 뛰었다. 무슨 일인가 보려고 온 가족이 달려 나왔고 다들 카메라를 꺼낼 때 킴은 승리를 재연해 보였다.

굉장했다.

난데없이 어린 자녀에 대한 부모의 반응을 말하려는 것이 아니다. 그보다 이것은 복음이며, 반가이 맞아 주시는 하나님의 마음을 이야기하는 것이다. 하나님도 우리가 비틀비틀 넘어질 듯한 기도로 그분께 갈 때 환호하신다. 예수님은 "기도에 집중하는 법을 이미 배워 생각이 더 이상 산만하지 않은 자들아, 다 내게로 오라. 내가 너희를 쉬게 하리라"라고 하지 않으셨다. 아니, 예수님은 곤핍한 자녀들에게 두 팔을 벌리시며 "수고하고 무거운 짐 진 자들아 다 내게로 오라 내가 너희를 쉬게 하리라"마 11:28라고 말씀하신다. 예수님께 가는 기준은 수고하고 지친 마음이다. 삶이 엄두가 안 나는 채로 가라. 생각이 산만한 채로 가라. 엉망인 채로 가라.

수고하고 지친 마음은 어떤 상태인가? 도무지 집중이 안 되고, 그날의 문제들 때문에 머리를 쥐어뜯는 것 같고 삶에 난타당한 기분이다. 무거운 짐 진 상태는 또 무엇인가? 마찬가지다. 어디서부터 시작해야 할지조차 모를 만큼 문제가 많고 혼자서는 더 이상 버틸 힘이 없다. 예수님은 당신이 그 상태로 그분께 오기를 원하신다! 수고하고 지친 마음이 당신을 그분께로 떠민다.

기도를 제대로 하려고 하지 말라. 그냥 하나님께 지금 당신의 상태와 머릿속에 있는 것을 그대로 말씀드리면 된다. 어린 아이들이 그렇게 한다. 그들은 콧물이 나오든 말든 있는 모습 그대로 온다. 제자들처럼, 머릿속에 있는 대로 그냥 말한다.

자신을 고쳐야만 그리스도인이 될 수 있는 것이 아님을 알면서도,

우리는 기도 문제에 있어서는 까맣게 잊어버린다. "주께로 거저 갑니다"라고 찬송은 부르지만, 기도할 때는 거저 가지 않는다. 어른들처럼 자신을 고치려 한다.

그러므로 친밀하고 인격적인 기도야말로 율법주의를 막아내는 최후의 보루의 하나다. 아이처럼 기도하려면 지금까지 당신이 배워 온 비인격적이고 비현실적인 기도를 버려야 한다.

있는 모습 그대로 나아가라

하나님께 있는 모습 그대로 가는 것이 왜 그렇게 중요할까? 그렇게 하지 않으면 그것은 진짜 당신이 아닌 바리새인들처럼 꾸며낸 모습이 되기 때문이다. 바리새인들은 자신의 생각을 예수님께 솔직히 말한 적이 거의 없다. 예수님은 그들이 위선자라고, 두 얼굴의 가면을 쓴 배우라고 질책하셨다. 그들은 진짜가 아니었다. 그들은 어린 아이들을 좋아하지도 않았다. 어린 아이들이 예수께서 성전을 깨끗하게 하신 후에 성전에 몰려들어와 그분을 예배하기 시작하자 바리새인들은 격분했다. 예수님은 시편 8편을 인용하여 이렇게 대답하셨다. "어린 아기와 젖먹이들의 입에서 나오는 찬미를 온전하게 하셨나이다"마 21:16.

하나님께 가는 유일한 길은 영적 가면을 완전히 벗는 것이다. 진짜 당신이 진짜 하나님을 만나야 한다. 하나님은 인격이시다.

삶이 엄두가 안 나는 채로 가라. 생각이 산만한 채로 가라. 지저분한 채로 가라.

그러므로 자기 생각에 사로잡혀 있을 것이 아니라 당신의 염려를 가지고 하나님과 대화하라. 당신이 어디서 지쳤는지 아뢰라. 지금 이 상태에서부터 시작하지 않으면 어느새 지치게 하는 그 일이 생각나 다시 마음이 산만해질 것이다.

우리는 너무 바쁘고 정신이 없어 막상 차분히 기도하려고 하면 자신의 마음이 어디 있는지 모를 때가 많다. 자신을 힘들게 하는 것이 무엇인지 모른다. 그래서 기도하기 전에 염려부터 해야 할지도 모른다. 그러면 우리의 기도가 솔직해지고, 진짜 삶에 관한 기도가 될 것이다.

당신의 마음은 비뚤어져 있을 수 있다. 아니, 자주 그럴 것이다. 하지만 괜찮다. 기도는 당신의 실상에서부터 시작되어야 한다. 예수님은 의인들을 위하여 오신 것이 아니라 죄인들을 위하여 오셨다. 그러므로 우리는 모두 자격이 된다. 우리가 없애려고 하는 바로 그것들지치고, 산만하고, 엉망인 모습 덕분에 우리는 앞문으로 들어갈 수 있다! 그것이 복음의 원리며 기도의 원리다.

당신의 실제 모습을 가져가는 것은 예수님께 진짜 당신을 빚으실 기회를 드리는 것이다. 그러면 당신은 서서히 변화될 것이고 하나님 나라가 임할 것이다. 결국 당신은 덜 이기적인 사람이 된다.

하나님 나라는 예수께서 당신의 삶에서 왕이 되실 때 임한다. 단, 그것은 당신의 삶이라야 한다. 존재하지 않는 나라를 만들어낼 수는 없다. 실제의 자신보다 더 낫게 보이려고 해서는 안 된다. 예수님은 그것을 위선이라 하신다. 그것은 가면을 써서 진짜 당신을 가리는 것이다.

사람들에게 기도를 가르친다면서 오히려 이중인격을 조장하는 예들이 많다. 거기서는 "제대로 하라"고 가르친다. 엉망인 실제의 당신이 하나님을 만나는 것이 아니라 영적인 듯 자신을 편집하려고 한다.

그러니 기도에 만족이 있을 리가 없다.

이제 자신의 모습에 무기력해질 것이 아니라 있는 그대로의 자신의 모습에서부터 시작하라. 그것이 복음의 원리다. 하나님은 지금의 당신 모습에서부터 시작하신다. 물론 우리의 모습이 엉망이다 보니 약간 두려운 것은 사실이다.

예수께서 곁에 두셨던 어린 아이들처럼 되라. 나다나엘은 예수님에 대해서 처음 들었을 때 맨 먼저 떠오르는 생각을 그냥 말했다.

"나사렛에서 무슨 선한 것이 날 수 있느냐"요 1:46.

꾸밈 없고 가감 없는 나다나엘의 모습이다. 그를 맞아 주시며 "보라 이는 참으로 이스라엘 사람이라 그 속에 간사한 것이 없도다"요 1:47 라고 하시는 예수님의 얼굴에서 미소가 보이는 듯하다. 나사렛에 사는 예수님의 온 집안과 친구들을 나다나엘이 싸잡아 비판했지만, 그분은 그 사실을 무시하신다. 그저 나다나엘이 잔꾀나 가식이 없이 솔직한 사람인 것을 기뻐하신다. 예수님은 죄를 간과하고 사람을 보신다. 과연 예수님다우시다. 그분은 솔직한 사람들을 사랑하신다.

하나님은 어디까지나 진짜를 상대하시는 분이다. 예수님은 죄인들을 위하여, 자꾸 엉망을 만드는 엉망인 인간들을 위하여 오셨다고 말씀하셨다눅 15:1~2 참조. 더러운 채로 나아가라. 하나님과 하나님의 나라에서부터 시작할 능력이 우리에게 없다는 것, 그것이 복음의 요지다. 많은 그리스도인들이 기계적으로 하나님 나라선교사들과 교회 등를 위하여 기도하지만, 정작 자신의 삶은 내내 자신의 나라에 파묻혀 있다. 당신의 나라 위에 하나님 나라를 덧칠할 수는 없다.

우리 아버지의 마음에 닿기

주기도문은 "하늘에 계신 우리 아버지여"로 시작된다. 당신은 하늘 아버지의 애정을 한 몸에 받고 있다. 거기가 당신의 영혼이 쉼을 얻는 곳이다. 기도에서 반가이 맞아 주시는 하나님의 마음을 빼면주기도문에 대한 많은 가르침이 그렇다, 기도는 율법적인 의무가 된다. 의무는 다하지만 하나님의 마음에 닿지 못한다. 그러나 "수고하고 무거운 짐 진" 채로 하나님께 가면 그분의 마음을 만난다. 하늘이 땅에 닿고 그분의 뜻이 이루어진다.

기도에 대하여 배울 것이 아주 많지만, 우리 아버지께 어린 아이처럼 나아간다면 이미 기도의 핵심은 배운 것이다. 일부러 '우리'라고 말하는 것은 나도 기도의 단순성을 자꾸만 잊어버리기 때문이다. 우울해질 때면 그 우울을 고치려 하고, 그러다 안 되면 나 자신을 포기하고 하나님과 멀어진 채로 있기도 한다. 아버지의 마음이 열려 있음을 잊어버리는 것이다.

그러나 그분은 내가 우울한 채로, 있는 모습 그대로 오기를 원하신다. 이 단순한 진리를 깨달았다면 당신도 킴처럼 비틀비틀 첫 발을 뗀 것이다. 이제 당신은 잠시 멈추고 어린 아이처럼 기도하고 싶은 마음이 생겼을 수 있다. 그렇게 해서 비틀비틀 또 한 발을 떼는 것이다.

아버지와 대화하기를 배우라

04

하나님과 대화하는 것을 배우려면 어떻게 해야 할까? 어린 아이처럼 믿고, 어린 아이처럼 구하면 된다. 더 나아가 어린 아이처럼 놀면 된다.

아이처럼 구한다

어린 아이들이 어떻게 구하는지 간단히 분석해 보자.

어린 아이들은 무엇을 구하는가? 아무거나 다 구한다. 디즈니랜드 이야기를 들으면 내일 당장 그곳에 가고 싶어 한다.

어린 아이들은 몇 번이나 구하는가? 반복해서 구한다. 몇 번이고 계속해서 우리를 지치게 만든다. 그래서 그냥 아이들 우는 소리가 싫어 입을 막으려고 들어 줄 때도 있다.

어린 아이들은 어떻게 구하는가? 잔꾀 없이 구한다. 머릿속에 있는 대로 그냥 말한다. 무엇이 적절하고 무엇이 부적절한지 생각이 없다.

예수님은 기도로 구하는 법을 배우려면 어린 아이들을 보라고 하신다. 산상수훈에서 "구하라 그리하면 너희에게 주실 것이요"라고 담대히 구하라고 이르신 후에 우리가 담대히 구할 수 있는 이유를 들려주신다.

"너희 중에 누가 아들이 떡을 달라 하는데 돌을 주며 생선을 달라 하는데 뱀을 줄 사람이 있겠느냐 너희가 악한 자라도 좋은 것으로 자식에게 줄 줄 알거든 하물며 하늘에 계신 너희 아버지께서 구하는 자에게 좋은 것으로 주시지 않겠느냐"마 7:7, 9~11.

아들 존이 생후 6개월이었을 때, 손으로 대충 버터 쪽을 가리키며 "부부"라고 말한 적이 있다. 그때 우리는 이렇게 대꾸하지 않았다. "존, '주세요' 해야지. 그리고 이건 '부부'가 아니라 버터야, 버-터-. 게다가 그렇게 너밖에 모르는 태도를 그냥 두면 앞으로 인생 망치겠다." 그러나 "부부"는 우리 아들이 처음으로 한 말이었기에 우리는 즐겁게 웃으며 아이에게 버터를 주었다.

킴이 말하는 컴퓨터를 처음 받은 것은 다섯 살 때였다. 뉴저지 바닷가로 휴가를 가며 그것을 가지고 갔다. 그리고는 아이에게 키를 설명해 주고 기다렸다. 킴이 몸을 기울이더니 조그만 맥도널드 상호가 새겨진 키를 눌렀다. 전자 목소리가 "맥도널드" 하고 말했다. 그때는 오후 2시였고 점심을 먹은 직후였지만, 우리는 열일을 제쳐놓고 킴과 함께 차에 올랐다. 그리고 맥도널드로 달려가 킴에게 햄버거와 음료수를 사 주었다. 정말 감격스러웠다. 머지않아 아이는 맥도널드에서 모든 메뉴를 주문할 수 있게 되었다. 엄마가 없을 때면 감자튀김을 시킬 수 있어 특히 좋아한다.

흠 많은 육신의 부모인 우리도 자녀들에게 좋은 선물을 주고 싶은데, 우리 하늘 아버지께서야 오죽하시겠는가. 아무리 시시한 것일지라도 아이들의 요청은 우리의 마음을 잡아끈다. 하나님의 심정도 똑같다.

아이처럼 믿는다

기도를 배울 때 두 번째로 해야 할 일은 아이처럼 믿는 것이다. 아이들은 부모의 사랑과 능력을 철석같이 확신한다. 본능적으로 신뢰한다. 아이들은 부모가 자신에게 잘해 주려 한다고 믿는다. 부모가 나를 사랑하고 보호해 준다는 것을 알면 나의 세계는 가능성으로 충만해진다. 내 마음에 있는 것을 마음대로 지껄일 수 있다.

기도의 세계도 마찬가지다. 기도를 배우면 당신은 다시 꿈꾸는 법을 배운다. '다시'라고 한 이유는, 아이라면 누구나 본능적으로 꿈꾸고 희망을 품기 때문이다. 기도하는 법을 배우는 것은 아이의 세계, 즉 무엇이든 가능한 세계로 들어가는 것이다. 어린 아이들은 부모가 끝까지 거절하리라는 것을 상상할 수 없다. 계속 조르면 부모가 결국 져 준다는 것을 안다. 그런 끈질김은 어린 아이 같은 믿음에서 온다.

당신의 마음이 아무리 피폐하고 아무리 은혜를 달라고 부르짖어야 한다 해도 부끄러워하지 말라.
그냥 기도를 시작하라.

그러나 나이가 들면서 우리의 순진함은 줄고 냉소는 늘어난다. 꿈과 희망 대신 실망과 무산된 약속들이 주를 이룬다. 어린 아이 같은 믿음은 수천 번도 더 죽는다. 하지만 예수님은 우리에게 어린 아이들처럼 믿으라고 하시면서, 그처럼 행동한 어른들의 이야기를 들려 주신다. 불의한 재판관에게서 끝내 해결을 받아낸 끈질긴 과부의 비유가 그렇고눅 18:1~8 참조, 밤중에 찾아온 벗을 위하여 떡 세 덩이를 꾸어달라며 이웃을 못살게 군 사람의 비유가 그렇다눅 11:5~8 참조.

드문 경우긴 하지만 아이처럼 믿는 어른을 만나시면 예수님은 모두가 다 들리게 이렇게 외치신다. "이 사람을 잘 보라. 이 사람이 어떻게 믿는지 보라!" 사실 그런 일은 두 번밖에 없었다. 두 번 다 그 주인공은 신앙 공동체에 들지 못한 이방인이었다.

첫째는 로마 장교 백부장인데, 몸져누운 자기 종을 고쳐 주실 예수님의 능력을 철석같이 믿었기에 예수께 굳이 자기 집에 오실 것도 없이 고쳐 달라고 했다. 예수님께 "말씀만 하사 내 하인을 낫게 하소서"눅 7:7라고 구한 것이다. 예수님은 깜짝 놀라셨다. 그래서 뒤따르던 무리에게 돌아서셔서 "내가 너희에게 이르노니 이스라엘 중에서도 이만한 믿음은 만나보지 못하였노라"눅 7:9라고 말씀하신다.

둘째는 귀신들린 딸을 둔 가나안 여인이었다. 그녀는 예수께서 거절하시는데도 굽힐 줄 몰랐다. 예수님은 여인의 믿음에 놀라시며 두 번째 믿음의 대상大賞을 주셨다. "여자여, 네 믿음이 크도다 네 소원대로 되리라"마 15:28.

앞장에서 보았듯이 복음을 믿으면하나님이 예수님 안에서 우리를 받아 주신다는 것을 알면 엉망인 모습 그대로 하나님께 나아갈 수 있다. 또한 이제 그 복음이 우리 마음에 있는 것을 거리낌 없이 구하게 해 준다는 것을 알 것이다.

다시 놀기를 배운다

아이처럼 구하고 믿는 것 말고도 기도를 배우려면 뜻밖에도 다시 놀기를 배워야 한다. 어린 아이들은 어떻게 노는가? 한 살 된 아이가 한 가지 일에 얼마나 집중하느냐고 묻는다면 부모는 그냥 씩 웃을 것이다. 꼭 알아야겠다면, 답은 3초에서 3분 사이이다. 길지도 않고, 별로 앞뒤도 없다.

이것이 기도를 배우는 것과 무슨 상관이 있는가? 잠시 생각해 보라. 어른들끼리 대화할 때 대화의 틀을 어떻게 짜는가? 틀 같은 것은 없다. 특히 옛 친구들과 이야기할 때면 화제가 제멋대로 흐른다. 재미있고, 두서 없으며, 놀이 같다. 기도 시간이라고 달라야 할 까닭이 무엇인가? 하나님은 어디까지나 인격이시다.

에베소서에 나오는 사도 바울의 기도도 놀이 같은 특성이 있다. 기도는 이렇게 시작된다. "내가 기도할 때에 기억하며 너희로 말미암아 감사하기를 그치지 아니하고 우리 주 예수 그리스도의 하나님, 영광의 아버지께서 지혜와 계시의 영을 너희에게 주사"엡 1:16~17. 몇 절 더 기도가 이어지지만 어디서 끝나는지 묘연하다. 그러다 3장 서두에서 다시 기도가 시작된다. "이러므로 그리스도 예수의 일로 너희 이방인을 위하여 갇힌 자 된 나 바울이 …"엡 3:1 그런데 이방인 이야기가 나오자마자 그는 기도를 멈추고 곁길로 빠지는 것 같다. 결국 기도는 3장 14절에서 재개된다. "이러므로 내가 … 아버지 앞에 무릎을 꿇고 비노니." 바울의 기도는 온 편지에 흩어져 있다. 전형적인 '주의력 결핍 장애' 기도다. 그는 기도를 시작했다가 중단하고, 다시 시작했다가 곁길로 빠지고, 그러다 마침내 기도를 마무리한다.

기도 중에 딴 생각이 들거든 당신도 어린 아이처럼 되라. 앞뒤가 없고 집중력이 약하다고 걱정하지 말라. 분명 바울은 걱정하지 않았다! 당신이 지금 인격체와 대화 중임을 잊지 말라. 자신을 질책하지 말고 기도를 다시 배우라. 새로 떠오른 다른 생각에 대하여 기도하라. 어쩌면 그것이 당신에게 더 중요한 일인지도 모른다. 어쩌면 성령께서 다른 일을 생각하라고 팔꿈치로 당신을 쿡쿡 찌르고 계신지도 모른다.

다시 옹알이를 배운다

지난 9년 동안 킴은 엄마와 함께 거의 매일 언어 치료를 받았다. 그동안 놀라운 진전이 있었지만 이제는 소리가 아무리 안 좋아도 그냥 말을 뱉어내야 하는 단계까지 왔다. 많은 경우에 킴은 자신의 소리가 나쁘다며 창피해 했다.

한동안 킴의 오른쪽 무릎이 안 좋아서 오늘 아침에는 내가 데리고 엑스레이를 찍으러 갔다. 킴은 오전에 세 번이나 신경질을 부렸는데, 마지막에는 가만히 서서 엑스레이를 찍어야 하는 것 때문에 그랬다. 집에 와서 아이와 함께 앉아, 오전에 있었던 일을 어떻게 생각하느냐고 물었다. 아이는 수화로 미안하다고 했다. 내가 목소리를 써서 말해 보라고 했더니 아이가 더듬거리며 기도했다. "제가 화낸 걸 용서해 주세요." 겨우 알아들을까말까 했지만 아이의 마음에서 나온 말이었다.

기도할 때 우리도 그냥 말을 뱉어내면 된다. 지금 멈추고 기도해도 괜찮다. 잡념이 들거나 기도가 끊겨도 상관없다. 당신의 마음이 아무리 피폐하고 아무리 은혜를 달라고 부르짖어야 한다 해도 부끄러워하지 말라. 그냥 기도를 시작하라. 기독교의 핵심은 하나님이 더 이상 필요 없도록 많은 진리를 배우는 것이 아님을 잊지 말라. 하나님을 추상적으로 배우는 것이 아니라 그분의 삶 속으로 끌려들어가는 것이 기독교다.

어린 아이처럼 되라. 아이처럼 구하고, 믿고, 심지어 놀아라. 어른이 되려고 하고, 제대로 하려는 것을 그만두면, 기도가 그냥 흘러나온다. 하나님이 이미 놀라운 일을 해 주셨기 때문이다. 하나님은 당신에게 새로운 목소리를 주셨다. 그분 자신의 목소리다. 잔뜩 망가진 당신의 기도 안테나를 새 것으로 바꾸어 주셨다. 바로 성령이시다. 성령께서 당신 안에서 기도하고 계신다. 바울은 성령께서 당신 안에 예수님의 기도하는 마음을 넣어 주신다고 했다. "하나님이 그 아들의 영을 우리 마음 가운데 보내사 아빠 아버지라 부르게 하셨느니라"갈 4:6. 차차 당신의 마음이 하나님의 마음과 맞물리는 것을 알게 될 것이다.

기도는 축제다. 당신의 마음과 머릿속에서 복잡한 것들이 걷히면, 하나님의 임재 안에 가만히 있기가 쉬워진다. 그러면 당신도 다윗처럼 이렇게 고백할 수 있다. "실로 내가 내 영혼으로 고요하고 평온하게 하기를 젖 뗀 아이가 그의 어머니 품에 있음 같게 하였나니"시 131:2.

아버지와 함께 시간을 보내라

05

예수님은 하나님의 아들이시니 기도가 필요 없을 만도 하다. 항상 기도하는 상태로 사셨을 테니 적어도 정해진 기도 시간은 필요 없어도 될 듯하다. 천국으로 이어진 무선 통신처럼 하늘 아버지와 직통 라인이 있었을 법도 하다. 적어도 예수님은 세상의 소음에 누구보다도 더 초연하실 수 있지 않았을까. 하지만 뜻밖에도 예수님도 우리 못지 않게 하나님과 함께하는 시간이 필요하셨던 것 같다.

공적인 사역에 들어서신 첫 날, 예수님은 안식일에 가버나움 회당에서 가르치고 계셨다막 1:21~39 참조. 청중이 그분의 권세에 감탄하고 있는데, 한 귀신들린 사람이 "나는 당신이 누구인 줄 아노니 하나님의 거룩한 자니이다"라고 소리를 질렀다. 예수님은 귀신을 엄히 꾸짖어 힘들이지 않고 쫓아내셨다. 무리는 경악했다.

회당 예배가 끝나자 예수님은 안식일 식사를 하러 베드로의 집으로 들어가신다. 그런데 베드로의 장모가 열병으로 누워 있었다. 예수께서 손을 잡고 즉시 고쳐 주시자 베드로의 장모는 일어나 점심을 차린다.

치유와 축사逐邪의 소문이 호반의 도시 가버나움에 쫙 퍼졌다. 하지만 목숨이 위태로운 경우가 아니라면 안식일에는 치유를 허용하지 않는 장로들의 전통이 있었다. 그래서 동네는 저녁때까지 기다린다. 마가는 해가 지자마자 "온 동네가 그 문 앞에 모였더라"라고 말한다. 집 앞 길목에 흐릿한 호롱불이 떼를 지어 깜빡이는 모습을 쉽게 상상할 수 있다. 예수님은 밤늦도록 치유해 주신다. 그분은 그러려고 오셨다. 말 못하는 아이들이나 버림받은 과부들이나 매정한 상전들이 있어서는 안 된다.

이튿날 아침, 예수님은 해뜨기 전에 일어나 동구 밖 한적한 곳으로 가셔서 기도하신다. 가신 지 한참 되었을 때, 무리가 다시 모여 제자들에게 예수님을 찾아오라고 재촉한다. 베드로가 예수께 "모든 사람이 주를 찾나이다"라고 말한다.

놀라운 하루다. 저녁이 되고 아침이 되니 새 창조의 첫날이다. 새 아담은 저주를 되돌리시고 악을 내리치신다. 질병과 귀신들이 생명이신 그분을 피하여 달아난다. 아슬란C. S. 루이스의 「나니아 연대기」에 나오는 사자_옮긴이의 활동이 시작된 것이다.

예수님처럼 당신도 스스로는 인생을 살아갈 수 없음을 안다면, 기도는 지극히 당연한 일이 된다.

왜 예수님도 기도가 필요하신가?

예수님이 아침에 방해받지 않는 한적한 곳에서 기도하신 이유는 무엇일까? 그분의 삶에 세 가지 단서가 들어 있다.

단서 1_ 예수님의 정체

예수님은 하늘 아버지와 자신의 관계에 대한 이야기만 나왔다 하면 극히 의존적인 어린 아이처럼 되신다. "아들이 … 아무 것도 스스로 할 수 없나니"요 5:19. "내가 아무 것도 스스로 할 수 없노라"요 5:30. "내가 스스로 아무 것도 하지 아니하고 오직 아버지께서 가르치신 대로 이런 것을 말하는 줄도 알리라"요 8:28. "나를 보내신 아버지께서 내가 말할 것과 이를 것을 친히 명령하여 주셨으니"요 12:49. 아이만이 이런 말을 한다. "나는 내 아버지께서 하시는 일을 보지 않고는 아무 것도 하지 않는다."

우리에게 어린 아이처럼 되라고 하실 때, 예수님은 자신은 하지 않는 일을 우리에게 시키신 것이 아니다. 두말할 나위 없이 예수님이야말로 역사상 가장 의존적인 인간이시다. 스스로는 인생을 살아가실 수 없으셨기에 그분은 기도하신다. 기도하시고 또 기도하신다. 누가복음에도 "예수는 물러가사 한적한 곳에서 기도하시니라"눅 5:16라고 했다.

"나를 떠나서는 너희가 아무 것도 할 수 없음이라" 요 15:5라는 예수님의 말씀은 하늘 아버지께 끊임없이 의존하시는 자신의 삶 속으로 우리를 초대하시는 말씀이다. 예수께서 우리에게 믿으라고 하실 때, 그것은 무슨 영적 에너지를 만들어내라는 뜻이 아니다. 그분처럼 우리에게도 인생을 살아갈 자원이 없음을 깨달으라는 말씀이다. 예수님처럼 당신도 스스로는 인생을 살아갈 수 없음을 안다면, 기도는 지극히 당연한 일이 된다.

하지만 그보다 더 깊은 차원이 있다. 예수님은 오로지 하늘 아버지와의 관계 속에서만 자신을 규정하신다. 아담과 하와는 타락한 이후에 자아 정체성을 찾아 나섰다. 그들에게 독립된 자아의식이 생겨난 것은 하나님을 떠나 독자적으로 행동한 뒤였다.[1] 그러나 예수님에게는 독립된 자아의식이 없기에 정체감의 위기도 불안도 없다. 그러므로 '자아를 찾으려' 하지 않으신다. 아버지와의 관계 속에서만 자신을 아시며, 그 관계를 벗어난 자신의 모습은 상상하실 수도 없다.

당신이 예수님께 어떻게 지내시느냐고 묻는다고 상상해 보라. 그분은 이렇게 대답하실 것이다. "내 아버지와 함께 아주 잘 지내고 있다. 오늘 나에게 필요한 모든 것을 아버지께서 주셨다." 당신은 되묻는다. "아버지께서 잘 지내신다니 좋습니다. 하지만 잠시 예수님께만 초점을 맞춥시다. 예수님, 어떻게 지내십니까?" 예수님은 마치 모르는 외국어라도 들으신 듯 이상하게 쳐다보실 것이다. 예수님께 그것은 말이 되지 않는 질문이다. "어떻게 지내십니까?"라는 질문에 하늘 아버지를 포함시키지 않고는 대답하실 수가 없기 때문이다. 그러므로 아버지로부터 버림받는 겟세마네의 참혹한 십자가에 대한 생각은 예수님께 극한의 고통이었다. 예수님은 아버지와 교제하지 않은 순간을 단 한 번도 경험해 보신 적이 없었다. 예수님의 고통은 당연한 것이다.

예수님의 기도 생활은 아버지와의 관계를 표출하시는 것이다. 그분은 사랑하는 분과 단둘이 있기를 원하신다.

단서 2_ 한 사람에게 집중하시는 예수님

예수님은 사람들을 대하실 때 한 사람에게로 초점을 좁혀 가신다. 베데스다 연못가의 지체 부자유자를 만나실 때도 먼저 무리를 보신 다음 그 한 사람만 보신다. "많은 병자, 맹인, 다리 저는 사람, 혈기 마른 사람들" 속에서 "예수께서 그 누운 것을 보시고"요 5:3, 6.

예수님이 누군가와 함께 계시면 실내에는 오직 그 사람뿐이다. 예수님은 여유를 가지고 한 번에 한 사람씩 집중하신다. 예수님이 사람들을 사랑하시는 방식은 아버지께 기도하시는 방식과 똑같다.

이처럼 한 사람에게 집중하는 것이 사랑의 원리다. 여유를 가지고 사랑하는 그 한 대상에게만 집중할 때 사랑은 성육신한다. 우리는 두루뭉술하게 만인을 사랑하는 것이 아니라 한 번에 한 사람씩 사랑한다. 거의 매일 아침 나는 킴 앞에 무릎 꿇고 앉아 흙투성이 운동화 끈을 매 주면서 그 생각을 한다. 내 영혼에 그 일은 날마다 발을 씻어 주는 섬김이 된다.

단서3_ 유한한 인간이신 예수님

예수님이 한 사람에게 집중하시는 것은 그분이 온전히 인간이기 때문에 동시에 여러 가지 일을 잘 하지 못하신다는 의미가 담겨 있다.[2] 예수님도 하늘 아버지께 주파수를 맞추시려면 사람들과 떨어져 계셔야 했다.

이론적으로 예수님은 사람들을 고치시면서 동시에 아버지께 집중하실 수 있었다. 더디고 비효율적인 삶을 자신의 신성으로 뛰어넘으실 수도 있었다. 혈루증을 앓던 여인 때문에 야이로의 집으로 가던 길이 지체되었을 때, 굳이 걸음을 멈추어 한 인간과 소통하지 않고도 그냥 고쳐 주실 수 있었다눅 8:40~48 참조. 하지만 그분은 그렇게 하지 않으신다. 돌을 떡덩이가 되게 하라던 사탄의 유혹을 물리치실 때, 예수님은 효율성을 물리치시고 사랑을 선택하셨다마 4:1~4 참조. 그래서 온전히 인간이신 그분은 물러나 기도하셔야 했던 것이다.

가버나움의 혼잡한 집에서 들판의 한적한 곳으로 물러나실 때 예수님은 산상수훈에서 "네 골방에 들어가 문을 닫고 … 네 아버지께 기도하라"마 6:6고 하신 자신의 권고대로 하셨다. 영원 전부터 아버지와의 관계 속에 계셨기에 아버지께 집중하셔야 했고, 아버지와 함께 있기를 원하셨다. 그래서 그분은 혼자 기도하신다.

함께 보내는 시간이 필요하다

예수님의 예는 기도의 핵심이 관계임을 가르쳐 준다. 예수님은 기도하실 때 의무를 수행하신 것이 아니라 아버지 곁에 가까이 가신 것이다.

어떤 관계를 막론하고 그 관계가 발전하려면 방해받지 않는 공간이 필요하고, 특별한 일 없이 함께 보내는 시간이 필요하다. 그래야 서로를 알아갈 수 있다. 그런 환경 속에서 친밀함이 싹트고, 서로의 마음을 점차 이해할 수 있다.

친밀함은 우리가 만들어내는 것이 아니다. 다만 친밀함이 자랄 수 있는 환경을 조성할 뿐이다. 상대가 배우자든 친구든 혹은 하나님이든 다 마찬가지다. 함께 있을 공간이 필요하다. 그러나 효율성, 동시에 여러 가지 일을 하는 것, 바쁜 일정은 친밀함을 죽인다. 한마디로, 하나님을 속성速成으로 알아갈 수는 없다.

예수께서 기도하시려고 사람과 소음을 떠나셔야 했다면, 우리도 그래야 할 것은 자명한 이치다.

예수님처럼 기도하기

예수님의 아침 기도 습관은 예로부터 내려온 구약성경 기자들의 리듬을 따른 것이다. 그들은 아침에 마음을 하나님께로 향했다. 그 예가 기록된 시편 몇 가지만 살펴보자.

> 여호와여 아침에 주께서 나의 소리를 들으시리니 아침에 내가 주께 기도하고 바라리이다시 5:3.

나는 … 아침에 주의 인자하심을 높이 부르오리니 시 59:16.

여호와여 오직 내가 주께 부르짖었사오니 아침에 나의 기도가 주의 앞에 이르리이다 시 88:13.

아침에 나로 하여금 주의 인자한 말씀을 듣게 하소서 내가 주를 의뢰함이니이다 내가 다닐 길을 알게 하소서 내가 내 영혼을 주께 드림이니이다 시 143:8.

꼭 아침에 기도해야 할까? 꼭 그런 건 아니다. 요한복음 17장에 나오는 예수님의 대제사장 기도와 그후의 겟세마네 기도는 다 저녁 기도였다.

시편에는 히브리 사람들이 어떻게 기도했는지 그 단서가 들어 있다. 소리 내어 기도했다는 내용이 대부분의 시에, 적어도 한 번은 나온다. 예컨대 "내가 부르짖는 소리를 … 나의 울부짖음에 … 나의 간구하는 소리를 들으소서" 시 5:2~3, 17:1, 28:2 참조 등이다. 우리는 이것을 영적인 은유로 바꾸었지만, 히브리 사람들은 말 그대로 하나님께 큰 소리로 도움을 청했다.

예수님도 소리 내어 기도하는 관습을 따르신다. 우리가 대제사장 기도의 내용을 아는 것은 예수님의 기도소리가 제자들에게 들렸기 때문이다. 마찬가지로, 예수님이 겟세마네에서 뭐라고 기도하셨는지 알게 된 것도 그분이 아버지께 마음을 쏟아놓으시는 것을 제자들이 엿

들었기 때문이다. "그는 육체에 계실 때에 자기를 죽음에서 능히 구원하실 이에게 심한 통곡과 눈물로 간구와 소원을 올렸고"히 5:7.

또한 바리새인과 세리의 비유를 들려 주실 때 예수님은 두 사람 다 소리 내어 기도했다고 하셨다. 골방에서 기도하라고 권하신 것도 우리가 소리 내어 하는 기도가 남에게 보이는 겉치레가 되지 않게 하기 위해서다.

소리 내서 기도하면 생각이 흐지부지되지 않아 도움이 될 수 있다. 생각이 구체적이 된다. 하지만 이것은 기법 이상이며, 신앙 고백이기도 하다. 살아 계신 하나님께 대한 당신의 믿음을 귀로 들리도록 선포하는 것이다.

성경에 소리 내서 기도하라는 규정은 없다. 다만 실감나게 기도하는 또 하나의 방법일 뿐이다. 개인적으로 나는 워낙 속으로 기도하는 버릇이 있어서, 소리 내어 기도하려면 잘 안 된다. 그래도 죄를 소리 내어 고백하면 훨씬 더 실감이 난다. 내 목소리로 내 잘못을 인정하는 말을 들으면 놀랍도록 죄가 피부로 느껴진다. '정말 잘못된 일이었구나' 하는 생각까지 든다. 사람을 만나러 갈 때면 성적인 정욕에 빠지거나 인간의 환심을 사려고 하지 않게 해달라고 차 안에서 소리 내어 기도할 때가 있다. 그러면 그 필요성이 훨씬 절실하게 느껴진다. 기도가 더욱 간절해진다.

기도하기 힘든 이유는 늘 있다

언제 어떻게 기도하든 여유를 가지고 정규적인 기도 시간을 낼 수 없는 이유는 늘 있게 마련이다. 매일의 기도 시간을 반대하는 이유 중 하나는 "나는 항상 기도한다"이다. 물론 "기도에 항상 힘쓰"는롬 12:12 것은 기도에 있어 매우 중요하며, 여기에 대해서는 나중에 살펴볼 것이다. 하지만 그것으로 집중적인 기도 시간을 대신할 수는 없다. 예를 들면 하루 종일 토막 대화만 나누는 부부는 관계가 얕아질 것이다. 그것은 동업자이지 연인이 아니다. 겨우 몇 마디 오가는 정도로는 관계를 구축할 수 없다.

또 다른 반대 이유는 삶이 바쁘다는 것이다. 날마다 서너 시간씩 기도하지 않고는 살아갈 수 없다던 마르틴 루터의 말을 처음 들었을 때 나는 머리를 긁적였다.[3] 루터는 아주 바쁜 사람이었으니 기도 시간을 줄이고 싶었을 법도 하다. 하지만 세월이 흐른 지금은 이해가 가고도 남는다. 사실, 압박이 많을수록 더 기도해야 한다. 내가 아침에 눈뜨자마자 기도하는 것은 내 삶에 그만큼 짐이 많기 때문이다.

당신이 만일 기도하고 있지 않다면, 인생에는 시간과 돈과 재능만 있으면 된다고 은근히 자신하는 것이다. 당신은 늘 너무 피곤하고 너무 바쁠 것이다. 하지만 예수님처럼 당신도 스스로는 인생을 살아갈 수 없음을 깨닫는다면, 아무리 바쁘고 아무리 피곤해도 반드시 시간을 내서 기도할 것이다.

더욱이 기도 시간을 내면 일할 시간이 그만큼 줄기 때문에 하나님께 더욱 의존하게 된다. 1분 기도할 때마다 '생산적인' 일을 할 시간이 1분씩 줄어든다. 그러므로 기도한다는 것은 그만큼 하나님께 더 의존해야 한다는 뜻이다.

걸음마처럼 조금씩 시작하라

하나님과 함께 시간을 보내려면 걸음마를 배우듯 조금씩 시작하라. 불가능한 목표를 세워 놓고 나중에 주저앉아버리면 안 된다. 과거에 30분간 기도하며 참 좋았던 기억이 있더라도 그것을 기준으로 삼지 말라. 천천히 시작하라. 걸음마처럼 처음에는 5분이면 좋다.

방법이 한 가지로 딱 정해져 있는 것은 아니다. 어떤 사람들은 출근길 차 안에서 기도한다. 다만 한 가지 주의할 것은, 동시에 여러 가지 일을 하면서 친밀해지기는 어렵다는 것이다. 부부가 차 안에서 나누는 대화가 전부라면 관계가 약해질 것이다. 하나님과의 관계도 마찬가지다.

다음은 당신이 아침에 하늘 아버지와 함께 시간을 보내는 방법에 관한 간단한 제안이다.

- **너무 늦지 않게 잔다.** 저녁을 어떻게 보내느냐가 아침을 결정한다. 저녁과 아침을 하루로 본 히브리인의 개념창 1장 참조이 기도를 계획하는 데 도움이 된다. 아침에 기도하고 싶다면 너무 늦게 자지 않도록 저녁을 잘 계획하라. 저녁과 아침은 이어져 있다.

- **자리에서 일어난다.** 자리에 누워서 하는 기도도 좋다. 사실, 일어나서 하는 기도가 많을수록 누워서 하는 기도도 많아진다. 하지만 자리에 누운 채로는 아침 기도 시간에 발전이 없다. 나의 경우, 밤중 기도가 가장 풍성하면 아침에 눈을 뜰 때도 기도가 나온다. 하지만 일어나서 기도했기 때문에 그런 시간도 생겨난 것이다.
- **일단 잠을 깬다.** 커피부터 끓이거나 샤워부터 해야 할 수도 있다.
- **조용한 장소로 간다.** 방도 좋고, 의자도 좋고, 전망 좋은 자리도 좋다. 산책을 나가는 것이 좋을 수도 있다. 단, 방해하는 사람이 없어야 한다.
- **편안한 자세를 취한다.** 꼭 무릎 꿇고 기도해야 한다고 생각할 필요는 없다. 나는 무릎 꿇는 자세가 너무 불편해서 몇 년간 기도에 지장을 받았다.
- **기도를 시작한다.** 처음에는 5분만 해도 좋다. 거창하게 하기보다는 실천가능한 작은 목표로 시작하라. 시간이 쏜살같이 지나간다는 걸 금방 알게 된다.
- **지속한다.** 시간의 양보다 꾸준함이 더 중요하다. 매일 5분씩 기도하다 보면 시간이 점점 길어진다. 시계를 보며 벌써 20분이 지났구나 할 때가 곧 올 것이다. 하나님과 함께하는 시간이 즐거워질 것이다. 예수님은 기도에 매달리는 것을 아주 중요하게 보셨기에 제자들에게 "항상 기도하고 낙심하지 말아야 할 것을 비유로 말씀"하셨다눅 18:1.

언제 어떻게 기도하든, 당신이 하나님께 자리를 내어드리면 그분이 당신의 영혼을 만져 주신다. 하나님도 당신이 피곤한 줄 아시지만, 그래도 당신의 삶에 함께하기를 간절히 바라신다. 잔치가 기다리고 있다.

무력해지기를 배우라

06

무슨 이유에선지 모르지만 킴은 항상 너무 일찍 일어났다. 새벽 4시 반에 일어날 때도 있었다. 그러나 그렇게 일찍 일어나면 안 된다는 것을 자기도 알기에 복도에 나가 불을 켜고는 자리로 가 눕는다. 그러다 5분 만에 다시 일어나 불을 끄고는 도로 자리에 눕는다. 그 과정이 계속 반복된다. 킴이 3층에서 왔다갔다 하기 시작하면 아내나 내가 누우라고 하는데, 층이 다르다 보니 우리의 말소리가 고함처럼 들린다.

아내와 내가 일어나 기도하려고 하면 정말 재밌어진다. 아내는 1층에서, 나는 2층에서 기도하는데 소리에 민감한 아내는 맨 위층에서 킴이 왔다 갔다 하는 소리가 들리면 나더러 조용히 시키라고 말한다. 아이한테 소리치라고 나한테 소리치는데, 나는 또 그 소리를 막으려고 아이에게 소리칠 때도 있다. 아내가 그럴 만도 한 것이, 킴의 발자국 소리가 어찌나 심한지 꼭 조깅하는 것 같기 때문이다.

자폐증 분야에서는 킴처럼 그렇게 왔다 갔다 하는 것을 상동증반복행동, perseverating이라고 한다. 하도 심해져서 신경과 의사와 상담하고 약을 먹여 보았지만 아이의 체중만 늘어서 약을 끊고 다시 소리 지르기로 돌아갔다!

우리 부부는 킴의 삶을 기도로 흠뻑 적시다시피 했지만, 왔다 갔다 하는 걸 멈추는 문제로 기도한 적은 없다는 생각이 최근에야 들었다. 나 혼자든 아이와 함께든 그런 기도는 한 적이 없었다. 왜 그랬을까? 이미 답을 알고 있었기 때문이다. "킴은 왔다 갔다 하는 걸 그만두어야 한다. 내가 조용히 시킬 것이다." 다시 말해 나는 무력감이 없었다. 어찌해야 할지 알고 있었다. 내 표현으로 이것은 삶을 바보 취급하는 접근이다. "이 바보야, 그냥 그만두면 되잖아 …" 하는 식이다.

어린 아이들은 무력함에 선수다. 제일 잘하는 분야다. 하지만 어른들은 무력함이 얼마나 중요한지 금방 잊어버린다. 나만 하더라도 무력함이라면 질색이다. 나는 그것이 싫다. 무슨 수나 방도를 구하거나, 하다못해 나의 문제를 들어 줄 친구를 원한다. 이것이 내가 본능적으로 매사를 대하는 방식이다. 내 능력을 자신하기 때문이다.

더욱이 사람들에게 기도를 가르치는 일에서조차도 그렇다. 지금까지 기도 세미나도 인도하고 기도에 관한 성경공부 교재도 썼지만, 불과 1년 전만 해도 기도 세미나를 위하여 조직적이고도 정기적으로 꾸준히 기도해야겠다는 생각이 든 적이 없었다. 왜 그랬을까? 무력하지 않아서였다. 나 스스로도 기도 사역을 꾸려갈 수 있었다. 그렇게 말하는 것은 물론 생각해본 적도 없었지만, 실제로 나의 삶은 그랬다. 어이없게도 무력함은 우리 기도 세미나의 핵심 주제 중의 하나다. 나는 무력함을 가르치는 사역에 무력하지 않았던 것이다! 인간의 마음이 그렇다.

내가 기도 세미나를 위하여 꾸준히 기도하기 시작한 것은 사역에 별 진척이 없어지면서부터였다. 내가 무력해지고 나서부터였다.

무력함은 기도하게 한다

하나님은 우리가 빈손으로, 수고하고 무거운 짐을 진 채 오기를 원하신다. 그러나 본능적으로 우리는 하나님께 가기 전에 내 무력함부터 처리하고 싶어 한다. 기도 세미나에 참석했던 어떤 분이 이렇게 표현했다.

> 그냥 기도와 솔직한 기도의 차이가 조금씩 보인다. 겉으로 보기에는 같지만 전자의 동기는 의무감과 죄책감일 때가 너무 많다. 반면에 후자는 내가 철저히 무력해서 스스로는 인생을 살아갈 수 없다는 확신이 그 동기다. 중보 기도의 경우라면, 내가 철저히 무력해서 하나님의 은혜와 능력 없이는 남을 도울 수 없다는 확신이다.

노르웨이 루터교의 오 할레스비는 「기도」에서 무력함의 중요성을 역설했다. 그는 가나의 혼인 잔치에서 마리아가 예수께 했던 요청"저들에게 포도주가 없다" 요 2:3이야말로 기도의 완벽한 묘사라고 언급한다.[1] 기도란 당신의 무력함을 예수께 가져가는 것이다. 트라피스트회 수사 토머스 머튼은 이렇게 멋지게 요약했다. "기도는 우리의 실상의 표출이다. … 우리는 살아있는 부족함이고 결핍이다. 성취를 부르짖는 덧없는 무력한 존재다."[2]

요한복음 전체에서 보듯이, 사람들은 무력함 때문에 예수님께 온다. 사마리아 여인은 물이 없고, 신하의 아들은 건강이 없다 요 4장 참조. 베데스다 연못가의 지체 부자유자는 물 속에 들어갈 수 있도록 도와주는 사람이 없다 요 5장 참조. 무리는 빵이 없고 요 6장 참조 시각장애인은 시력이 없다 9장 참조. 끝으로, 나사로는 생명이 없다 요 11장 참조. 우리는 약했기 때문에 예수님을 영접했고, 약하기 때문에 그분을 따른다. 바울은 골로새 교인들에게 "그러므로 너희가 그리스도 예수를 주로 받았으니 그 안에서 행하되" 골 2:6라고 했다.

그러나 무력함이 그리스도인의 삶의 원리임을 우리는 곧잘 잊어버린다. 바울은 자기 육체의 가시를 없애달라고 하나님께 세 번이나 기도하다가 그 사실을 다시 깨달았다. 가시는 없어지지 않았다. 대신 하나님은 바울에게 복음의 원리를 상기시켜 주셨다. "나에게 이르시기를 내 은혜가 네게 족하도다 이는 내 능력이 약한 데서 온전하여짐이라 하신지라 그러므로 도리어 크게 기뻐함으로 나의 여러 약한 것들에 대하여 자랑하리니 이는 그리스도의 능력이 내게 머물게 하려 함이라" 고후 12:9.

복음은 하나님이 예수 안에서 값없이 주시는 은혜의 선물이며, 우리가 완전하지 못함을 깨달을 때에만 효험이 있다. 기도도 마찬가지다. 우리는 무력함에 질색하지만, 그 무력함이 우리를 기도하게 만든다. 또한 우리가 무력하기 때문에 기도가 통한다. 우리는 우리 인생을 우리 자신의 힘만으로 살 수 없다.

기도는 복음을 닮았다. 아버지께서 예수님 때문에 우리를 있는 모습 그대로 받아 구원을 선물로 주시는 것이 복음이라면, 기도는 아버지께서 예수님 때문에 우리를 있는 모습 그대로 받아 도움을 선물로 주시는 것이다. 우리는 자신의 부족한 기도를 보고 자신에게 뭔가 문제가 있다 싶어 포기하지만, 하나님은 충족한 아들 예수님을 보시고 우리의 볼품없고 두서없는 기도를 기뻐하신다.

연약함이 성숙의 증거다

우리는 이렇게 말한다. "강건한 그리스도인들은 기도를 많이 한다. 나도 더 강건한 그리스도인이 된다면 기도를 더 많이 할 텐데." 강건한 그리스도인들이 기도를 더 많이 하는 건 사실이지만, 그것은 그들이 얼마나 연약한지를 알기 때문이다. 그들은 자신에게 그 사실을 숨기려 하지 않는다. 연약함이야말로 은혜가 흘러드는 통로다.

지금 유명한 그리스도인들 이야기를 하는 것이 아니다. 어떤 인터뷰 기자가 프란시스 쉐퍼의 아내인 작가 에디스 쉐퍼에게 물었다. "현재 살아있는 사람 중에 가장 훌륭한 그리스도인 여성은 누구입니까?" 그녀는 이렇게 대답했다. "우리는 그녀의 이름을 모릅니다. 그녀는 인도의 어느 병원에서 암으로 죽어가고 있습니다." 죽음을 앞두었기에 그녀의 순종하는 삶 이면에 무력감이 있다. 무력감은 그녀의 일부가 되었다. 호흡이 되다시피 했다. 왜 그럴까? 연약하기 때문이다.

그녀는 불안한 마음, 남들과 비교하려는 성향을 느낄 줄 알며, 자기 안에 시기심이 솟아오를 수 있음에 경악한다. 걸핏하면 세상에 끌리는 자신의 마음을 본다. 한마디로, 이 여인은 자신을 믿지 못한다. 그녀는 다른 사람들도 그 같은 싸움을 하는 것을 본다. 세상과 육신과 마귀 앞에서 그녀는 역부족이다. 결과는? 그녀의 마음이 기도로 하나님께 부르짖는다. 예수님이 필요한 것이다.

그리스도인으로서 성숙해 갈수록 자신의 죄성이 더 많이 보이지만, 동시에 예수님도 더 많이 보이는 법이다. 자신의 연약한 면들을 더 똑똑히 볼수록 은혜가 더 필요함을 깨닫게 된다. 그리스도인의 삶 속에 그것이 어떻게 나타나는지 다음 도표에서 볼 수 있다. 왼쪽의 미성숙한 그리스도인은 십자가도 작고 자신의 죄도 작아 보인다. 그러니 기도할 필요도 별로 없다. 반면 오른쪽의 성숙한 그리스도인은 십자가도 크고 자신의 죄도 커 보인다. 그래서 더 많이 기도한다.

이것은 부엌 바닥을 닦던 중에 떠오른 도표다. 내가 제자 삼고 있던 사람들의 삶이 별로 변화가 없어 우울하던 때였다. 계속 바닥을 닦다가 똑같은 문제들이 나에게도 있음을 깨달았다. 그러자 더 우울해졌다. 그때 문득 내 무능함과 내 경미한 우울증이 하나님께로 가는 문이라는 생각이 들었다. 사실, 하나님은 내가 나 자신에 대해서는 우울하고 예수님에 대해서는 팔팔하기를 원하셨다. 복음은 나의 연약함을

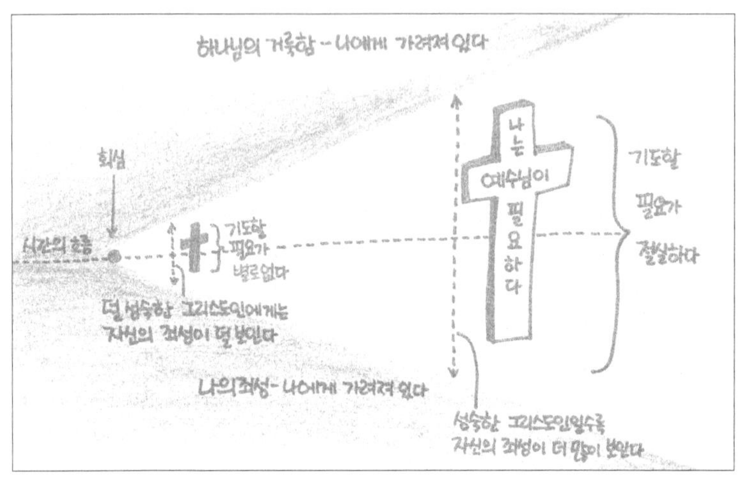

하나님의 은혜에 이르는 문으로 사용한다. 그것이 은혜의 원리다.

덜 성숙한 그리스도인들은 기도할 필요성을 별로 느끼지 못한다. 자기 마음을 보아도별로 그런 적도 없지만 여간해서 시기심이 보이지 않는다. 자신의 급한 성질도 좀처럼 알아차리지 못할 뿐 아니라 오히려 남들이 모두 느려 터졌다며 씩씩거린다. 그들은 성급히 충고를 내놓는다. 답이 간단하니 그 세계가 복잡할 것이 없다. "그냥 내가 시키는 대로만 해. 그러면 네 인생이 쉬워질 거야"라는 식이다. 내가 이렇게 잘 아는 이유는 지금 말하는 '그들'이 사실은 '나'이기 때문이다. 예수님 없는 나는 원래 그렇다.

그런데 놀랍게도 성숙한 그리스도인일수록 속으로는 자신이 아직 덜 성숙했다고 생각한다. "나를 떠나서는 너희가 아무 것도 할 수 없음이라"요 15:5고 하신 예수님의 말씀에 수긍하며 고개를 끄덕인다. 그들은 지금까지 자신이 예수님 없이 했던 모든 일을 돌아보며 과연 아무 것도 된 것이 없음을 안다. 성숙한 그리스도인들은 자기가 자녀를 양육할 수 없음을 통감한다. 자식을 키우는 것은 쉬운 일이 아니다. 아무리 완전한 부모라 해도 자녀의 마음속에까지 들어갈 수는 없다. 그래서 강건한 그리스도인들일수록 기도를 더 많이 하는 것이다.

무능함은 기도의 문을 여는 열쇠다

16세기의 천주교 수사인 랜즈버그의 존은 「예수 그리스도의 편지」 *A Letter from Jesus Christ*에서 위의 문제를 잘 요약했다. 그는 예수님이 친히 우리에게 이렇게 말씀하신다고 표현한다.

> 네가 철저히 혼자가 되어 불평하며 앉아 있을 때, 한없이 슬픈 상태로 불행에 빠져 있을 때, 내가 그 심정을 안다. 너는 내게 나아오지 않고, 지금까지 네가 했던 일들이 모두 완전히 손해고 헛수고였다는 생각에 매달려 있구나. 그런 절망감 같은 것과 자기연민은 교만으로부터 오는 것이다. 너는 네 힘과 능력을 지나치게 과신해서 거기에서 절대적인 안전감을 누리려 했지. … 네가 정말 괴로운 것은 그저 일이 네 기대와 바람대로 되지 않았기 때문이야.
>
> 사실 나는 네가 너의 힘과 능력과 계획에 의존하는 것을 원하지 않아. 그런 것들이나 너 자신을 믿지 마라. 나 외에 어느 누구도, 그 무엇도 믿지 말고 오직 나만을 신뢰하라. 너 자신을 전적으로 의지하는 한 슬픔을 당할 수밖에 없다. 네가 아직 배워야 할 아주 중요한 교훈은, 너

> 자신의 힘은 부러진 갈대만큼이나 네가 똑바로 서는 데 도움이 안 된다는 거야. 나를 단념해서는 안 된다. 나한테라면 얼마든지 네 희망과 신뢰를 두어도 좋다. 내 자비는 한이 없으니 말이다.[3)]

지금 예수님은 자신이 행하지 않으시는 일을 우리에게만 시키시는 것이 아니다. 하늘 아버지께 무력하게 의존하시는 자신의 삶 속으로 우리를 초대하시는 것이다. 예수님을 닮아가는 사람은 자기 힘으로는 살아갈 수 없음을 점점 더 절감하고, 자기 마음에 대하여 점점 더 조심하게 된다. 역설적이지만 자신이 덜 거룩하다고 느껴질 때 당신은 더 거룩해진다. 당신은 자신의 무능함을 피하려 하지만, 바로 그 무능함 때문에 기도의 문이 열리고 은혜의 길이 펼쳐진다.

우리 아이들이 두 살, 다섯 살, 여덟 살, 열두 살, 열네 살, 열여섯 살이었을 때 나는 기도 일기에 이렇게 썼다.

> 1991년 3월 19일. 희한하다. 아침에 기도하지 않으면 우리 집에 악이 그냥 쏟아져 들어온다. 절대로 기도해야 한다! 오 하나님, 저에게 기도할 수 있는 은혜를 주소서.

내 힘으로는 자녀를 키울 수 없다는 것을 나는 17년이 걸려서야 깨달았다. 대단한 영적인 통찰은 아니었고 그냥 현실적인 자각이었다. 아침마다 깊이 생각하며 의식적으로 가족들의 이름을 불러가며 기도하지 않았다면, 아이들은 서로 물어뜯었을 것이다. 나는 아이들의 마음속에 들어갈 수 없었다. 막막했다. 뿐만 아니라 자신감도 좀처럼 회복되지 않았다. 기도 일기에는 자식들을 고치지 못하는 무능함과 나의 자신감을 고치지 못하는 무능함이 함께 적혀 있다. 그래서 나는 기도하는 것조차도 은혜가 필요하다.

그러나 하나님은 나의 기도에 응답하셨다. 내가 자녀들을 위하여 꾸준히 기도하기 시작하자 그때부터 하나님께서 그들 마음속에서 일하셨다. 한 예로, 내가 맏아들 존이 더 겸손하게 해달라는 기도를 시작했는데, 6개월쯤 지나 존이 내게 말했다. "아빠, 요즘 제게 겸손이 부족하다는 생각을 많이 했어요." 기도가 내 최고의 자녀 양육이었음을 즉각 깨달았다. 그때부터 나는 아이들에게는 말을 줄이고 하나님께 말을 많이 했다. 그러자 마음이 한결 편해졌다.

내 힘으로 인생을 살아갈 수 있다고 생각하면 기도를 중시하지 않는다. 기도 없는 삶은 항상 뭔가 훈련이 부족하다든지 할 일이 너무 많기 때문이라고 느끼게 한다. 하지만 인간은 자신에게 중요한 일은 어떻게든 하게 되어 있다. 그러니 많은 그리스도인들에게 기도가 전혀 중요하지 않은 것은 예수님에게 우선순위가 없기 때문이다. 그러므로 기도를 배우는 과정에서는 고난이 매우 중요하다. 고난은 인생이 정말 어떤 것인지 보여 주시려는 하나님의 선물이다.

하나님은 기도에 응답하신다

얼마 전에 킴이 다시 새벽에 방 안을 왔다 갔다 하기 시작했다. 내가 침대에서 나오려는데 아내가 반쯤 잠든 상태로 물었다.

"킴한테 소리치려고요?"

"아니, 그건 10년 동안이나 해 봤지만 소용이 없었으니 이제 아이와 함께 기도하려고!" 내가 대답했다. 아내가 웃음을 터뜨렸다.

"10년이라니요? 20년이지!"

킴의 방으로 올라갔다. 내가 무슨 말을 해도 아이가 왔다 갔다 하는 것을 막을 수 없음을 알았다. 조용히 아이의 침대로 가서 이불 위에 손을 얹었다(아이는 자는 척하고 있었다). 아이를 가라앉혀 달라고 성령께 기도했다. 하나님은 우리의 기도를 들으셨다. 킴은 잠들었고 그날 아침에는 다시 왔다 갔다 하지 않았다.

기도가 내 최고의 자녀 양육이었음을 즉각 깨달았다. 그때부터 나는 아이들한테는 말을 줄이고 하나님께 말을 많이 했다. 그러자 마음이 한결 편해졌다.

기도를 시작하자마자 난데없이 이런 생각이 들었다. '킴도 혼자서 기도할 수 있고 하나님과 소통할 수 있는데, 여태 내가 과소평가했다.' 킴을 보는 나의 시각이 너무 좁았다. 아이를 하나님의 형상대로 지음받아 하늘 아버지와 대화할 수 있는 소녀가 아니라 장애인으로 본 것이다. 그러나 내 마음속에 아이에 대한 새로운 기대가 생겨났다. 아이가 영적으로 성장할 수 있다는 새로운 희망이었다. 킴이 자기 팔뚝을 물어뜯으면 그 문제로 아이와 함께 기도할 수 있다. 부르튼 팔뚝에 기름을 발라 주면서 말이다. 이제 나는 아이의 문제에 분노로 맞서 싸우기보다 아이가 기도를 배울 수 있다는 새로운 비전에 집중할 수 있다.

그래도 킴이 왔다 갔다 하는 일은 계속되었다. 두 번에 한 번 꼴로 겨우 자리에서 기어 나와 아이와 함께 기도했다. 그러다 4개월 후에 이사를 했는데 그때부터 킴의 그런 행동이 완전히 없어졌다. 자폐증 때문에 소음에 과민한 줄은 알았지만 그전에 살던 집의 길 건너에 있던 공장의 트럭들과 도로의 차 소리 때문에 아이가 자꾸 깬다는 것을 모르고 있었다. 새로 이사 온 집은 도로에서 떨어져 있어 훨씬 조용하다. 그렇게 하나님은 킴을 위한 나의 기도에 응답해 주셨다.

킴을 위하여 기도한 이 이야기 속에 무력함, 관계, 회개, 간구, 이야기, 희망 등 좋은 기도의 모든 주제가 숨어 있다. 하나님께 문을 열면 그 안에 놀라운 보배가 담겨 있음을 알 것이다.

끊임없이 아바를 부르라

07

직원 회의에서 토론되는 내용을 듣고 있는데 우리 자문위원이 말했다.

"폴은 아주 조용하네요. 예수님 외에는 그 무엇에도 열정이 없어 보입니다."

나는 픽 웃음이 났다. 그 말이 재미있어서도 그랬고, 내가 속으로는 옛날 "앤디 그리피스 쇼"1960년대에 방영된 텔레비전 시트콤_옮긴이의 걸핏하면 흥분하던 보안관 바니 파이프를 닮았기 때문이기도 했다. 내 머릿속은 아이디어로 부글거리고, 내 입은 나서고 싶어 근질근질하다.

그런 내가 왜 그렇게 차분해 보였을까? 혼자서 속으로 "아버지, 아버지, 아버지" 하며 계속 기도하고 있었기 때문이다. 예수님이나 그리스도의 이름으로 기도할 때도 있고, "성령님, 오소서!" 같은 짤막한 문구로 기도할 때도 있다.

이것은 영적으로 더 높은 차원에 도달하려고 뜻 없이 외우는 주문이 아니다. 오히려 반대다. 내가 영적으로 낮은 차원에 있음을 알기에 "엄마, 엄마, 엄마!" 하며 엄마에게 달려가는 어린 아이처럼 도와달라고 부르짖는 것이다. 내 마음은 본래의 집을 찾고 있다. 다윗은 기도하는 영혼의 심정을 시편 63편에 잘 담아냈다.

> 하나님이여 주는 나의 하나님이시라 내가 간절히 주를 찾되
> 물이 없어 마르고 황폐한 땅에서
> 내 영혼이 주를 갈망하며
> 내 육체가 주를 앙모하나이다[1절].

왜 나는 속으로 도와달라고 부르짖는가? 회의 중에 남의 말을 가로막곤 하는 내 성향은 '마르고 황폐한 땅' 이다. 내 안의 바니 파이프가 관심을 끌려고 부르짖을 때면 나는 조용히 "예수님, 예수님, 예수님~" 하고 기도한다. 어거스틴처럼 내 마음도 불안하여 하나님 안에서 쉼을 얻어야만 한다.[1)]

그런데 내가 새로운 아이디어에 열을 올리면 그때는 최악의 상황이 된다. 나는 경청하기보다 설복시키는 데 혈안이 되어 금세 군림하는 자세를 취할 수도 있다. 내 마음은 마르고 황폐한 땅과 같다. 하지만 기도를 시작하면 내 삶의 에너지가 남들의 생각을 바꾸려는 데 사용되지 않고 하나님의 삶 속으로 향하게 된다. 그러면서 입을 다물게

된다!

본래 내 아이디어였던 것을 다른 사람이 내놓으면, 내가 먼저 생각해낸 거라고 말하고 싶어진다. 우주가 요동이라도 하듯이 내 속도 요동을 친다. 한마디로, 자랑하고 싶은 것이다. 돋보이려는 내 영혼의 욕심을 잠재우는 유일한 길은 "저는 주님을 떠나서는 아무 것도 할 수 없습니다"라고 기도를 시작하는 것이다.

가로막고, 설복시키고, 자랑하는 성미는 나를 지속적으로 기도하도록 이끄는 몇 가지 예일 뿐이다. 그 덕분에 나는 계속 어린 아이처럼 아버지께 의존하게 된다. 사람마다 그런 것들이 있다. 그럴 때마다 기도하는 삶으로 들어가면 된다.

훈련보다 가난한 심령이 필요하다

나는 지속적인 기도를 배운 게 아니다. 어느새 이미 그렇게 하고 있었다. 내 힘으로 어찌할 수 없는 곤란한 상황에 처할 때마다 내가 할 수 있는 일이라고는 하늘 아버지께 부르짖는 것뿐이었다. 자주 그러다 보니 버릇이 되었다. 내 영혼과 하나님 사이에 하나의 습성이 생겨난 것이다.

지금도 나는 나도 모르게 기도하고 있을 때가 많다. 아마도 기도하는 것은 내가 아니라 성령이시리라. 바울은 "하나님이 그 아들의 영을 우리 마음 가운데 보내사 아바 아버지라 부르게 하셨느니라"갈 4:6, 개역한글판라고 했다. 성령은 우리가 기도하도록 거드시는 것이 아니라 실제로 자신이 기도하신다. 성령은 기도하시는 영이다.

더 구체적으로 말해 **그 아들의** 영이 기도하신다. 성령은 예수님의 어린 아이 같은 마음을 내 마음속에 넣어 주시고, **아바 아버지**라 부르신다. 아버지를 향한 예수님의 갈망이 나의 갈망이 된다. 내 영이 성령과 맞물리며, 그때부터 나도 **아버지**를 부르게 된다.

예수님이 기도하실 때 아버지를 대개 아바라고 부르셨다는 것이 대다수 학자들의 생각이다. 이것은 우리말의 **아빠**와 비슷한 말이다. 학자들의 논리는 다음과 같다. 우리가 지금 아바라는 단어를 알게 된 것은 제자들의 머릿속에 그 말이 각인되었기 때문이다. 그것이 제자들에게 어찌나 큰 충격이 되었던지하나님께 그렇게 친밀하게 말한 사람은 그때까지 아무도 없었다 그리스 그리스도인들에게 예수님에 대해서 말해 줄 때 그들은 그리스어역 성경에 아람어 단어 아바를 그대로 놓아두었다. 바울도 충격이 컸는지, 로마서와 갈라디아서에 아바라는 말을 썼다. 초대 사도들이 시작한 이 전통은 이후의 번역자들에게도 계속 이어져, 어떤 언어로 된 성경이든 지금도 그 말은 아바로 남아 있다.

'아버지' 라는 이 한 단어 기도는 단연 예수님의 기도다. 열두 살 때 처음 기록된 문장이 아버지에 관한 것이다. "내가 내 아버지 집에 있어야 될 줄을 알지 못하셨나이까"눅 2:49. 탕자가 집으로 돌아와 처음 한 말도 아바였다. 주기도문도 그 단어로 시작되고, 예수께서 겟세마네에서 드린 기도의 첫 마디도 그 단어다. 십자가에서 처음 하신 말씀도 그것이고"아버지여, 저희를 사하여 주옵소서" 마지막에 하신 말씀도 그것이다. "아버지 내 영혼을 아버지 손에 부탁하나이다"눅 23:46. 내가 지속적인 기도를 시작할 때도 '아버지'는 나의 첫 기도였고 지금도 가장 자주 드리는 기도다.

우리에게 필요한 것은 끊임없이 기도하는 자기 훈련이 아니라 그냥 가난한 심령이다.

어느새 나는 "예수님, 저를 도와주세요"나 "가르쳐 주세요" 같은 간단한 두세 단어 기도를 드리고 있었다. 시편에는 그런 짤막한 화살 기도가 가득하다. 간단히 한 단어나 성경 구절 하나로 기도하면, 나에게 필요한 것이 정확히 무엇인지 분석하지 않아도 되기 때문에 부담이 없어진다. 바울은 "우리는 마땅히 기도할 바를 알지 못하나 오직 성령이 말할 수 없는 탄식으로 우리를 위하여 친히 간구하시느니라"롬 8:26라고 했다. 우리는 문제가 무엇인지 파악할 수도 없을 만큼 지쳐 있을 때가 많다. 삶이 제대로 돌아가고 있지 않다는 것만 알 뿐이다. 그래서 우리는 "아버지, 아버지, 아버지" 하고 기도한다.

이것은 동양의 신비주의와 다르다. 오히려 그 반대다. 동양의 신비주의는 사람들과의 관계를 끊고, 마음을 둔하게 하여 고통을 피하는 영적 기법이다. 이 신비주의자들은 생각을 비우고 비인격적인 '만물'과 합일을 이루려 한다. 하지만 우리 그리스도인은 자신을 스스로 고칠 수 없음을 알며, 그래서 가장 중요한 관계인 아버지께 부르짖는다.

어느 날 직장의 새로운 3년 계획안들을 생각하며 출근하고 있었다. 사무실이 가까울수록 더 엄두가 안 났다. 여러 방안들을 정리할 지혜가 없었던 것이다. 그때 "나보다 높은 바위에 나를 인도하소서"시 61:2 라는 말씀이 떠올라 간단히 그렇게 기도했다. 나보다 높은 반석이 필요했다. 한 순간의 가난한 심령엄두도 안 났고 지혜도 없었다이 기도의 문이 되어 주었다. 우리에게 필요한 것은 끊임없이 기도하는 훈련이 아니라 그냥 가난한 심령이다. 심령이 가난하면 성령께서 들어서실 자리가 생긴다. 우리 마음속에 하나님 모양의 공간이 생겨나고, 사람들을 대하는 새로운 길이 열린다.

기도하는 심령이 있으면 사람을 보는 눈이 달라진다. 쇼핑몰 안을 지나갈 때면, 우리 마음에 남을 비판하거나 멸시하거나 정욕을 품으려는 유혹이 생길 수 있다. 비만인 사람들, 삐쩍 마른 사람들, 몸에 구멍을 뚫고 문신을 새긴 십대들, 꽉 빼입은 여자들, 경비원들, 발을 질질 끌며 걸어가는 노인들이 보인다. 비만인 사람을 비판하려는 유혹이 생기면 우리는 그 사람의 체중이 줄어들게 해달라고 기도할 수 있다. 코걸이를 한 십대 소녀를 위해서는 그 아이가 그리스도인 공동체를 만나게 해달라고 기도해 줄 수 있다. 경비원이 보이면 그의 직장 생활을 위해서 기도해 줄 수 있고, 발을 질질 끌며 걸어가는 노부부 곁을 지날 때는 노년의 그들에게 은혜를 주시도록 기도할 수 있다.

바울의 '쉬지 않는 기도'

사도 바울은 자신과 자기가 사랑하는 교회들의 무력함을 늘 인식했고, 그래서 끊임없이 기도했다. 바울은 자신의 기도 방식과 교회들에게 권한 기도 방식을 '쉬지 않는 기도' 라는 말로 가장 자주 표현했다. 바울에게 이것은 공식이 아니라 생생한 경험이었다. 끊임없는 기도를 열두 번이나 언급했지만, 여간해서 같은 표현을 반복하지 않을 정도로 생동감이 있었다.

- 항상 내 기도에 **쉬지 않고** 너희를 말하며롬 1:9.
- 내가 너희를 위하여 **항상** 하나님께 감사하노니고전 1:4.
- 내가 기도할 때에 기억하며 너희로 말미암아 감사하기를 그치지 아니하고엡 1:16.
- **항상** 성령 안에서 기도하고엡 6:18.
- 너희를 위하여 기도하기를 **그치지 아니하고**골 1:9.
- 기도를 **계속하고**골 4:2.
- 그가 **항상** 너희를 위하여 애써 기도하여골 4:12.
- 우리가 너희 모두로 말미암아 항상 하나님께 감사하며 기도할 때에 너희를 기억함은살전 1:2.
- 이러므로 우리가 하나님께 **끊임없이** 감사함은살전 2:13.
- **주야로** 심히 간구함은살전 3:10.
- 우리도 **항상** 너희를 위하여 기도함은살후 1:11.
- 내가 **밤낮** 간구하는 가운데 **쉬지 않고** 너를 생각하여딤후 1:3.

어린 교회들에게 기도하라고 말할 때도 바울은 똑같이 '쉬지 않는 기도' 방식을 권한다.

기도에 항상 힘쓰며 롬 12:12.

쉬지 말고 기도하라 살전 5:17.

바울이 이토록 강조한 것으로 보아, 초대 교회에 끊임없는 기도의 예들이 보이는 것은 놀랄 일이 아니다.

예수님의 '호흡기도'

그리스 정교회에서는 흔히 '예수님 기도'라고 하는 5세기의 짤막한 기도문을 지금도 사용하고 있다. "하나님의 아들 주 예수 그리스도시여, 이 죄인을 불쌍히 여기소서."[2] 정교회 전통에서는 이런 짤막한 기도문을 '호흡 기도'라고 부른다. 단숨에 말할 수 있기 때문이다.

이 기도의 최초 버전은 예수님이 지나가실 때 "다윗의 자손이여, 나를 불쌍히 여기소서!" 눅 18:38라고 외쳤던 바디매오라는 시각장애인 거지에게서 유래되었다. 여기에 빌립보서에 나오는 찬송 "예수 그리스도를 주라 시인하여" 빌 2:11를 더하면 예수님 기도가 된다. 처음부터 이 기도는 반복해서 드려졌다. 무리가 바디매오를 조용히 시키려 하자 그는 "더욱 크게 소리 질"렀다 눅 18:39. 그 집요한 함성이 세 복음서에 기록된 것으로 보아 그가 목청껏 소리를 지른 것이 분명하다!

내 아내에게도 자신만의 예수님 기도가 있다. 일요일 아침에 함께 개를 산책시킬 때면 잔디밭이 잘 손질된 흠 없이 깔끔한 집을 지나게 된다. 특히 가을이면 재미있는 일이 일어난다. 그 집 부부가 함께 진공청소기를 어깨에 매고 낙엽 하나하나를 일일이 쫓아서 뛰어다니는 것이다. 독일인의 정신을 물려받은 아내는 깔끔함에 집착하는 성향이 있다. 그 완전무결한 집을 지나갈 때면 아내는 이런 기도를 반복한다. "하나님, 저 자신에게서 저를 구해 주세요. 하나님, 저 자신에게서 저를 구해 주세요."

우리 아이들이 십대 때 아내가 나에게 "우리 집에 제일 필요한 게 뭔지 아세요?" 하고 물었다. 새 차를 비롯해서 많은 것들이 떠올랐다. 그때 아내가 이런 대답으로 나를 깜짝 놀라게 했다. "불쌍히 여겨 주심이에요." 우리에게 필요한 것은 더 정돈된 삶도 아니고 더 많은 돈도 아니었다. 불쌍히 여겨 주심이었다. 이런 사고방식에서 기도하는 마음이 싹튼다.

일상기도는 단지 아침 기도 시간만이 아니라 하루 중 아무 때라도 기도에 들어가는 것이다. 그렇게 훈련받아서가 아니라 자신의 가난한 심령을 잘 알기 때문에, 예수님의 영의 도움 없이는 쇼핑몰이나 동네를 걷는 일조차도 할 수 없는 자신을 알기 때문에 기도하는 것이다.

마음을 아버지께로 향하라

08

몇 달 전에 어느 큰 제약회사의 영업사원과 같은 비행기를 탄 적이 있었다. 옆자리에 앉은 그녀에게 미국 신도시 여성의 3분의 1이 항우울제를 먹는다는 말을 들었다고 했더니 그녀는 고개를 저으며 말했다. "틀렸어요. 최소한 3분의 2입니다."

대부분의 사람들이 단순히 불안을 없애려 한다. 스트레스를 해소시켜 줄 명약을 찾는 이들도 있고 치료를 받는 사람들도 있다. 항우울제와 상담이 나를 비롯하여 많은 이들에게 도움이 된 것은 사실이지만, '행복해지는 약'을 먹거나 '행복한 생각'을 한다고 해서 우리의 초조한 불안이 멎는 것은 아니다. 불안의 뿌리는 너무도 깊다.

불안은 기도의 출발점이다

그러므로 불안과 싸우는 대신 불안을 디딤돌 삼아 마음을 하나님께로 향하게 할 수 있다. 불안을 억누르거나 관리하거나 혹은 즐거운 일로 덮으려고 하기보다 그 불안을 하나님께 가져갈 수 있다. 그러면 어느새 우리는 끊임없는 기도 속으로 들어가게 된다.

불안이 어떻게 기도의 시발점이 되는지 예를 들어 보자. 어렸을 때 나는 전화 받기가 싫었다. 아마도 말이 어눌해서였을 것이다. 새로운 상황에 처하면 곧잘 말문이 막히는데다가 전에는 말을 더듬기까지 했다. 특히 L 발음을 잘 못해서 아내는 우리 아이들 이름 중 하나를 릴리언Lillian이라고 지을까봐다고 농담을 하곤 했다. H 발음도 힘들기는 마찬가지여서 "여보세요"Hello라고 말하려면 기가 죽었다. 지금도 전화 벨이 울리면 몹시 불안해질 때가 있다. 수화기를 드는 동안 나는 거의 매번 재빨리 묵도를 한다. 그냥 하나님 쪽으로 기대는 것이다. 나의 불안은 그대로 기도가 된다.

불안과 지속적인 기도의 관계는 에덴동산의 아담과 하와와 하나님과의 교제가 아직 깨지지 않았고 지속적인 기도가 정상적이던 때로 거슬러 올라간다. 그런데 하나님을 떠나서 독립하면서부터 그들은 날이 서늘할 때에 하나님과 함께 걷지 않았고, 그리하여 기도 줄이 끊어졌다.

기도 줄을 사용하지 않으면 어떻게 될까? 불안해진다. 하나님과 이어져 있어야 할 우리의 영이, 끊어진 전깃줄처럼 휘날리며 닿는 것마다 망쳐 놓는다. 불안은 스스로 하나님이 되려고 하지만, 하나님의 지혜와 능력과 지식이 없다. 하나님의 속성은 없이 하나님 행세만 하려 들면, 그보다 더한 긴장이 없다. 불안은 독립된 자아인지라 통제권을 쥐려고 한다. 그러나 불안은 혼돈 앞에서 긴장을 늦출 수가 없다. 한 문제가 풀리면 다른 문제가 또 터진다. 새로운 문제는 아주 커 보여서, 우리는 하나님이 이전에 구해 주셨던 일도 잊어버린다.

우리에게 하나님 행세를 하지 않는 법을 가르치시려고, 애꿎게도 하나님 자신이 희생하셨다. 예수님은 독립을 꾀하지 않은 최초의 사람이셨다. 하늘 아버지와 늘 통하기 원하셨고, 자신을 낮추어 십자가에 죽기까지 하셨다. 우리를 불안에서 해방시키시려고 친히 불안을 겪으신 것이다. 이제 성령께서 예수님의 겸손을 우리 마음속에 넣어 주신다. 더 이상 우리는 모든 것을 통제하는 작은 신들이 될 필요가 없다. 대신, 혼돈 앞에서 지속적인 기도로 아버지께 매달릴 수 있다. 내 힘으로 통제할 수 없음을 알기에 우리는 은혜를 달라고 부르짖는다. 사방으로 날뛰던 우리의 영은 이제 기도를 통하여 무엇이든 닿는 것마다 축복할 수 있다.

다윗은 겸손한 마음과 고요한 마음의 관계를 시편 131편에 이렇게 담아냈다.[1)]

> 여호와여, 내 마음이 교만하지 아니하고
> 내 눈이 오만하지 아니하오며
> 내가 큰 일과 감당하지 못할 놀라운 일을

하려고 힘쓰지 아니하나이다
실로 내가 내 영혼으로 고요하고 평온하게 하기를
젖 뗀 아이가 그의 어머니 품에 있음 같게 하였나니
내 영혼이 젖 뗀 아이와 같도다[1~2절].[2)]

하나님 행세를 하며 큰 일이나 감당하지 못할 일을 하려고 애쓸 때 우리는 불안해진다. 그러나 어머니 품에 안긴 어린 아이가 되면 우리는 다시 제정신으로 돌아온다.

불안은 혼돈 앞에서 편히 쉴 수 없다.
지속적인 기도는 혼돈 앞에서 아버지께 매달린다.

기도 자체가 응답이다

지속적인 기도의 특이한 점 중 하나는 기도 자체가 응답이라는 것이다. 시편 131편으로 기도하노라면 마음이 고요해지고 안식을 얻는다. 말씀에 마법이 있어서가 아니라 당신의 눈이 오만하지 않기 때문이다.

19세기 프린스턴 신학교의 신학자 찰스 하지는 지속적인 기도의 멋진 예를 이렇게 보여 주었다.

나는 인생의 다른 어느 시기보다도 유년기에 '쉬지 않는 기도'에 더

> 가까웠었다. 까마득한 어린 시절부터 나는 받는 것마다 하나님께 감사하고, 원하는 것은 무엇이든 전부 그분께 구하는 버릇이 있었다. 책이나 장난감을 잃어버리면 찾게 해달라고 기도했다. 길을 걸을 때나, 학교에서나 학교 밖에서나, 놀 때나 공부할 때나 늘 기도했다. 무슨 정해진 규율에 순종하려고 그런 것이 아니다. 그냥 그게 자연스러웠다. 하나님은 나에게 어디에나 계시고, 자비와 사랑이 넘치시고, 아이들이 말을 걸어도 싫어하지 않으시는 존재로 생각되었다. 그분이 참새들을 돌보시는 분임을 알았기에 나는 새들처럼 명랑하고 즐거웠고 새들처럼 행동했다.[3)]

예수님처럼 온전히 의존하면 당신의 마음도 기도 공작소가 될 수 있다. 당신은 10분 전에도 하나님이 필요했고 지금도 필요하다. 당신을 혼돈에서 벗어나게 해 줄 영적으로 완전한 상태를 추구할 것이 아니라, 그 혼돈 속에서 기도하라. 당신의 마음이나 환경이 문제를 만들어내거든 당신은 자꾸 기도를 만들어내라. 그러다 보면 혼돈이 줄어들 것이다.

바울이 염려에 대하여 빌립보 교인들에게 권고한 말씀에서도 그 원리를 볼 수 있다.

> 아무 것도 염려하지 말고 다만 모든 일에 기도와 간구로, 너희 구할 것을 감사함으로 하나님께 아뢰라 그리하면 모든 지각에 뛰어난 하나님의 평강이 그리스도 예수 안에서 너희 마음과 생각을 지키시리라빌 4:6~7.

기도하면 모든 지각에 뛰어난 평강을 경험하게 된다.

불안은 기도로의 초대장이다

지속적으로 기도하면 자칫 불안해지기 쉬운 순간들이 기도에 들어가라는 초대가 될 수 있다. 교통 체증, 사람들의 무시, 촉박한 마감 날짜가 하나님께 가는 문의 역할을 할 수 있다. 어느새 당신은 아버지와 함께 있으려고 자동차 라디오를 끄고, 밤중에 일어나 기도하고 있을 것이다. 그렇게 기도가 호흡이 되어간다.

자신의 삶을 통제하려던 것을 멈추고 오히려 불안과 문제를 계기 삼아 기도로 하나님께 나아가면, 당신의 염려가 관찰로 바뀌어 당신의 인생 이야기 속에 무늬를 짜 넣으시는 하나님을 지켜보게 될 것이다. 앞에 나서서 인생을 경영하려 하기보다 자신이 하나님의 드라마 속에 있음을 알게 된다. 기다리면 점차 그분이 일하시는 것이 보이고, 당신의 삶은 경이감으로 빛나기 시작한다. 당신은 다시 신뢰하는 법을 배우게 된다.

2부

다시 신뢰하기를 배우라

A Praying Life

냉소란 무엇인가?

09

어린 아이 같은 마음의 반대 개념은 냉소적인 마음이다. 냉소는 점점 더 우리 시대의 지배적인 정신이 되어가고 있다. 나 개인적으로도 냉소가 기도에 있어서 가장 큰 싸움이다. 기도가 응답되면 '어차피 이렇게 될 거였어' 라는 생각이 들고, 기도하려고 하다가 과연 기도한다고 달라질까 하는 의문이 들 때가 있다.

많은 그리스도인들이 그렇게 냉소의 언저리에서 지겨운 패배감과 싸우고 있다. 그들의 영은 꺾이기 시작했지만 아직 냉소주의자처럼 완전히 희망을 잃은 것은 아니다. 나의 친구 브라이언은 그것을 이렇게 요약했다. "내 생각에 우리는 많은 좌절을 겪으면서 흉터가 남았고, 그래서 더 이상 자신을 내보이기가 싫은 것이다. 두려움에 지배당하고 있다."

우리 시대의 가장 큰 유혹이다. 냉소와 지겨운 패배감은 공통점이 있다. 둘 다 우리를 위해 적극적으로 행하시는 하나님의 선하심에 의심을 품게 한다. 그러나 그 작은 의심은 그냥 두면 더 큰 의심으로 발전한다. 냉소와 지겨운 패배감은 어린 아이 같은 마음을 상실했기에 하늘 아버지께로 나아갈 수 없다.

또한 냉소가 시대정신이라는 말은 그것이 하나의 영향력이자 우리 문화에 팽배한 분위기, 우리 시대의 가장 큰 유혹의 하나라는 뜻이다. 냉소와 지겨운 패배감을 살펴봄으로써 우리는 주기도문의 마지막 간구를 묵상하게 된다.

"우리를 시험에 들게 하지 마시옵고 다만 악에서 구하시옵소서"마 6:13.

냉소가 때로는 어떤 존재처럼 느껴질 정도로 팽배해 있다. 냉소라는 시대정신 뒤에는 보이지 않는 악한 인격적 존재, 즉 영이 있다. 사탄은 당신의 기도를 막지 못하면 당신의 영혼을 둔하게 만들어 기도의 열매라도 빼앗아가려 한다. 사탄은 창조는 할 수 없어도 변질시킬 수는 있다.

처음 기록된 사탄의 말은 냉소적인 말이다. 그는 아담과 하와에게 "너희가 그것을 먹는 날에는 너희 눈이 밝아져 하나님과 같이 되어 선악을 알 줄 하나님이 아심이니라"창 3:5라고 한다. 사탄은 지금 하나님의 동기가 냉소적이라고 이야기해 보는 것이다. 사실 그 말은 이런 뜻이다.

"하나님은 동산 중앙의 나무에 대해서 솔직하지 않으셨다. 그 나무 열매를 먹지 말라는 명령은 너희를 보호하기 위한 것이 아니라 라이벌들한테서 자신을 지키고 싶으신 것이다. 시기하시는 것이다. 겉으로는 너희를 돌보는 듯 보이지만 사실은 자기를 보호하려는 속셈이다. 두 얼굴의 하나님이다."

사탄은 아담과 하와에게 유리한 입장을 내놓으며 유혹한다. 진짜 막후에서 벌어지는 일을 자기가 안다는 것이다. 험담으로 맺어지는 위험천만한 친분이란 그런 것이다.

사탄은 어디서나, 심지어 하나님에게서까지도 악을 캐낸다. 아이러니하게도 그것은 예언처럼 그대로 이루어졌다. 타락 이후로 악은 편만해졌고, 그 바람에 냉소는 만만한 속임수가 되었다. '진짜 내막'을 본다는 이유로 냉소가 실제이자 진짜처럼 느껴진다. 진정성이 우리 문화에 마지막 남은 공공의 덕이 되다 보니 냉소는 최고의 지위를 얻고 있다.

이런 생각을 캐시라는 친구와 나누었다. 냉소와 싸우고 있던 친구였는데, 자기 마음을 돌아보며 이렇게 말했다.

"학교에서 냉소를 가르치고 우리 문화가 냉소를 신봉한다. 냉소가 이상理想으로 떠받들어지고 있다. 나한테도 은근히 배어든 것 같다. 이런 흐리멍텅한 단편적 진실들이 왠지 성경이 가르치는 진실들보다 내게는 더 실감나게 느껴진다. 나로서는 회의를 느끼거나 아무 것도 느끼지 않는 편이 차라리 깊은 열정을 느끼는 것보다 쉽다. 그래서 냉소는 뿌리를 내려 내게는 진리보다 더 실감나게 느껴진다.

냉소와 싸우는 사람이 나뿐이 아니라는 걸 안다. 하지만 대부분은 냉소가 문제라는 것, 즉 냉소가 우리 마음을 장악하고 있다는 것을 모르고 있다. 그냥 매사가 즐겁지 않게 느껴질 뿐이다. 뭔가를 신뢰하거나 희망을 품기에는 우리가 너무 많이 알고 있다고 느껴질 뿐이다."

캐시의 통찰은 정확하다. 냉소는 우리를 삶에 무감각하게 만든다.

누구나 제멋에 산다는 삐딱한 소신에서 냉소가 시작된다. 모든 햇살 뒤에 먹구름이 있다는 식이다. 냉소주의자는 늘 구경하며 비판할 뿐 결코 참여하거나 사랑하거나 희망을 품지 않는다. 천주교 학자 R. R. 리노는 냉소를 '세상에 있되 세상에 속하지 않은' 상태가 변질된 것이라 했다. 우리는 선행을 가치 있게 여기던 창조적인 시대에서 무관심하고 심드렁한 시대로 넘어왔다.[1]

쿠바의 블로그 운영자이자 그 세대의 선도적 대변자인 32세의 요아니 산체스는 이렇게 썼다. "부모 세대와 달리 우리는 아무 것도 믿은 적이 없다. 우리를 규정하는 특성은 냉소다. 하지만 냉소는 양날의 검이다. 처참한 실망에서 우리를 보호해 주지만, 또한 아무 것도 못하게 우리를 마비시킨다."[2]

냉소는 거리를 둔다. '내막을 잘 안다'는 거짓된 친밀감을 주면서 사실은 친밀함을 망친다. 냉소는 은근히 원망으로 이어져 마음을 무디게 하거나 아예 파멸시킬 수도 있다. 캐시가 그 초기 증상을 느끼고 있다.

그러나 기도하는 삶은 정반대다. 기도하는 삶은 악과 싸우며 부정의 답을 용납하지 않는다. 시편 기자는 하나님 앞에서 꿈과 희망을 품고 간구했다. 그렇게 기도는 혈기왕성하다. 반면에 냉소는 비판밖에 모른다. 냉소는 소극적이며, 거대한 우주적 전쟁의 격동을 피하여 고치 안으로 숨는다. 희망이 없다.

더욱이 냉소나 지겨운 마음 위에 기도를 덧칠하면 그것은 가짜로 느껴진다. 냉소주의자에게는 삶이 이미 가짜이므로, 기도해 본들 문제를 더 키울 뿐이라고 느끼게 된다.

잘못된 믿음에서 비롯되다

그런데 뜻밖에도 냉소는 잘못된 믿음들이 너무 많아지면서 시작된다. 즉 고지식한 낙천주의 내지 어리석은 자신감에서 시작된 것이다. 진정한 믿음과 고지식한 낙천주의는 양쪽 다 확신과 희망을 주기 때문에 언뜻 보기에 같아 보이지만 겉만 유사할 뿐이다. 진정한 믿음은 하늘 아버지께서 나를 사랑하시고 즐거워하시며 돌보아 주심을 아는 데서 비롯된다. 그러나 고지식한 낙천주의는 근거가 없다. 사랑의 아버지 없이 아이 같은 믿음만 있는 것이다.

우리 문화보다 더 낙천적인 문화는 없다. 하면 된다는 미국 정신은 우리를 위하여 일하시는 하나님의 선하심에 대한 유대-기독교적 확신에서 비롯된 것이다. 선한 목자께서 나를 보고 계시며 지키고 계심을 알면 사망의 음침한 골짜기라도 헤치고 나갈 용기가 생긴다. 하나님이 함께하시기에 원수 앞에서도 푸짐한 잔치를 즐길 수 있다. 하나님을 믿는 믿음은 서구 문화의 상징인 '하면 된다'는 배짱과 과감한 행동으로 이어진다.

그런데 19세기에 그 낙천주의의 근거가 하나님의 선하심에서 인류의 선으로 옮겨갔다. 믿음 자체가 목표가 되었다. 루즈벨트 대통령은 대공황 시절에 국민들에게 믿음을 믿으라고 촉구하며 나라를 결속시켰다. 영화 '사운드 오브 뮤직'의 여주인공은 확신 자체를 확신해야 한다고 노래했다. 고지식한 낙천주의의 표상인 디즈니랜드는 어느 날 우리가 왕자님을 만나 영원히 행복하게 살 것을 약속한다.

하지만 인간의 선에 뿌리를 둔 낙천주의는 인생의 어두운 면에 부딪치면 무너지고 만다. 우리는 대부분 지극히 개인적인 차원에서 악과 대면하게 된다. 중고등학교 때는 친구들의 잔인성에 부딪치고, 대학에서 만난 왕자님들은 알고 보면 그렇고 그런 사람들이다. 자녀를 둔 부모들은 자녀가 늘 요구만 해대는 자기 중심적인 존재라는 사실도 알게 된다.

최근에 아침식사 때 킴에게 결혼하고 싶은지를 물었다. 킴은 말하는 컴퓨터로 "아니, 너무 시끄러워요"라고 했다. 처음에는 결혼식 이야기인 줄 알았는데 킴이 바로잡아 주었다. 아이들이 그렇다는 것이다. 맞는 말이다. 아이들은 자기 중심적이라 늘 관심을 요구한다. 현대의 자녀 중심 가정은 그것을 더욱 부추기고 있다. 예수님은 아이들의 그런 면을 정확히 아시고 바리새인들을 징징거리는 아이들이라 칭하신다.

> 이 세대의 사람을 무엇으로 비유할까 무엇과 같은가 비유하건대 아이들이 장터에 앉아 서로 불러 이르되 "우리가 너희를 향하여 피리를 불

어도 너희가 춤추지 않고 우리가 곡하여도 너희가 울지 아니하였다" 함과 같도다눅 7:31~32.

낙천주의가 깨지면 지겨운 패배감을 거쳐 결국 냉소로 추락하게 된다. 그냥 낙천성이 조금 줄어드는 정도일 것 같지만, 인간은 중립의 재주가 없다. 매사에 밝은 면만 보던 우리가 이제 매사에 어두운 면만 보게 된다. 삶에 배신감이 드는 것이다.

내 친구 캐시의 삶도 그렇게 되었는데, 그녀는 그 이유를 생각하다가 이렇게 말했다. "나는 낙천주의에서 어둠 쪽으로 너무 빨리 넘어간다. 무슨 문제가 됐든 그 문제 속에 하나님이 계시다는 깊고 지속적인 믿음이 기본적으로 없기 때문인 것 같다. 나는 더 깊은 실체가 아니라 기분 좋은 결과를 찾는다."

지금 미국은 고지식한 낙천주의에서 냉소로 가고 있다. 고지식한 낙천주의를 품으면 모든 것이 통제되고 모든 것이 가능하기 때문에 기도가 필요 없다. 반면 냉소를 품으면 모든 것이 통제 불능인데다 가능한 일이 별로 없기 때문에 기도를 할 수 없다.

사망의 음침한 골짜기에서 더 이상 우리를 인도해 주실 선한 목자가 없으면, 우리는 뭔가 다른 것이 있어야만 제정신을 지킬 수 있다. 그런데 빈정대는 냉소는 미쳐버린 세상에서 속편한 평정을 유지하려는 부질없는 시도와 같다. 이것은 그저 무해한 문화적 추세가 아니라 바로 당신의 삶이다. 누구나 한 번쯤은 사망의 음침한 골짜기에 직면하게 마련이다. 우리는 그것을 무시할 수 없고 악에 대해서 중립을 지킬 수도 없다. 포기하고 거리를 두거나 목자와 동행하는 법을 배우거나 둘 중 하나지 중립 지대는 없다.

선한 목자가 없으면 우리는 무의미한 이야기 속에서 혼자 남는다. 지겨움과 두려움에 압도되어 움직일 수 없고, 냉소 때문에 의심이 많아져 꿈을 꿀 수도 없다. 그것들이 모두 모여 우리 마음을 닫아버리고, 그래서 우리는 죽지 못해 그냥 사는 시늉만 하게 된다. 잠자리에서 나오기조차 힘든 날들도 있다.

냉소의 시대가 되다

완전주의를 지향하는 미국 문화는 개개인이 냉소와 지겨운 패배감으로 힘들어하는 것을 더욱 부추기고 있다. 나에게 완전한 관계, 완전한 자녀, 완전한 몸이 있어야 한다고 믿으면 비판 정신이 싹트고 그것이 냉소의 온상이 된다. 그러나 완전하지 못하기에 우리는 겉치레에 빠진다. 스스로 멋있어 보이려 하고, 자기도 모르게 공적인 나와 사적인 나를 나누려 한다. 참 자아를 버리고 스스로 냉소의 대상이 되는 것이다.

월요일 아침마다 방송되는 주말 풋볼 시합에서 "아, 저러지 말았어야 하는데요"라는 평이 이 세상에 대한 우리의 반응을 결정지어, 어느새 우리는 고통 없고 문제 없는 삶을 요구하고 있다. 하면 된다는 정신이 무모한 자기중심주의로 변하고 있다.

또한 감춰진 동기를 찾으려는 심리학의 성향이 남의 행동을 비판하고 냉소하는 우리의 재주를 더욱 발전시킨다. 그래서 사람들이 간음을 하는 것도 더 이상 정욕 때문이 아니라 충족되어야 할 채워지지 않은 갈망 때문이라고 주장한다.

냉소는 우리의 심장을 질식시키는 공기와 같다. 예수님의 제자가 되지 않는 한, 이 악한 시대는 우리의 영혼은 말할 것도 없고 기도 생활까지 차차 무디어지게 하여 결국 망쳐 놓을 것이다. 우리를 냉소에서 끌어내시는 예수님을 따르는 것밖에 희망이 없다.

기도 응답을 받으면 나는 '어차피 이렇게 될 거였어'라는 생각이 들 때가 있다.

냉소를 버리고 예수님을 따르라

10

예수님은 냉소에 대해 여섯 가지 해결책을 주신다. 하나씩 차례로 살펴보자.

따뜻한 마음을 품되 늘 조심하라

예수님은 악을 무시하지 않으신다. 제자들을 첫 선교 여행에 보내시며 "보라 내가 너희를 보냄이 양을 이리 가운데 보냄과 같도다 그러므로 너희는 뱀 같이 지혜롭고 비둘기 같이 순결하라"마 10:16라고 말씀하셨다. 사람이 악에 부딪치면 이리가 되려는 유혹이 걷잡을 수 없이 밀려온다. 양의 마음을 잃고 냉소에 빠지려는 유혹이 생긴다. 하지만 예수님은 우리에게 따뜻한 마음을 품되 늘 조심하라고 말씀하신다.

비둘기처럼 온화하되 뱀처럼 조심성이 있어야 한다는 말씀이다.

예수님은 악에 대한 조심성과, 선하신 아버지에 대한 굳건한 확신 사이에 긴장을 유지하신다. 계속해서 "사람들을 삼가라"마 10:17라고 하시면서 바로 뒤이어 "두려워하지 말라 너희는 많은 참새보다 귀하니라"마 10:31라며 아버지의 사랑으로 우리의 마음을 녹여 주신다. 당신의 아버지는 참새 한 마리의 죽음에도 긴히 개입하시는 분이니 당신의 목숨도 지켜 주시지 않겠는가? 당신은 냉소와 빈정대는 자세로 거리를 둘 필요가 없다. 악 앞에서 마음을 닫을 필요가 없다. 당신은 악과 싸울 수 있다.

예수님은 고지식한 낙천주의 대신 늘 조심하면서도 하늘 아버지를 확신하는 자세로 우리를 부르신다. 선한 목자에 대한 굳건한 신뢰와 나와 다른 이들의 마음속에 분명히 존재하는 악을 경계하는 것이 우리에게 있어야 한다.

일상기도는 신중한 낙천주의를 느끼게 한다. 신중함은 인류의 타락 때문이고, 낙천주의는 구속救贖 때문이다. 신중한 낙천주의가 있었기에 예수님은 담대히 제자들을 악한 세상 속으로 보내실 수 있었다.

이런 얘기를 나누던 중에 캐시는 이런 반응을 보였다. "너무 좋네요! 나는 장밋빛 안경을 쓰고 인생 만사를 예쁘고 착하고 힘 나는 것으로 보도록 부름받은 게 아니군요. 오히려 내가 보는 것을 하나님도 보시고 계심을 신뢰하도록 부름받았군요. 사실 그분은 내가 보는 것 이상을 보는 것 같아요. 그분은 전체적인 이야기를 보시고, 거시적으로 미시적으로, 그리고 내 삶 속에서도 일하시는 더없이 믿을 만한 분이 예요."

고난의 시기에 시편 23편에 잠기는 것이 습관이 되었다. 기도는 자기 훈련이 아니었다. 몸부림이었다.

악에 직면하며 갖게 되는 확신은 직접 예수님의 정신으로부터 와서 기도의 영을 활성화시킨다. 담대한 믿음이야말로 예수님을 따르는 사람들의 특징이다. 차차 보겠지만 기도는 우리가 확장된 그리스도의 통치 속으로 들어가는 주된 길이다.

예수님은 그저 실용적인 지혜를 주시는 것이 아니다. 그분의 지혜가 통하는 것은 자신의 죽음 앞에서 아버지의 도우심을 신뢰하며 담대히 행하셨기 때문이다. 예수께서 십자가에 달려 계시는 동안, 종교 지도자들은 그분의 어린 아이 같은 믿음을 냉소적으로 비웃었다.

"저가 남은 구원하였으되 자기는 구원할 수 없도다 … 그가 하나님을 신뢰하니 하나님이 원하시면 이제 그를 구원하실지라"마 27:42~43.

사실상 이런 말이었다.

"어린 아이처럼 행동하며 네 아버지를 신뢰할 때 어떻게 되나 보라. 그분은 너를 버리신다."

그들은 예수님이 세상 물정을 모른다고, 하나님의 선하심만 믿고 미련하게 행동한다고 비난했다.

그러나 예수님은 자신을 비웃는 자들에게 대꾸하지 않으신다. 귀의 주파수가 아버지께 맞추어져 있기 때문이다. 지혜로운 뱀처럼 아무 말씀도 하지 않으시고, 순결한 비둘기처럼 아무 행동도 하지 않으신다. 아버지께서 자신에게 등을 돌리시는데도 예수님은 신뢰하신다. 삶의 풍랑 앞에서 그분은 아버지를 꼭 붙드신다.

예수님의 어린 아이 같은 믿음은 아버지를 기쁘시게 했다. 부활절 아침에 아버지께서 예수님의 시신에 역사하셔서 그분을 다시 살리셨다. **저가 하나님을 신뢰하니 하나님이 구원하신 것이다.** 악은 끝내 이기지 못했고 희망이 태동했다.

다시 희망을 품으라

냉소는 희망을 죽인다. 냉소주의자의 세계는 고정불변이다. 냉소주의자는 우리가 더 큰 세력들에 휩쓸려 간다고 믿는다. 꿈을 꾸는 것은 지극히 어리석고 견딜 수 없이 위험한 짓이며 기도는 허공에 대고 말하는 것처럼 무의미한 일이다. 나에게나 하나님께나 무엇 때문에 실패를 자초하는가?

하지만 예수님은 희망이 넘치신다. 사람들을 돕기 전에 하시는 말씀을 잘 보라. 한 시각장애인을 고쳐 주시기 전에 제자들에게 "그에게서 하나님이 하시는 일을 나타내고자 하심이라"요 9:3라고 말씀하신다. 나인 성 과부의 아들을 다시 살리시기 전에도 "울라, 마음이 쓰라린 모든 자여"라는 옛 유대인의 장송곡을 뒤집어 그 과부에게 "울지 말라"눅 7:13고 하신다. 자기 딸이 죽었다고 말하는 야이로에게는 "두려워하지 말고 믿기만 하라"눅 8:50고 말씀하시고, 한 지체부자유 여인을 치유해 주시기 전에는 "여자여 네가 네 병에서 놓였다"눅 13:12라고 말씀하신다. 예수님은 매번 치유하시기 전에 희망을 주신다. 그분은 치유하는 기계가 아니다. 사람들의 마음을 만지시며, 몸을 고치시기 전에 영혼부터 고쳐 주신다.

희망은 하나님의 마음에서 시작된다. 아버지의 마음이 어떠하며 얼마나 주시기를 좋아하는 분인지 알면, 기도가 지극히 당연한 것으로 느껴질 것이다.

궁극적인 구속이라는 기독교의 희망은 믿지만, 하나님의 마음은 놓친 채 냉소적인 시대정신 속에서 살아가는 이들이 많다. 자기 남편의 생전 인생관이 "아무 것도 기대하지 말라. 그러다 좋은 일이 생기면 감사하라"였다는 한 과부의 말을 듣고서 그것을 실감했다. 그 남편은 나의 귀한 친구이자 경건한 상담자였다. 그녀의 말을 듣고 내 입에서 로마서 15장 13절과 히브리서 13장 20절이 대강 섞인 말이 불쑥 나왔을 때 나 자신도 깜짝 놀랐다. "수Sue, 그건 '우리 주 예수를 죽은 자 가운데서 다시 살리신 소망의 하나님이 모든 기쁨과 평강을 믿음 안에서 너희에게 충만하게 하사 성령의 능력으로 소망이 넘치게 하시기를 원하노라' 와는 아주 다른데요." 바울과 히브리서 기자는 지금 하나님의 선하심을 주체하지 못하고 있다. 그것이 그들의 마음에서 철철 흘러넘치고 있다.

디즈니가 옳았다. 선하신 하나님이 악한 세상에 개입하시기에 결말이 해피엔딩이다. 성경에 기록된 하나님의 최후의 말씀 중에 이런 것이 있다. "보라 내가 만물을 새롭게 하노라"계 21:5.

그러므로 기도할 때 당신은 하나님의 희망찬 마음에 닿는 것이다. 그것을 알면 기도는 모험이 된다.

어린 아이 같은 마음을 가꾸라

얼마 전 아침 기도 시간에 냉소적인 순간이 있었다. 그전 날의 기도 응답을 묵상하던 중에 내 영혼에 자꾸만 반감이 생겼다. 내가 간단히 기도했을 뿐인데 하나님이 역사하셨다. 그것이 너무 쉬워 보였고 평범했다. 문득 내가 뭔가 의심할 거리를 찾고 있다는 생각이 들었다. 또한 뭔가 내가 할 일도 찾고 있었다. 근본적으로 나는 은혜를 좋아하지 않았다. 하나님이 내 요청에 응답하시는 방식에 나도 한몫 끼어 뭔가 하고 싶었다. 사실 그 순간 나는 하나님이 싫었다. 하나님이 멀리 계시는 것이 나에게 더 편했다.

이런 나의 옛 본성을 어찌할 것인가? 지금까지 말한 그대로 하면 된다. 즉 굶주린 아이처럼 은혜를 달라고 부르짖는 것이다. 그렇게 단순히 도움을 구하자마자 나는 다시 어린 아이처럼 되었다. 냉소적인 마음이 사라졌다. 역설 같지만 내 기도가 거의 즉시 응답된 것은 내가 어린 아이처럼 기도했기 때문이다. 냉소의 해결책은 다시 어린 아이처럼 되는 것이다. 남들의 이야기를 비판할 것이 아니라 아버지께서 엮어 가실 이야기에 주목하라.

좋은 이야기를 들으려면 어린 아이 같은 단순한 경이감이 필요하다. 앨런 제이콥스는 C. S. 루이스 전기에 이렇게 썼다. "속을 줄 모르는 사람들은 결코 기뻐할 일도 없다. 자아를 버리지 않으면 기쁨도 있을 수 없기 때문이다."[1] 루이스가 그렇게 마음을 사로잡는 어린이 이야기들을 쓸 수 있었던 것은 그 자신이 어린 아이 같은 경이감을 잃지 않았기 때문이다. 그러나 냉소주의자는 속지 않으며, 따라서 결코 기뻐할 일도 없다.

몇 해 전 삶이 너무 힘들어 기도조차 힘든 때가 있었다. 집중이 안 되었다. 그래서 조리 있는 기도를 아예 포기하고, 몇 주 연속 아침 기도 시간에 시편 23편을 가지고만 기도했다. 나는 필사적으로 싸우고 있었다. 당시에는 몰랐지만, 그것은 초대 교회가 만들어낸 거룩한 독서lectio divina라는 습관을 따라 기도한 것이었다. 말씀 한 대목을 가지고 천천히 기도하자 말씀이 내 기도를 이끌어 나갔다. 시편 23편으로 기도하면서 나는 지난날을 돌아보았고, 하나님의 임재를, 그 사랑의 손길을 찾기 시작했다. 유독 힘든 날에도 점차 그분이 어디서나 보였다. 내 원수의 목전에서 나에게 상을 차려 주시는 분, 나를 따르는 그 인자하심이 보였다.

어린 아이도 냉소주의자도 둘 다 사망의 음침한 골짜기를 지난다. 그런데 냉소주의자는 흑암에 집중하고 어린 아이는 목자에 집중한다. 냉소에 대하여 나와 대화한 지 얼마 되지 않아, 캐시가 사망의 음침한 골짜기를 지나며 말했다. "이제 나에게 냉소는 더욱 굴레로 느껴진다. 예수님은 어둡고 이기적인 속마음에 집착하는 나의 냉소를 보여 주시며, 그리하여 나를 해방시켜 사랑하게 해 주신다. 여정이 끝나려면 아직 멀었다는 걸 알지만, 그래도 나는 희망 속에 사는 법을 배우고 있다. 다만 연습이 더 필요하다.”

음침한 골짜기에서 목자의 임재는 너무도 가깝고 강해서 냉소가 그냥 사라지고 만다. 삶을 위해 필사적으로 싸우고 있을 때는 남의 일처럼 빈정대고 있을 여유가 없다. 목자께 매달리면 냉소의 안개가 걷힌다. 냉소는 목자의 임재를 놓치기 때문에 빛이 어둠 속에 침투하는 요한복음 1장의 그림을 뒤집어버리는 것이다. 「반지의 제왕」에 등장하는 사루만처럼 냉소는 암흑의 제왕의 수정 구슬을 너무 오랫동안 들여다본다. 그래서 냉소는 악의 정체를 벗기려다가 오히려 부지중에 악을 더 키우고 만다. 갈수록 이 사회가 기독교 이전의 이교 세계로 회귀하고 있다. 악이 이기는 것 같고 악의 목소리가 제일 커 보이던 그 세계로 말이다.

현대의 세속 세계는 시편 23편에서 목자를 빼버렸다. 선한 목자와 그분이 하시는 모든 일을 빼면 이 시가 어떻게 되는지 보라.

여호와는 나의 목자시니 내게 부족함이 없으리로다
그가 나를 푸른 풀밭에 누이시며
쉴 만한 물 가로 인도하시는도다
내 영혼을 소생시키시고
자기 이름을 위하여
의의 길로 인도하시는도다
내가 사망의 음침한 골짜기로 다닐지라도
해를 두려워하지 않을 것은

주께서 나와 함께 하심이라
수의 지팡이와 막대기가 나를 안위하시나이다
주께서 내 원수의 목전에서
내게 상을 차려 주시고
기름을 내 머리에 부으셨으니
내 잔이 넘치나이다
내 평생에 선하심과 인자하심이
반드시 나를 따르리니
내가 여호와의 집에 영원히 살리로다

원수의 목전에서 두려움에 얼어붙은 채 사망의 음침한 골짜기에서 나의 부족함에 집착하고 있는 나만 남는다. 선한 목자가 없으면 악한 세상에 나 혼자만 남는다. 냉소에 찌든 사람들이 그토록 많은 것도 무리는 아니다.

반대로 어린 아이 같은 마음은 삶을 시편 23편의 렌즈로 해석한다. 예수님이 5천 명을 먹이실 때도 시편 23편을 재연하셨다. '목자 없는 양 같은' 무리를 보시고 그분은 '여러 가지로 가르치시어' 그들을 영적으로 먹여 주신다. 이어 그들을 '푸른 잔디 위에 앉게' 하신 뒤에 모든 바구니가 차고 넘칠 정도로 음식을 배불리 먹여 주셨다막 6:34~44.

또한 죽음을 준비하실 때도 시편 22편을 묵상하신다. 악이 날뛰는 십자가 위에서 그분은 시편 22편 1절을 외우신다.

"내 하나님이여 내 하나님이여 어찌 나를 버리셨나이까."

어둠 속에서 예수님은 자신이 모르는 것을 분석하지 않고 이미 아시는 것에 매달리신다.

감사하는 마음을 기르라

그 고난의 시기에 시편 23편에 잠기는 것이 습관이 되었다. 기도는 자기 훈련이 아니었다. 몸부림이었다. 나는 전날의 은혜의 손길을 인하여 하나님께 감사하기 시작했다. 하나님께 감사하거나, 냉소의 의붓자식인 원망에 빠지거나 둘 중 하나였다. 중립 지대는 없었다. 몇 년이 지난 지금도 나는 목자의 돌보심을 묵상하며 기도를 시작한다. 전날을 돌아보면서 하나님의 역사하심에 주목한다.

감사의 마음만큼 냉소를 잘 도려내는 것은 없다. 당신은 점차 삶 전체가 선물임을 알게 된다. 감사란 억지로 삶의 즐거운 면을 보는 것이 아니다. 그것은 고지식한 낙천주의로 돌아가는 것과 같다. 하나님께 감사하면 우리가 하나님께 의존적인 존재라는 본연의 질서가 회복된다. 삶을 원래대로 볼 수 있다.

인류가 하나님께 반역하면서 지은 첫 번째 죄가 감사하지 않는 마음인 것은 어쩌면 당연한 일이다. 바울은 그들이 "하나님을 알되 하나님을 영화롭게도 아니하며 감사하지도 아니하고"롬 1:21라고 썼다. 그러나 바울의 삶은 감사의 마음이 그대로 드러난다. 사람들을 위하여 기도한다고 말할 때마다 그는 거의 매번 감사를 언급한다.

먼저 내가 … 너희 모든 사람에 관하여 내 하나님께 감사함은롬 1:8.

내가 너희를 위하여 항상 하나님께 감사하노니고전 1:4.

내가 기도할 때에 기억하며 너희로 말미암아 감사하기를 그치지 아니하고엡 1:16.

내가 너희를 생각할 때마다 나의 하나님께 감사하며 간구할 때마다빌 1:3~4.

우리가 너희를 위하여 기도할 때마다 하나님 곧 우리 주 예수 그리스도의 아버지께 감사하노라골 1:3.

우리가 너희 모두로 말미암아 항상 하나님께 감사하며 기도할 때에 너희를 기억함은살전 1:2.

이러므로 우리가 하나님께 끊임없이 감사함은살전 2:13.

너희를 위하여 능히 어떠한 감사로 하나님께 보답할까살전 3:9.

우리가 너희를 위하여 항상 하나님께 감사할지니살후 1:3.

우리가 항상 너희에 관하여 마땅히 하나님께 감사할 것은살후 2:13.

내가 밤낮 간구하는 가운데 쉬지 않고 너를 생각하여 … 하나님께 감사하고딤후 1:3.

내가 항상 내 하나님께 감사하고 기도할 때에 너를 말함은몬 4.

그는 교회들에게도 똑같은 방식으로 기도할 것을 권면한다.

다만 모든 일에 기도와 간구로, 너희 구할 것을 감사함으로 하나님께 아뢰라빌 4:6.

기도를 계속하고 기도에 감사함으로 깨어 있으라골 4:2.

쉬지 말고 기도하라 범사에 감사하라살전 5:17~18.

감사하는 것은 성부와 성자와 성령의 교제 속으로, 서로와 삶과 사람들을 즐거워하시는 그분들 속으로 끌려들어가는 것이다. 냉소는 현실을 똑바로 보며 그것이 가짜라고 부른다. 그리고 자신의 지적인 수준을 뽐내며 뒤로 빠진다. 그러나 감사는 현실을 똑바로 보며 하나님의 보호하심을 즐거워한다. 감사는 원망하는 마음을 넉넉한 마음으로 대체시킨다.

아담과 하와의 악 앞에서 하나님은 실과 바늘을 드시고 참을성 있게 그들에게 가죽 옷을 꿰매어 입히신다창 3:21 참조. 분열되고 숨은 그들의 자아를 사랑으로 덮어 주신다. 바로 그 하나님이 우리를 옷 입히시려고 자기 아들을 벌거벗게 하셨다. 하나님은 악 앞에서 냉소하지 않으신다. 사랑하신다.

회개의 생활 방식을 기르라

냉소주의자들은 스스로 진정성을 추구하는 사심 없는 관찰자들을 자처하며, 이래라 저래라 하지 않기 때문에 겸손하다고 생각한다. 그러나 사실 그들은 자기가 모든 것을 꿰뚫어본다는 생각 때문에 우월감을 가지고 있다. C. S. 루이스는 모든 것을 꿰뚫어보는 사람은 결국 아무 것도 보지 못한다고 지적했다.

언제까지나 계속 '설명으로 피해갈' 수는 없다. 결국 설명 자체를 설명으로 피해간 자신을 알게 된다. 언제까지나 계속 사물을 '꿰뚫어볼' 수는 없다. 본래 뭔가를 꿰뚫어본다는 것은 그것을 통하여 뭔가를 보기 위해서다. … 당신이 모든 것을 꿰뚫어본다면 곧 모든 것이 투명하다는 얘기다. 하지만 완전히 투명한 세상은 보이지 않는 세상이다. 모든 것을 '꿰뚫어본다'는 것은 보지 못하는 것과 같다.[2]

루이스의 말은 순수한 눈을 회복하는 것이 필요하다는 뜻이다. 순수한 눈은 경이감을 품고 볼 줄 아는 눈이다.[3] 즉 어린 아이의 눈이다.

냉소주의자들은 남의 허울을 '꿰뚫어본다'지만 청결한 마음이 없다. 냉소는 마음과 행동 사이의 괴리에서 생긴다. 예를 들면 이런 식이다. 즉 마음은 하나님과 어긋나 있는데 삶은 계속된다. 그래서 기독교적인 척 연기하고 말한다. 하지만 그저 말뿐이다. 예수님에 대해서 말하지만 예수님의 임재가 없다. 나의 겉모습과 속사람 사이에 괴리가 있는 것이다. 내 말이 가짜 같으니 남들 이야기도 가짜처럼 들린다. 한마디로 내 종교적 행위가 겉치레뿐이다 보니 남들까지도 다 가짜로 보이는 것이다. 나도 똑같은 일을 하면서 남들이 하면 비판한다. 위선에 비판을 더하면 냉소를 낳는다.

모든 죄는 인격 분열을 수반한다. 야고보는 그것을 "두 마음을 품은"약 4:8 상태라고 표현했다. 인간이 교만해진다는 것은 자신의 실체와 동떨어진 자아의식으로 기고만장해진다는 뜻이다. 컴퓨터로 포르노를 보고 나서 따뜻하게 아내를 맞이하는 남편은 겉과 속에 두 인간을 만들어낸 것이다. 친구들을 등 뒤에서 헐뜯으면 당신은 다정한 친구와 헐뜯는 친구라는 두 성격을 만들어낸 것이다. 험담하면서 "너만 알고 있어야 돼"라고 말하는 것은 자신의 분열된 두 성격을 고수하려는 것이다.

이런 분열은 아담과 하와가 죄를 지은 직후에 맨 처음 나타난다. 정답게 하나님과 함께 거닐던 그들의 자아가 벌거벗어 숨는 자아로 대체된다. "네가 어디 있느냐"창 3:9라며 찾으시는 하나님의 물음은 두 자아의 괴리를 드러내시려는 것이다.

회개는 인격분열을 봉합하여 삶에 통합성을 회복시켜 준다. 진짜 자아가 겉으로 드러나는 것이다. 교만한 사람이 겸손해지면 높아진 자아가 참 자아와 연합된다. 반대로 냉소는 다른 사람들의 인격 분열과 회개의 필요성에 집중한다. 거기에는 겸손이 없다. 겸손은 내 눈의 들보부터 먼저 빼낼 때 온다. 예수님은 "외식하는 자여 먼저 네 눈 속에서 들보를 빼어라 그 후에야 밝히 보고 형제의 눈 속에서 티를 빼리라"마 7:5라고 말씀하신다.

다윗이 형들에게 줄 음식을 가지고 사울 왕의 진에 이르렀을 때에도 그런 역동이 보인다. 다윗은 골리앗이 이스라엘 백성과 이스라엘의 하나님을 조롱하는 말을 듣고 놀랐다. 골리앗에게 맞설 용기 있는 사람이 아무도 없음에 충격을 받은 그는 불쑥 이렇게 말한다. "이 할례 받지 않은 블레셋 사람이 누구이기에 살아 계시는 하나님의 군대를 모욕하겠느냐"삼상 17:26. 이것은 이스라엘의 공공연한 신앙과 전쟁터에서의 비겁한 모습 사이에서 괴리를 본 다윗의 반응이었다.

그동안 다윗은 문화를 지배하던 불신의 시류에서 떨어져 혼자 지내면서 하나님과 동행하는 풍성한 삶을 가꾸어 왔다. 그렇게 무명한 그였기에 냉소라는 시대정신에 물들지 않을 수 있었다. 그는 공적인 신앙과 사적인 삶이 서로 일치되어 있다. 사망의 음침한 골짜기에서 하나님의 임재를 경험하는 것이 그에게는 정상이다. 거기서 그는 물맷돌로 사자와 곰들을 죽였다. 골리앗도 그에게는 덩치 큰 곰처럼 보일 뿐이다. 그런 그에게 이스라엘의 불신은 이상하고 부당하게 느껴진다.

다윗의 큰형 엘리압은 다윗이 다른 군사들에게 묻는 말을 우연히 듣고 그를 업신여긴다. "네가 어찌하여 이리로 내려왔느냐 들에 있는 양들을 누구에게 맡겼느냐 나는 네 교만과 네 마음의 완악함을 아노니 네가 전쟁을 구경하러 왔도다"삼상 17:28. 엘리압은 자신이 동생의 동기를 꿰뚫어보고 있다고 착각한다. 그는 다윗이 양을 치다가 따분해서 모험삼아 이곳에 왔고, 전쟁이나 구경하려고 군사들을 들쑤시고 있다고 생각한다. 엘리압이 생각한 그 동기는 아마 자신의 동기였을 것이다. 그는 자신의 문제를 다윗에게 투사하여, 동생의 동기가 냉소적이라며 냉소적인 비난을 하고 있다. 엘리압은 청결한 마음이 없고, 그래서 다윗도 자기와 같을 것이라고 생각한다.

에덴동산에서도 똑같은 현상을 볼 수 있다. 사탄은 하나님의 동기가 냉소적이라며 그분을 비난한다. 사실 사탄 자신이 하나님의 명령을 자기 목적에 맞게 냉소적으로 비틀어 놓고서 말이다. 하나님께 대한 아담과 하와의 반역의 씨앗도 냉소요 우리 각자가 행하는 반역의 씨앗도 냉소다. 냉소주의자는 악의 정체를 벗기려다가 오히려 악을 만들어낸다.

엘리압은 자신을 바라보는 눈도 바르지 않다. 자아상이 교만하고 잘못되어 있다. 그는 목동인 다윗의 일을 천한 일이라 업신여긴다. "들에 있는 양들을 누구에게 맡겼느냐." 강한 용사 엘리압이 양치기 동생을 비웃는 동안, 진짜 엘리압은 나머지 이스라엘과 함께 천막 속에 웅크리고 있다.

다윗은 엘리압의 냉소를 무시하고 결국 사울의 축복과 갑옷을 받는다. 그러나 사울의 갑옷을 입고는 싸울 수 없음을 금세 깨닫는다. 자기 자신이 아닌 다른 존재가 될 수 없는 것이다. 그는 목동이지 전사가 아니다. 그의 삶은 겉과 속이 일치해야 한다. 다윗은 진정성 있는 사람이다.

다윗은 막대기를 들고 개울에서 매끄러운 돌 다섯 개를 골라 골리앗 쪽으로 나아간다. 골리앗은 이스라엘이 한낱 소년을 보내 자신을 모욕한 데 분개하여, 물매는 보지 못하고 막대기만 본다. "네가 나를 개로 여기고 막대기를 가지고 내게 나아왔느냐"삼상 17:43.

다윗의 대답은 기도의 정신을 불러일으킨다. "여호와의 구원하심이 칼과 창에 있지 아니함을 이 무리에게 알게 하리라 전쟁은 여호와께 속한 것인즉 그가 너희를 우리 손에 넘기시리라"삼상 17:47. 다윗의 발걸음이 빨라진다. 바짝 다가갈수록 돌의 속도도 빨라지고 조준점도 더 명확해진다. 골리앗은 날아오는 돌을 아예 보지도 못한다.

마음이 청결한 자들은 다윗처럼 먼저 자신부터 꿰뚫어본다. 그동안 사망의 음침한 골짜기에서 각자의 곰과 사자들과 싸워온 그들에게는 살아 계신 하나님을 저주하는 골리앗이 분명히 비정상으로 보인다. 마음이 청결한 자들은 회개의 생활 방식을 길러서 언행일치를 이루고 있기에 괴리가 치유된다. 그들은 자신의 불순함에서부터 출발하여, 냉소의 비판적이고 부정적인 자세를 피하는 것이다.

여기 기쁜 소식이 있다. 예수님을 따르면 우리는 시대정신에 사로잡힐 필요가 없다. 문화에 휩쓸릴 필요가 없다. 빌립보의 바울처럼 우리도 감옥에서 노래할 수 있고행 16:25 참조, 다윗처럼 턱없는 난관에 부딪칠 때 침착하게 매끄러운 돌 다섯을 고를 수 있다.

냉소의 여섯 번째 해결책은 다음 장에서 살펴보기로 하자.

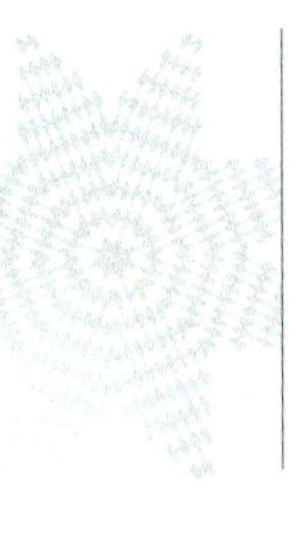

일상 속에서 예수님 만나기

11

우리 부부가 세무 보고 시즌에만 시간제로 세무 보고 대행업을 하던 몇 년 전의 일이다. 고객들이 오기 전에 얼른 처리해야 할 일이 있어 아침 8시에 사무실에 도착했다. 그때 나는 우울했고, 냉소와 불쑥불쑥 튀어나오는 불신과 싸우고 있었다. 컴퓨터 하드드라이브가 거의 꽉 차 있어서 오래된 프로그램 하나를 지우기로 했다. 그런데 "모든 공유 파일을 삭제하시겠습니까?"라는 물음에 무심코 "예"를 누르는 바람에 파란색 화면이 뜨면서 화면이 정지해 버렸다. 컴퓨터가 죽은 것이다.

예약 목록을 보니 첫 손님 예약시간이 11시 반이었다. 그후 몇 시간 동안 지원 센터에 전화하랴 백업 디스크를 찾아내랴 그야말로 난리가 났다. 하지만 막상 첫 손님이 들어왔을 때도 문제는 해결되지 않은 상태였다. 직원을 시켜 고객에게 '잠시 후면' 준비된다고 말해 놓았다.

집에 가서 디스크를 가져와야 했으므로 나는 11시 반 손님과 눈을 마주치지 않으려고 슬쩍 피해 나왔다. 백업 컴퓨터를 가지러 다시 그녀 곁을 지나갈 때는 정오가 거의 다 되어 있었다. 슬쩍 곁눈질로 보았더니 그녀는 전혀 조바심 내는 기색 없이 얌전히 앉아 있었다. 1시에 내가 돌아왔을 때도 그녀는 계속 차분히 앉아 있었다. 마침내 3시에 세금 보고를 할 때까지도 그녀의 침착한 행동은 변함이 없었다.

농담이 아니다. 이 여자는 단 한 마디도 질문이나 불평 없이 3시간 반 동안 우리 사무실에 앉아 있었다. 게다가 여기는 필라델피아다! 그녀가 버스로 왔다기에 내가 집에까지 차로 태워다 주겠다고 했다.

"예수님 때문에 삶이 달라지신 건가요?"

우울과 좌절에 빠져 있던 내게서 불쑥 튀어나온 말이다그녀가 혹시 천주교 신자일지 모르겠다는 생각이 들었다. 분명히 말하지만 나는 전도하려던 게 아니다. 오히려 내가 전도를 받고 싶은 심정이었다. 그녀가 대답했다.

"예수님은 나의 전부랍니다. 난 항상 그분과 대화하지요."

나는 할 말을 잃었다. 신선하고 단순한 그녀의 신앙 때문이기도 했지만, 무엇보다 신앙의 표출인 그 남다른 인내심 때문이었다. 정신없이 바쁜 내 모습은 조용히 기도하며 기다리던 그녀와 극한 대조를 이루었다. 그녀는 기도의 정신을 뿜어냈고, 내가 뿜어낸 것은 인간 스스로 충분하다는 정신이었다.

그날 하루를 시작할 때 나는 우울했고, 어느 정도 예수님의 시의성을 놓고 씨름하고 있었다. 이제 나는 내 불신의 아이러니에 기가 질렸다. 예수님은 햇빛만큼이나 확실하게 나의 바로 앞 대기실에 내내 앉아 계셨다. 나는 종일 그분 옆을 지나다녔다. 내가 예수님이 곁에 계신지 의아해하는 동안, 그분은 종일 아무 말씀 없이 묵묵히 앉아 계셨다. 정말 놀라운 인내심의 표현이었다.

예수님은 햇빛만큼이나 확실하게 나의 바로 앞 대기실에 내내 앉아 계셨다.

냉소는 엉뚱한 방향을 본다. 예수님의 임재를 찾는 것이 아니라 기독교의 흠을 찾는다. 냉소는 마음의 지향이다. 그러므로 냉소의 여섯 번째 해결책은 예수님을 보는 눈을 기르는 것이다.

예수님을 찾으려면 어디로 가야 하는지 나는 복음서를 통해서 알고 있었다. 그분이 이 땅에서 사신 삶은 대체로 밭의 씨앗처럼 숨어 있었다. 그분의 생애가 담긴 사진첩을 본다면, 가장 잘나고 똑똑한 사람들이 아니라 가장 낮고 둔한 사람들과 함께 계신 그분을 보게 될 것이다. 유명 인사와 찍은 사진이라고는 재판 중에 빌라도 옆에 계실 때가 전부일 텐데, 그나마 예수님의 몰골은 형편없었다. 씨앗이 죽어가고 있었다.

냉소의 주된 출처 가운데 하나는 예수님 나라를 자기 나라로 혼동한 기독교 지도자들을 바라보는 것이다. 인간은 사역 자체만으로 얼마든지 그럴듯한 모습, 성공의 이미지를 만들어낼 수 있다. 인간은 누구나 승자가 되려고 한다. 반면에 예수님은 자신을 과시하는 데 능력을 쓰신 적이 없다. 사랑하는 데 능력을 쓰셨기에 당장 눈에 띄지는 않으셨다. 겸손한 사람은 남의 눈에 띄지 않는 법이다. 그래서 우리는 겸손을 피한다.

예수님을 보기 위해 나는 더 낮은 곳을 보아야 했고, 어린 아이처럼 사람들을 단순히 보아야 했다. 그때부터 나 자신에게 이렇게 물었다. "오늘 나는 어디서 예수님을 보았나?" 나는 사람들의 평상시 모습과 예수님의 임재 때문에 달라진 모습의 차이를 찾아내려 했다. 예수께서 역사상 참으로 진정성 있는 유일무이한 인간이신 만큼, 그분의 임재는 사람들의 진정성 회복으로 나타날 것이다. 그렇다면 나는 삶의 겉과 속이 일치된 그리스도인들을 보게 될 것이다.

클리블랜드에서 만난 예수님

예수님을 찾으려고 하면 평범해 보이는 만남들 속에서도 그분을 볼 수 있다. 그로부터 한 달 후의 어느 날 아침, 클리블랜드에서 그런 일이 있었다. 친구 짐이 아침 6시 15분에 나를 태워 남자들의 조찬 성경공부 모임에 데리고 갔다. 끝나고 나서 나는 렌터카를 공항에 반납한 후, 셔틀버스로 공항 청사에 가면서 아내와 통화했다. 잠시 후에 어머니와도 통화했다.

나를 태우고 모임에 가면서 짐은 전날 밤 킴을 위해서 기도하지 못했다며 사과부터 했다. 전날 우리는 저녁식사를 하며 킴 이야기를 하고 함께 짧게 기도했었다. 그런 시시해 보이는 문제로 사과하는 사람도 드물거니와 애당초 그런 일을 물어보는 사람도 거의 없다. 짐의 사과에서 예수님의 향기가 났다.

아침식사 모임에서 남자들은 일에 관한 신앙적 시각을 담은 17세기 청교도들의 책을 읽고 있었다. 예수님은 그분의 말씀에 순종하는 것이 곧 반석이라며 그 반석 위에 삶을 지으라고 권고하셨는데, 그들은 심각하게 받아들이고 있었다. 딱히 흥미진진한 책은 아니었지만 최근의 스캔들에 연루된 정치가들이나 기업체 간부들이 일에 대한 청교도들의 책을 공부한다고 상상해 보라!

렌터카를 반납할 때 직원이 명랑하게 인사를 건네 왔다. 그는 영수증의 내 이름을 보더니 "성경에서 딴 이름이군요"라고 말했다. 그것은 전도이기도 했고, 동료 그리스도인을 알아보려는 것이기도 했고, 그냥 성경을 사랑해서이기도 했다. 겉보기에는 단순 직종에서 일하는 사람이었지만, 그의 명랑함과 충만한 믿음은 그것을 초월했다. 이번에도 나는 예수님의 임재를 보았다.

셔틀버스를 타고 공항 청사로 가는 중에 아내한테서 전화가 왔다. 아내가 어찌나 큰소리로 웃던지 잘 들리지 않았다. 그 주간에 학교 버스 관리인이 전화를 했었다. 당시 킴은 고등학생이었는데, 버스가 멈추기를 기다리지도 않고 길을 건너와서 그가 걱정하는 전화였다. 킴은 버스가 속도를 줄인다 싶으면 곧바로 번잡한 거리를 건너곤 했던 것이다. 킴은 자폐증 때문에 기다리기를 힘들어 했다.

그래서 아내는 우리 집 앞 진입로에 분필로 네모를 그려놓고 킴에게 버스 기사가 빨간불을 켤 때까지 네모 안에 서 있어야 한다고 말했다. 그날 아침 나에게 전화를 걸 때 아내는 쏟아지는 빗속에서 킴과 함께 그 네모 안에 서 있었다. 그러면서 그 상황이 우스꽝스러워 웃고 있었던 것이다. 그것은 환난이 너무 웃겨서 환난 속에서도 즐거워하는 믿음의 웃음이었다. 다시 예수님의 임재였다.

잠시 후 청사 안을 걸어가는데 어머니가 전화를 하셨다. 어머니께서 무고히 욕을 들었는데, 비록 화해의 가능성은 없지만 일방적으로 용서해야겠다며 간략히 상황을 설명하셨다. 불쾌한 일은 자세히 언급하지 않고 그냥 자기 마음만 조용히 나누셨다.

예수님은 어디에나 계시면서관심과 사과(질), 공부와 순종(남자들), 전도와 친해짐(직원), 고난과 웃음(아내), 용서와 험담하지 않음(어머니) 그 평범한 아침을 변화시키고 계셨다. 이들은 저마다 겉과 속이 다르지 않게 신앙을 삶으로 실천하고 있었다.

이렇게 조금만 의식적으로 생각하면 예수님의 아름다움을 쉽게 볼 수 있다. 그러므로 남들의 언행 불일치나 인격 분열에 신경 쓰기보다 예수께서 어떻게 교회를 다시 빚어 그분을 닮게 하고 계신가에 더 집중할 필요가 있다. 우리는 그리스도의 몸 된 교회를 은혜의 눈으로 보아야 한다.

바울은 사람들의 삶에 나타나는 예수님의 영향력을 기뻐한다. 그것이 그의 기도의 핵심이다. 그는 대충 두루뭉술하게 감사하지 않고 구체적으로 '너희' 때문에 감사한다. 문제 많은 고린도 교회를 대할 때도 마찬가지다.

"내가 너희를 위하여 항상 하나님께 감사하노니" 고전 1:4.

이어 그들이 근친상간을 묵인한 일, 서로 법정에 고소한 일, 주의 만찬에서 술 취한 일 등을 언급한다! 예수님이 지금 하고 계신 일에 시선을 두고 있기에, 바울은 악에게 지지 않고 선으로 악을 이긴다. 바울의 기도 생활은 선으로 가득하며, 그는 복음을 삶으로 실천하고 있다. 하나님이 바울에게 은혜를 베푸신 것처럼 바울도 고린도 교인들에게 은혜를 베푼다. 그는 구주의 피로 물든 장밋빛 안경으로 교회를 바라본다.

분명히 그리스도인들은 비그리스도인들보다 더 나을 게 없다. 사실 고린도전서 1장에서 바울은 그리스도인들의 원재료가 비그리스도인들만 못하다고 했다. 고린도 교인들 자신이 그 증거다! 그러나 그리스도인들은 우월하지 못하지만, 우리 구주께서는 우월하시다. 그분이 변화를 일으키신다. 그분은 자신의 교회 안에 엄연히 살아 계시며 선한 일을 이루실 것이다.

앞을 내다보며

지금까지는 기도 생활의 기본을 살펴보고 어린 아이가 되는 것이 무엇인지 알아보았다. 우리가 두려워하는 그것, 즉 자신의 망가진 모습이 바로 아버지의 마음으로 가는 문이다. 은혜에 적셔진 눈이 있을 때 우리는 냉소를 물리치고 아버지와 대화할 수 있으며, 어린 아이 같은 단순함과 경이감을 회복할 수 있다.

지금까지는 다분히 내면을 향하여 우리 마음을 살펴보았고, 또 냉소처럼 우리를 아버지와 멀어지게 하는 마음의 장벽들을 살펴보았다. 3부에서는 시각을 더 바깥으로 돌려 하나님께 구하는 데 초점을 맞출 것이다. **존재에서 행위로, 나의 필요에서 당신의 필요로** 넘어갈 것이다. 기도 생활이 균형을 이루려면 두 가지 시각이 다 필요하다. 냉소가 어떻게 우리 문화 전반에 뿌리를 내렸기에 기도 생활에 우리 마음을 둔하게 만드는지도 계속해서 살펴볼 것이다.

3부

아버지께 구하기를 배우라

A Praying Life

구하기가 왜 그렇게 어려운가

12

막내딸 에밀리가 중학교 1학년 과학 과제물로 근처 강둑의 박테리아 수치를 측정하기로 했다. 나도 거들고 있었는데, 첫 번째 지점에서 우리는 샛강으로 걸어 들어가 샘플 물을 채취해서 조심스럽게 시험했다. 박테리아 시험용 작은 도구를 정확히 단계별로 따르느라 둘 다 긴장이 되어서 우리는 시작하기 전에 기도부터 했다.

우리 가족의 과학 과제물 실적은 변변치 못했다. 이전 해에 에밀리는 물고기가 회중전등 불빛에 반응하여 먹이를 먹도록 훈련시키는 실험을 해서 겨우 통과 점수를 받았다파블로프가 물고기가 아닌 개를 사용한 데는 그만한 이유가 있었다. 그 이전 해에는 아내가 아들 앤드류의 실험물이 든 봉지를 쓰레기로 착각하여 제출하기 전날 중고품상에 가져다 주는 바람에 그것을 다시 찾으려고 아내가 그날 온종일 중고품상 쓰레기장을 뒤졌지만 헛수고였다. 그러니 우리는 반드시 기도를 해야만 했다.

첫 실험을 마친 에밀리가 단계별로 기록하려고 일지를 꺼냈다. 그러고는 내게 우리가 맨 먼저 무엇부터 했느냐고 물었다. 나는 기도부터 했다고 말해 주었다.

"그건 쓰면 안 돼요." 딸이 말했다.

"왜? 기도했잖아."

"그래도 그건 아니죠, 아빠. 사람들은 우리가 그런 말 하는 걸 원하지 않아요."

에밀리는 어린이집부터 시작해서 쭉 기독교 학교만 다녔다. 교회와 주일학교에도 다니고 여름마다 기독교 캠프에도 갔다. 친구들도 다 그리스도인이었고 형제, 자매, 친척들도 마찬가지였다. 솔직히 에밀리는 기독교 격리 구역에서 살았다. 그런데도 이 신비의 '사람들'이 아이의 삶에 쌓여온 그 엄청난 기독교적 영향력을 이긴 것이다.

서구 문화북미와 유럽는 서구가 공산주의를 통하여 만들어낸 공공 문화들러시아와 중국 같은과 함께 역사상 가장 공공연한 무신론 문화다. 인류 역사의 무수한 문화들 중에서 영적 세계를 공적으로 인정하지 않는 것은 우리 문화뿐이다. 인류 역사를 통틀어 볼 때 정말 희한한 문화라고 할 수 있다.

저명한 학자 N. T. 라이트Wright는 고대 세계를 돌아보며 이렇게 썼다. "종교는 세상의 사회적 직물 전반에 촘촘히 섞여 짜여 있었다. 인류 역사의 거의 모든 시대, 거의 모든 지역에서 그랬는데, 지난 두 세기 동안 서구 세계 일부 지역만은 예외였다."[1] 순전히 인류학적인 관

점에서 볼 때, 우리의 뉴스 진행자들이 뉴스를 기도로 시작하지 않는 것은 이상한 일이다.[2]

어쩌다 이렇게 되었을까? 시대를 거슬러 올라가 보면 그 '사람들'은 곧 18세기의 계몽주의다. 그 시대 주요 사상가들은 더 이상 하나님이 필요 없다고 단정했다. 다음 그림에 보듯이, 칸트 같은 사상가들은 세상을 **감정**, 즉 나에게만 사실인 것들과 **사실**, 즉 만인에게 사실인 것들로 구분했다. 칸트는 기도와 종교를 사랑이나 옳고 그름 같은 다른 불확실한 것들과 하나로 묶었다.[3] 기도와 종교는 그림의 상층부로 대변되는 개인적인 생각과 감정의 세계에 속한다. 그림의 하층부에는 나무, 자동차 같은 확실한 것들이 있는데, 공적인 것과 실재하는 것, 즉 만인에게 사실인 것들이다.

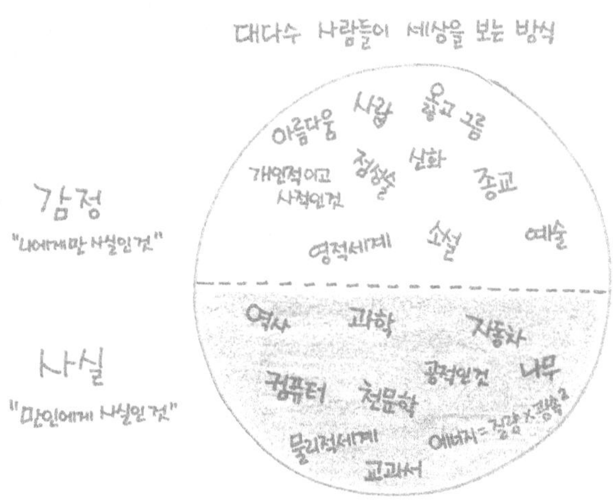

낸시 피어시는 사실과 감정의 구분을 이렇게 요약했다. "하층부는 공적으로 검증 가능한 사실의 영역이 된 반면, 상층부는 사회적으로 구성해낸 가치의 영역이 되었다."[4] 이런 식의 세계관을 세속주의라고 한다. 하나님을 감정이나 주관적인 의견과 하나로 묶으면 하나님이 주변으로 밀려나고 기도가 이상하게 느껴진다.

한 때는 대학 교수들만 세속주의를 신봉했지만 텔레비전이 등장하고 대중문화가 확산되면서 계몽주의가 안방에까지 파고들었다. 계몽주의는 서구를 장악하여, 세상의 실체를 보는 우리의 눈을 흐려놓았다. 이제 우리에게 보이는 것은, 하나님을 흥이나 돋구는 응원단장으로 보고 사이드라인 밖으로 밀어내는 평면적인 2차원 세계다. 기도는 공적인 현실이 아니라 사적이고 개인적인 것이 되었다. 즉 기도해서 기분이 좋아진다면 병자들을 위하여 기도하거나 하나님과 대화해도 좋은데, 그것을 진지하게 여기거나 공적으로 하지는 말라는 것이다.

C. S. 루이스는 계몽주의 세계관을 가리켜 이렇게 말했다. "내가 사랑하는 것들그림의 상층부은 거의 모두 가공의 세계로 보였고, 내가 현실이라 믿는 것들그림의 하층부은 거의 모두 싫고 부질없게 여겨졌다."[5] 그의 친한 친구 J. R. R. 톨킨에게서 기독교란 '진짜 신화'라는 말을 듣고부터, 아름다움과 진리라는 루이스의 두 가지 큰 추구는 비로소 하나로 결합되었다.[6]

계몽주의, 기도와 하나님을 소외시키다

계몽주의 이전까지만 해도 서구의 초창기 과학자들은 연구 기록에 자신이 하나님께 기도했다는 말을 썼다. 행성운동의 법칙을 발견한 덴마크의 천문학자 요하네스 케플러는 "하나님의 생각을 따라 생각한다"[7]고 썼고, 뉴턴 및 다른 사람들도 대개 자신의 글에서 하나님께 영광을 돌렸다.

아이러니지만 현대 과학이 가능한 것은 하나님이 세상을 그분과 분리된 존재로 창조하셨다는 기독교의 가르침 때문이다. 세상이 분리되어 존재한다면 세상에 대한 연구가 가능해진다. 이것은 다른 고대 문화의 특징을 보면 알 수 있다. 즉 고대 문화들은 신들이 세상과 분리될 수 없었기 때문에 세상을 진지하게 연구할 수 없었다. 예를 들어, 가나안의 신 바알은 천둥과 폭풍의 신이다. 천둥소리가 곧 바알의 소리다. 천둥이 바알과 같다면 아무 것도 연구할 게 없다. 나의 신이 세상과 섞여 있으니 말이다.

그런데 누구보다 과학에 더 근접해 보였던 고대 그리스 사람들조차도 물질계는 곧 혼돈이라는 의혹 때문에 진정한 과학자가 될 수 없었다. 그들에게는 하나님이 지혜로잠 8:22~31 참조 자신과 분리된 세상을 창조하셨다고 믿는 유대-기독교의 관점이 없었다.

세속주의는 인간의 성취, 특히 과학적 성취에 대한 자만심에서 싹튼 종교적 신념이다. 세속주의는 종교를 사견이라 하여 대적하면서, 스스로 과학 내지 실체처럼 행세한다. 세속주의가 우리에게 과학의 선물을 주었다고 주장하지만, 실제로는 기독교가 한 일이다.

계몽주의의 위력을 간략히 예시해 보자. 대부분의 아이비리그 대학과 기타 수백 개의 미국 대학들이 처음에는 기독교 대학으로 시작했으나 세속주의의 영향으로 기독교 신앙을 버렸다. 정통 유대교 신앙도 마찬가지다. 정통 유대교는 바로모세, 블레셋다윗, 아람엘리야, 바벨론다니엘, 페르시아에스더, 사마리아에스라가 멸절시키려 했지만 그것을 이겨내고 살아남았다. 마카비 시대BC 2세기경 그리스 통치 하의 유다가 마카비 가문의 반란으로 하스몬 왕조를 세웠던 시기_옮긴이의 그리스, AD 70년 로마의 예루살렘 함락, AD 135년 팔레스타인에서의 강제 추방도 이겨냈고, 이슬람교, 십자군 전쟁, 스페인 종교재판, 러시아 황제들, 히틀러의 유태인 대학살도 이겨내고 살아남았다. 그런데 그런 정통 유대교도 계몽주의 앞에서는 간신히 명맥만 유지했을 뿐이다. 현재 정통 유대교는 유대교의 10~15퍼센트밖에 되지 않는, 지난날의 희미한 잔재일 뿐이다.

계몽주의 사고방식은 하나님과 세상의 소통을 허용하지 않기 때문에 기도를 주변으로 몰아낸다. 신을 진지하게 대하거나 과학책에 들여놓지 않는다는 조건 하에 개인적이고 국부적인 신만 허용한다.

먼저 기도가 가짜로 규정된다.
그러면 정말 가짜처럼 느껴진다.

전 ABC 앵커 피터 제닝스는 기자들에게 이렇게 말한 바 있다.

"여러분이 누군가에게 '이 위기를 견뎌내게 한 것은 무엇입니까?'

라고 물었는데 상대방이 '하나님입니다' 라고 대답하거든, '아니요. 정말 무엇입니까?' 라고 되묻지 마십시오."[8)]

계몽주의의 안개가 기도의 가치, 역사하시는 하나님의 가치를 버리도록 우리 문화의 엘리트층을 유혹하고 있음을 제닝스는 알았던 것이다.

그리스 정교회 철학자, 신학자, 외교관인 찰스 말리크는 계몽주의 정신을 다음과 같이 예리하게 짚어냈다.

> "내 마음이 약해질 때 땅 끝에서부터 주께 부르짖으오리니 나보다 높은 바위로 나를 인도하소서." 현대인들에게 이 고뇌에 찬 다윗의 절규보다 더 이질적이고 거리가 먼 것은 없다. 현대인은 그런 바위를 인정하지 않는다. 그것이 모든 소외와 비극의 원인이다.[9)]

비현실이 된 종교와 하나님

계몽주의는 종교가 현실이 아니라고 말하지 않는다. 그냥 그렇게 규정해 버린다. 일단 종교가 현실이 아니라고 규정하면 종교는 논의거리도 되지 못한다. 이런 세속의 현실관에 예수님을 따르지 못하는 우리의 무능까지 합해지면, 거기서 '가짜' 가 나온다. 먼저 기도가 가짜로 규정된다. 그러면 정말 가짜처럼 느껴진다.

십대 자녀들이 세상의 인력引力에 부딪치면, 하나님에 관한 것들을 가짜라고 말하기가 쉽다. 어차피 하나님에 관한 말들은 늘 비현실 세상으로 밀려났기 때문이다. 그래서 열두 살 난 에밀리는 자기가 두 개의 세상 속에 살고 있다고 본능적으로 느꼈던 것이다. 하나는 하나님의 세상이고 하나는 현실 세상이다. 그 두 세상이 만나자 아이는 둘을 계속 떼어 놓으려 했다. 에밀리도 평소에 그 문화 속에서 호흡하고 있었던 것이다.

세속주의는 냉소적인 현실관이다. 예컨대, **사랑**은 수량적인 측정이 불가하므로 상층부인 **감정**으로 밀려난다. 로버트슨 맥퀼킨이 병든 아내를 간호하려고 신학교 총장직을 사임했을 때의 일이다. 어느 워크숍에서 전문가가 말하기를 아내에 대한 맥퀼킨의 헌신은 정말 죄라고 했다.[10] 그 전문가에게는 사랑을 넣을 범주가 존재하지 않았다. 이는 계몽주의 현실관의 한계를 유감없이 보여 주는 예다. 사랑이란 만인이 추구하는 것이건만 사회 과학자들 사이에는 범주조차 없다. 삶의 가장 기본적인 요소들을 설명할 수 없는 세계관이라면 뭔가 심각하게 잘못된 것이다.

그러나 하나님은 이 세상에 계시다

대이나 티어니가 〈뉴욕타임스〉지에 쓴 기사 내용이다. 그녀와 〈뉴욕타임스〉 작가인 남편 존은 모두 어렸을 때의 신앙을 버렸다. 가족들의 비위를 맞추려고 아들 루크에게 세례는 받게 했지만 거기까지였다. 남편이 종군기자로 이라크로 떠나자 대이나는 당연히 두려웠다. 그런데 놀랍게도 네 살 난 루크는 아주 차분했다. 그냥 어려서 순진한

탓이려니 했다. 그런데 하루는 둘이 함께 텔레비전을 보던 중에 마침 이라크에서 돌아온 어떤 병사의 결혼식 장면이 나왔다. 루크가 두려워할 내용은 아닌 것 같아서 그냥 같이 봐도 괜찮겠다고 생각했다. 그런데 그 병사가 이라크로 복귀하기가 두렵다고 말했다. 대이나는 아주 잠시 동안 루크가 손을 모으고 기도하는 것을 보았다. 그 일에 대해 그녀가 묻자 아이는 처음에는 부인했지만 두 번째로 기도한 뒤에는 자신이 기도했던 걸 시인했다.

대이나는 깜짝 놀랐다. 루크의 신앙 때문이기도 했고, 신앙이 있는 루크는 차분한데 반하여 신앙이 없는 자신은 두렵기 때문이기도 했다. 아빠를 위한 기도가 사회적으로 부적절하다는 것을 네 살 난 아들이 본능적으로 알고 있다는 데에도 그녀는 당혹했다.

루크는 하나님과 교제하도록 지음받았기에 저절로 기도가 나왔다. 2백 년 전에 칸트가 지식을 공과 사로 나누어 기도를 주변으로 몰아냈다는 것을 아이는 몰랐다. 그러나 동시에 루크는 시대의 문화를 알았기에 엄마에게 기도를 숨겨야 한다는 것도 알았다.

계몽주의의 영향으로 현대 문화는 기도와 종교를 논의에서 제외시켰다. 그래서 에밀리는 과학 일지에 자기가 기도했다는 말을 보고하지 않았고, 루크는 엄마가 볼까 봐 몰래 기도했다.

하지만 대이나가 이 기사를 썼다는 사실 자체가 우리 문화 속에 포스트모더니즘의 바람이 불고 있다는 증거다. 과학은 신적인 지위를 잃기 시작했다. 대이나는 루크에게 언제부터 하나님을 믿었느냐고 물었다. "몰라요. 하나님이 계신 걸 늘 알았거든요." 많은 지성인들과 달리, 대이나는 자기가 그리스도인들보다 우월하다는 자세를 취하지 않는다. 기사를 보면 종교가 없는 그녀의 많은 친구들은 마치 미신에서 해방된 듯이 종교에서도 해방된 기분이다. 그러나 대이나는 아니다. 그녀는 자신이 뭔가를 놓치고 있는 기분이었다. 종교가 있는 친구들을 보며 그녀는 이런 생각을 한다. "그들은 영이 넓다. 냇가를 걸을 때도 바위 위로 떨어지는 물만 보는 게 아니라 그 광경 때문에 황홀한 기쁨에 차오른다. 내게는 그저 졸졸 흐르는 냇물밖에 보이지 않는데, 그들은 이 세상 너머 희망의 세계를 보는 것이다. 나는 무언가 메시지를 놓치고 있는 것 같다."[11)]

대이나에게 비친 그리스도인들의 모습, 즉 창조 세계에 대한 그들의 경이감이야말로 우리에게 과학이 있는 핵심 이유다. 냇물이 우연한 자연의 산물이라면 당신에게 보이는 거라곤 물과 바위와 흙뿐이다. 하나님이 냇물과 동등하다면 당신은 냇물의 창조주를 예배하는 것이 아니라 냇물 신을 숭배한다. 하지만 하나님이 냇물을 창조하셨다면 경이감과 호기심이 자연히 연구로 이어진다.

찰스 말리크는 계몽주의 세계관을 비판하면서, 만물의 배후에 계신 하나님을 보는 비결은 다시 아이가 되는 것이라고 했다. 어린 루크 같은 아이 말이다.

> '어린 아기와 젖먹이들' 이 되어야만 비로소 우리는 모든 창조 세계 너머에 계신 그분을 볼 수 있다. 인간으로 오신 그분을 성전에서 보았을 때 대제사장들과 서기관들이 아니라 어린이들이 "호산나 다윗의 자손

이여"를 외쳤듯이, 우리도 거듭나서 어린 아이처럼 되면 – 우리 자신이 직관적이고, 순수하고, 단순하고, 솔직하고, 잘 받아들이고, 열려 있는 아이들처럼 되면 – 창조 세계를 지나 하나님께 이를 수 있다. … 이 모든 장관 너머에 … 그것을 창조하셨고 지금도 붙들고 계시는 분이 계심을 우리 마음이 절대적으로 확신하고 있다는 뜻이다. 어린 아기와 젖먹이들의 신앙이 보여 주는 '힘'은, 단순하고 솔직하고 서슴없는 시인을 통하여 똑똑하고 강한 자들의 모든 힘을 부끄럽게 만든다.[12]

아인슈타인의 과학의 핵심에도 우주에 대한 경이감이 있었다. 그는 이 시대의 세속 정신과는 거리가 멀었다. 그는 이렇게 말했다.

"우주의 법칙들 속에는 영이 나타나 있다. 인간의 영보다 한없이 우월한 영이다. 능력이 유한한 우리는 그 영 앞에서 마땅히 겸손해져야 한다."[13]

우리 아버지의 세상이기에 에밀리와 나는 냇가에 쪼그려 앉아 과학 실험을 할 때 마땅히 기도로 그분의 도움을 청해야 한다. 이것은 사고와 감정, 물리적 세계와 영적 세계, 공적인 것과 사적인 것의 완전한 연합이다. 우리 아버지의 세상이다.

참, 루크의 아빠는 이라크에서 무사히 돌아왔고, 에밀리의 실험은 지역 과학 박람회를 거쳐 결국 주州 대회에서 1등을 했다.

절박함을 배우라

13

몇 년 전 힌두교, 이슬람교, 시크교 출신들로 이루어진 런던의 한 교회에서 기도 세미나를 인도했다. 세미나가 끝나고 일요일 아침, 예배가 막 시작되고 있는데 아샤라는 힌두교 출신의 여성이 다가와 열두 살 된 자기 손녀를 위해서 기도해 주겠느냐고 물었다. 손녀가 부모와 함께 사는 것이 힘들어 자신과 살고 싶어 한다는 것이었다. "예, 기도해 드리지요." 나의 말을 듣고 아샤는 얼른 예배장소에 있던 손녀를 데리고 나오더니 나를 옆방으로 손짓하여 불렀다. 아이를 위하여 기도한 뒤에 우리는 다시 예배를 드리러 갔다. 전체 만남이 채 몇 분도 안 걸렸다.

처음 만난 강사에게 다가가 바로 그 자리에서 기도를 부탁하는 것은 미국 그리스도인으로서는 생각할 수 없는 일이다. 주제넘고 이기적이고 부적절한 일로 느껴질 것이다. 기도란 사적이고 개인적인 일이라고 생각하기 때문에 여간해서는 강사를 붙들고 이야기를 늘어놓지 않는다. 반면 강사에게 조언을 구하는 일은 별로 어려워하지 않는다. 지식이 부족한 것은 선뜻 인정하는 것이다. 하지만 강사가 하나님의 능력과 이어져 있다는 생각은 어림도 없다. 그래봐야 달라질 것은 없다고 생각한다. 우리는 과학은 믿어도 하나님은 믿지 못한다. 능력의 문제가 구함의 핵심인데, 과학이 그 능력을 가지고 있다고 생각한다. 변화를 낳는 능력, 뭔가 달라지게 하는 능력 말이다.

아샤의 문화는 기도가 사적이고 개인적인 일로 여기지 않는다. 그래서 그녀는 답답한 상황을 변화시켜 주실 하나님의 능력을 공공연히, 서슴없이 구한 것이다. 계몽주의의 영향을 입지 않았고 세상이 우리 아버지의 세상임을 알았기에, 그녀는 주저하지 않았다.

이밖에도 아샤의 마음속에 굳게 자리한 비서구적인 개념은 남보다 영적으로 능력이 많은 사람들이 있다고 믿는 것이다. 아시아 사람이라면 누구나 그것이 사실이라고 말할 것이다. 아프리카 사람들도 동의할 것이고, 라틴아메리카 사람들도 마찬가지다. 서구인들만 어긋나 있다. 그런데 우리도 다른 분야에서는 그렇다는 것을 인정한다. 예를 들어, 같은 재정전문가나 의사라도 남보다 더 유능한 사람들이 있음을 안다. 영적인 세계도 마찬가지인데 우리가 평등주의 세상에 살다 보니 그런 생각이 들지 않는다.

그런데 다른 부류의 전문가들과는 달리, 기도의 능력은 자신의 연약함을 인식하는 데서 온다. 예수께서 기도에 대해 가르치시려고 들려 주신 이야기들도 자기 스스로는 인생을 살아갈 수 없음을 아는 연약한 사람들의 이야기다. 끈질긴 과부와 한밤중의 친구가 끝내 자기가 원하는 것을 얻어낸 이유는 그들이 강해서가 아니라 절박해서였다. 절박함을 배우는 것이 기도하는 삶의 핵심이다.

무한하면서 인격적이신 하나님

아샤는 무한하신 하나님이 사소한 일이라도 자신의 삶에 인격적으로 개입하심을 믿는다. 그러나 무한하면서도 인격적이신 하나님은 우리 머리로 좀처럼 이해되지 않는 놀라운 개념이다. 하나님이 너무 인격적이 되지 않으시는 한, 과학책 밖에 남아 계시는 한 현대 세계는 하나님의 무한성을 개의치 않는다. 반대로, 서구 이외의 문화들에서 하나님의 인격성을 생각하기는 힘들지 않지만 그분의 무한성은 의심한다. 그래서 고대 국가들의 전투를 신들 간의 권력 다툼으로 볼 때가 많았다.

산지 전투에서 이스라엘에게 패한 아람 군대는 그들이 진 이유를 자신들이 신의 능력 중심부에서 벗어나 엉뚱한 곳에 있었기 때문이라고 생각했다. 그들은 왕에게 "그들의 신은 산의 신이므로 그들이 우리보다 강하였거니와 우리가 만일 평지에서 그들과 싸우면 반드시 그들보다 강할지라"왕상 20:23라고 보고했다. 그래서 그들은 자신들의 신이 더 강한 곳인 평지로 옮겨서 싸웠다. 그들은 이스라엘의 하나님이 실존하시는 인격적인 존재라는 것은 의심하지 않았지만 그분의 무한성을 의심했다. 하지만 이제 아무도 이스라엘의 하나님에 대해 평가절하할 수 없었다. 그분은 산지나 마찬가지로 평지 전투에서도 이기셨다. 아람 군대는 무한하면서도 인격적이신 하나님과 맞닥뜨렸던 것이다.

다윗은 무한하고도 인격적이신 하나님을 시편 23편 첫 문장에 담아냈다. "여호와는무한성 나의 목자시니인격성." 고대 근동에서 이런 친밀한 이미지에 근접한 것은 아무 것도 없었다. 간혹 고대 왕이 백성들의 목자로 표현될 때는 있었지만 신들이 한낱 '나'에게 관심을 갖는 일은 결코 없었다. 그런데 히브리어 발음이 '이'ee와 비슷한 '나'라는 단어가 이 시에 13번이나 나온다. 무한하신 하나님이 나에게 관심이 있으시다.

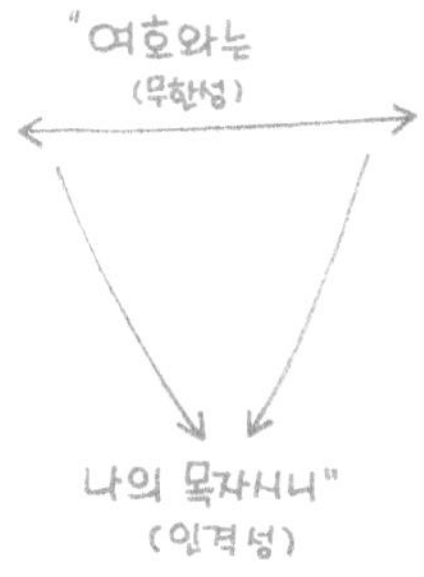

이는 성전 봉헌 기도를 드리는 솔로몬에게서도 그런 경이감을 찾아볼 수 있다. 그는 무한하신 하나님이 인격적으로 우리와 함께 거하심을 묵상하며 이렇게 기도한다. "하나님이 참으로 사람과 함께 땅에 계시리이까 보소서 하늘과 하늘들의 하늘이라도 주를 용납하지 못하겠거든 하물며 내가 건축한 이 성전이오리이까"대하 6:18. 무한하면서도 동시에 인격적이신 하나님이시기에 "주의 종이 주 앞에서 부르짖는 것과 비는 기도를 들으"신다대하 6:19.

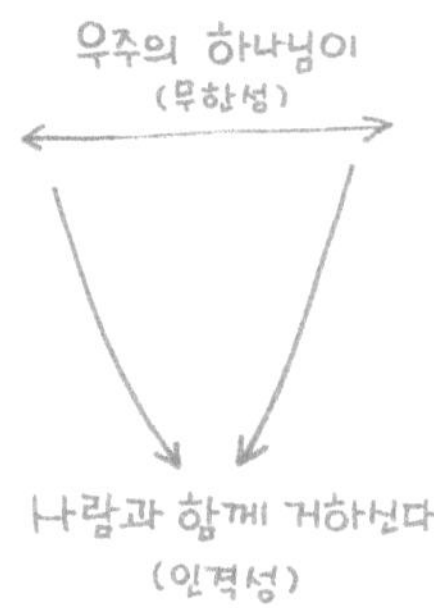

이사야도 그 하나님께 경외감을 느꼈다. "내가 높고 거룩한 곳에 있으며무한성 또한 통회하고 마음이 겸손한 자와 함께 있나니인격성"사 57:15.

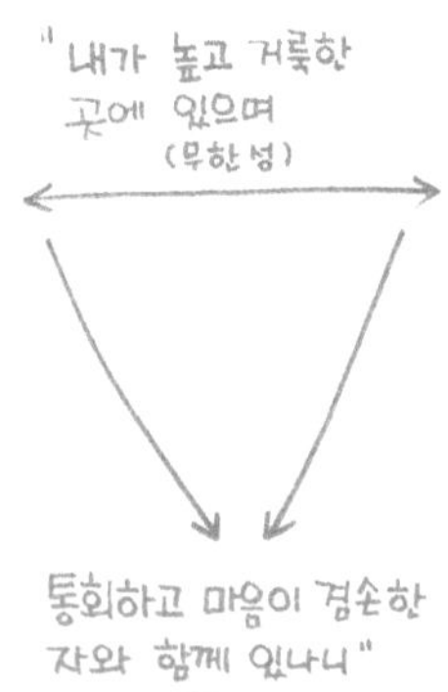

위엄과 겸손은 잘 어울리지 않는다. 기도가 힘든 이유 중의 하나도 그것이다. 하나님이 내 삶의 자질구레한 일들에 관심을 가지실 수 있다는 생각이 좀처럼 들지 않는다. 그분이 너무 크거나 내가 그만큼 중요한 존재가 아니라고 생각되기 때문이다. 예수께서 우리에게 어린 아이처럼 되라고 하신 것도 무리는 아니다! 어린 아이들은 부모가 크다고 기죽지 않는다. 부모가 크든 작든 상관없이 아이들은 온다.

아인슈타인은 무한하고도 인격적이신 하나님이 반영된 기묘한 우주와 씨름했다. 한편으로는 하나님이 비인격적이고 멀리 떨어져 있다고 주장하는 계몽주의 신관을 일관되게 표명했다. 뉴욕의 어느 주일학교에서 초등학교 6학년 여자아이가 그에게 "과학자들도 기도를 하나요?"라고 물은 적이 있다. 아인슈타인은 "과학자는 기도가 사건에 영향을 줄 수 있다고 믿을 생각이 별로 없단다"[1)]라고 답했다.

그러면서도 그는 자주 하나님을 인격적으로 지칭했다. 양자론에 관하여 닐스 보어노벨 물리학상을 수상한 덴마크의 물리학자_옮긴이와 토론하는 자리에서는 "하나님은 주사위로 장난을 치지 않으신다"라고 말했다. 월터 아이작슨은 아인슈타인 전기에서, 아인슈타인이 인격적인 하나님을 자주 지칭한 것은 진심이었다고 말한다. "동조하는 인상을 주려고 마음에도 없는 말을 하는 것은 아인슈타인의 스타일이 아니다. … 마땅히 우리는 그의 말을 그대로 믿는 예우를 해 주어야 한다."[2)] 사실 아인슈타인은 "존재하는 모든 만물의 조화 속에 자신을 계시하는 하나님"[3)]에 대한 신념이 자신의 과학을 이끌었다고 말했다.

우리는 하나님이 너무 가까이 계신 것을 싫어한다. 내 힘으로 통제가 안 되는 신일 때는 더욱 그렇다. 우리에게는 벌거벗은 채 동산에서 하나님과 함께 걷는 것에 원초적으로 두려움을 갖고 있다. 친밀함을 간절히 원하면서도 막상 친밀함이 오면 너무 인격적이고 순수하신 하나님이 두려워 뒤로 뺀다. 차라리 멀리 떨어져 계신 하나님이 훨씬 편하게 느껴진다.

그러나 일상기도로 기도하는 삶을 살면 무한하시면서도 나를 찾아오시는 하나님을 만나게 된다. 그것은 통제권을 내려놓지 않고, 내 뜻을 끊임없이 하나님께 넘겨드리지 않고는 불가능한 삶이다. "뜻이 하늘에서 이루어진 것 같이 땅에서도 이루어지이다"마 6:10라는 기도는 정말 무서운 기도다.

절박함을 배우는 것이 기도하는 삶의 핵심이다.

하나님은 얼마나 인격적인가

14

최근에 기도에 관한 책을 읽었다. 주차 문제 같은 사소한 문제는 기도하지 말아야 한다는 암시만 빼면 훌륭한 책이었다. 저자는 그런 요청이 이기적인 것 같다고 말했다. 나는 얼른 어머니께 그 이야기를 해드리고 싶었다. 마침 어머니는 스물네 살 손자의 결혼식 때문에 필라델피아에 와계셨다.

현재 82세의 나이에도 어머니 로즈 마리 밀러 여사는 런던에서 전임 선교사로 일하고 계신다. 부모님은 목사의 박봉으로 다섯 자녀를 길러내셨고, 우간다 빈민촌과 더블린 거리에서 복음을 전하며 사셨다. 그리고 지금 어머니는 런던의 남아시아 여성들을 제자 삼는 일을 하시면서 남아시아인 택시 기사들과도 친분을 쌓고 계시다.

어머니와 함께 아침식사를 하며 주차 공간을 구하는 기도에 관한 그 저자의 생각을 이야기했다. 그러자 어머니는 약간 믿어지지 않는다는 듯 고개를 젖히고 웃으며 말씀하셨다. "그 방법이 아니면 주차할 자리를 어떻게 찾을 건가? 내가 런던에서 손자들을 태우고 운전할 때면 아이들이 항상 '할머니, 주차할 데를 찾게 해달라고 기도해 주세요' 하고 말한단다." 어머니의 반응을 듣노라니, 하나님께 아들을 선물받아 놀란 사라가 하나님의 선하심에 웃음을 터뜨린 것이 생각났다. 하나님의 선물은 1년 전 사라의 냉소적인 웃음을 순전한 기쁨으로 바꾸어 놓았다.

최근에 어머니는 1979년 12월에 우간다 캄팔라에서 직접 쓰셨던 편지 한 통을 찾으셨다. 이디 아민이 국외로 피신한 지 얼마 안 되었을 때였다. 어머니와 아버지는 우간다의 어느 허름한 호텔 8층에 살면서, 힘닿는 대로 사람들을 도우며 복음을 전하고 있었다. 마침 그 도시에 쓰레기 수거가 전면 중단된 상태여서 두 분은 몇몇 우간다 사람들과 함께 쓰레기 트럭을 하나 찾아내 쓰레기를 수거해 주며 하나님의 사랑을 전했다. 편지에는 어머니의 전형적인 일상이 담겨 있었다.

> 참혹한 내전을 8년이나 겪은 이 나라의 혼란은 이미 극에 달해서 차마 말로 표현할 수가 없다. 운이 좋으면 화장실 변기에 물이 나오지만 그렇지 않으면 복도 끝에서 소방 호스를 끌어와야 한다. 그나마 그것도 너무 늦으면 이미 다른 사람들이 다 써버린 후다. 그래서 물을 구하는 기도를 배운다. 물이 한밤중에 나오면 욕조에 받아두어야 한다. 그래야 아침에 씻을 수 있다. …

폭격으로 무너진 건물 옆을 지나고 지저분한 거리를 지나갈 때마다 지갑을 빼앗는 사람이 없게 해달라고 기도하며 간다. …
호텔에서 아시아 사람들을 만났는데, 우리의 방직 프로젝트에 관심이 많다며 말한다. "재료는 우리가 대겠는데 교통편이 없습니다."
그래서 다시 기도한다. …
내 자아와 나의 처절한 한계를 의식하려는 유혹이 강하다. 이렇게 기도할 때가 한두 번이 아니다.
"주님, 오늘 하루를 살아갈 자신이 없습니다."

여기 주차 공간을 달라고 기도하는 분이 있다. 그 방법이 아니면 주차할 자리를 어떻게 찾을 것인가?

기도를 너무 영적으로 해석하지 말라

내가 주차 공간을 달라고 기도하면 그것은 남이 한 자리를 놓쳐야 한다는 뜻이므로 그런 기도를 해서는 안 된다고 생각하는 신학자들도 있다. 한 영성 작가는 이렇게 말한다.

"어떤 사람이 길에서 소방차가 오는 소리를 듣고 '하나님, 우리 집이 아니게 해 주세요' 라고 기도한다면 그것은 남의 집이기를 바라는 것이므로 부도덕한 기도다. 차라리 '하나님, 우리 집이게 해 주세요. 다만 아무도 다치지 않게 해 주세요' 라고 기도하는 것이 낫다."[1]

그 작가가 한 말을 아내에게 했더니 아내는 웃었다. 킴이 혼자 집에 있으면 아찔한 일들이 일어날 수 있다. 그래서 아내는 사이렌 소리가 들릴 때마다 그 차가 우리 집 쪽으로 가지 않기를 기도한다.

몇 년 전 한겨울에 있었던 일이다. 킴의 도우미가 언제 돌아온다는 말도 없이 잠깐 자리를 비운 사이 겁이 난 킴이 도우미를 찾아 울면서 길거리를 헤매기 시작했다. 이웃의 전화를 받고 내가 급히 집으로 향했다. 길모퉁이를 도는데 경찰차 두 대가 불을 번쩍이며 길 양쪽 끝을 막고 있었고 그 길 중간에 킴이 있었다. 겉옷도 입지 않고 신발도 신지 않은 채로 히스테리에 가까운 상태였다.

우리 집이 불타지 않게 해달라고 기도할 때 아내는 아이처럼 단순해진다. 자신의 속마음을 하나님께 솔직히 내보이는 것이다. 그것이 구함의 요지다.

하나님은 우리 집의 문제를 해결해 주실까? 나는 모른다. 우리 집이 불타면 어떻게 될까? 그것도 모른다. 비유적으로 말해서 우리 집은 킴이 태어나면서 이미 불타버렸다. 그러나 우리는 그 '불타는 집'이 선물임을 곧 깨달았다. 우리에게 주실 더 좋은 집이 하나님께 있었기 때문이다. 옛 집은 없어져야 했다.

아내와 내가 기도하는 이유는 우리가 삶의 맹공격 앞에서 무력하기 때문이다. 그런데 문제를 놓고 기도하면 차츰 문제가 하나님의 에너지로 빛을 발한다. 신기한 일들이 일어난다.

기도라고 하는 하나님의 춤 속으로 들어가려면 당신의 통제 욕구, 기도의 원리를 알아내려는 욕구를 버려야 한다.

하나님께 우리 집에 불이 나지 않게 해달라고 기도해서는 안 된다고 말한 그 영성 작가는 기도를 제로섬 게임으로 만들었다. 소방차가 나타났다고 반드시 어느 집에 불이 났다는 뜻은 아니다. 다른 경우들도 있다. 고양이가 나무에 올라가 있을 수도 있고 누가 다쳤을 수도 있다. 근본적인 문제는 그 작가가 기도를 지나치게 영적으로 해석하고 있다는 것이다. 그는 한 인간으로서 자신이 나타날 겨를조차 없이 하나님께 너무 빨리 굴복한다. 겟세마네 동산에서 "이 잔을 내게서 옮기시옵소서"라고 기도하실 때 예수님은 진실하셨다. 그러나 그리스도인들은 먼저 자신의 마음을 내보이지도 않고 너무 성급하게 "내 원대로 마시옵고 아버지의 원대로 되기를 원하나이다"로 넘어간다눅 22:42. 너무 빨리 굴복하기 때문에 자기가 사라지는 것이다.

기도를 지나치게 영적으로 해석하면 우리 집이 불타지 않았으면 좋겠다고 생각하는 본능적인 마음이 억압된다. 그러므로 하나님 앞에서 내가 아닌 다른 존재가 되어 더 이상 하나님과 진실한 대화를 나누는 것이 불가능해진다.

일상적인 필요를 기도하라

그 작가의 사고는 물질계를 경시하는 고대 그리스 철학인 신플라톤주의에 뿌리를 두고 있다. 그리스의 스토아 철학자들은 자신들이 삶에 초연할 수 있다고 자랑했다. 그래서 소크라테스는 사형 집행관들이 건네는 독약을 태연히 받았다. 그런데 그 신플라톤주의가 교회로 스며들어 욕구나 감정을 억압하는 것과 영성이 동일시되었다. 수많은 영화에서 예수님이 약간 부자연스럽고 남자 같지 않게 그려진 이유가 거기에 있다. 그분은 걸음걸이도 느리고 말도 느리고 몸동작도 느리다. 한 번 꼬집어 보고 싶어진다.

가장 위대한 교부 가운데 하나인 어거스틴도 이 철학의 영향을 받았다. 그는 "하나님 자신 외에는 하나님께 아무 것도 구하지 말라"[2]라고 했다. 절반만 맞는 말이다. 조나단 에드워즈와 그의 제자 존 파이퍼는 하나님이 우리에게 주실 수 있는 최고의 선물이 그분 자신임을 우리에게 상기시켜 주었다. 하지만 "하나님께 아무 것도 구하지 말라"는 말은 삶과 단절된 것이다. 설명하면 이렇다.

아내를 정말 사랑하는 남편이 있다고 하자. 그는 아내의 필요를 잘 살피고 아내의 마음을 경청한다. 그는 이 땅에서 아내에게 최고의 선물이다. 그런데 만일 그가 아내에게 "당신한테 최고의 선물은 나니까 나한테 아무 것도 구하지 마시오"라고 말한다면 아내는 어떻게 반응할까? 내가 기도 세미나에서 이런 말을 하면 다들 웃음을 터뜨린다. 아내를 향한 남편의 사랑은 아내의 요청에 자상하고 너그럽게 반응하는 것과 별개가 아니다. 우리의 일상적인 필요행위를 하나님의 최고의 선물인 그분의 사랑의 임재존재와 분리시킨다면, 그것은 기도를 지나치게 영적으로 해석하는 것이다.

하나님께 아무 것도 구하지 않으면 우리는 악한 세상을 표류하게 된다. 아무 것도 구하지 않는 것이 이기적이지 않은 것처럼 보이기 때문에 영적으로 느껴질지 모르지만, 욕구라는 현실 세계를 하나님의 세계와 분리시키기 때문에 비성경적이다. 하나님 나라가 붕 떠 있어서 임할 수가 없다.

영적 세계나 물리적 세계를 무시한 것은 신플라톤주의도 계몽주의와 똑같았다. 차이가 있다면 신플라톤주의가 영적 세계를 중시한 반면 계몽주의는 물리적 세계를 중시했다. 그래서 교회는 신플라톤주의의 영향을 받았고물질은 중요하지 않다, 세상은 계몽주의의 영향을 받았다영적인 것은 중요하지 않다. 두 관점 모두 교회의 솔직하고 친밀한 기도를 말살한다.

교회가 부자연스러운 영성으로 치닫는 경향은 최근 들어 우리 문화가 불교를 받아들이며 그 영성에 더욱 영향을 받았기 때문이다. 불교에서는 욕구를 버려야 해탈하여 열반에 이른다. 그래서 불교 승려들은 만물과 합일을 이루려고 무심히 자신에게 '옴'om, 불교나 힌두교에서 쓰는 진언의 신성한 음절_옮긴이을 반복한다. 그들의 목표는 욕구를 억압하는 것이다.

그러나 예수님은 전혀 다르시다. 복음서에서 만나는 그분은 격정과 감정의 사람이다. 우리의 구세주가 현실 세계와 닿아 계신 분, 아버지의 진노의 잔을 마시지 않게 해달라고 기도하시는 분, 거친 나무 십자가 위에서 "나의 하나님, 나의 하나님, 어찌하여 나를 버리셨나이까"마 27:46라고 부르짖는 분이시니 얼마나 감사한 일인가. 예수님은 자신의 감정을 억압하지도 않으시고, 그렇다고 감정에 지배당하지도 않으신다. 그분은 있는 그대로 진실하신 분이다.

"하나님, 불난 곳이 누구네 집이든 도와주세요. 그들을 안전하게 지켜 주세요. 그리고 우리 집이 아니게 해 주세요." 이것은 지극히 자연스러운 기도다. 자신의 욕구와 사랑에 동시에 솔직한 것이다. 당신이 탄 타이타닉 호가 침몰하고 있다면 '하나님, 구명보트에 제 자리가 있게 해 주세요' 라고 기도한 뒤 다른 사람들도 타도록 혼신을 다하여 도우면 된다. 욕구와 순복이 기도에 완벽한 균형을 이룬다.

사소한 기도에도 응답하신다

나는 아홉 살 때 어머니를 통하여 처음으로 기도 응답을 경험했다. 마침 내게 잠옷이 없을 때였다. 아버지가 어느 재단의 작가로 취직되어 캘리포니아 중부 분지에서 샌프란시스코로 막 이사 온 뒤였다. 1963년이었는데도 집값이 어이없이 비싸서 우리 일곱 식구는 샌프란시스코 남쪽의 방 두 칸짜리 작은 집에서 북적거리며 살았다. 공간이 좁다 보니 나는 가파른 산비탈이 내려다보이는 베란다에 간이침대를 펴고 잤다. 어려서부터 산림 경비원이 되고 싶었기에 기분은 만점이었다. 다만 문제는 베란다에 지붕이 없다는 것이었다. 누이들은 밤이면 문을 잠갔는데, 비가 와서 내가 문을 두드려도 잘 듣지 못했다. 간이침대의 가장자리 쪽에 누우면 빗물이 침낭 한가운데로 고이므로 빗속에서도 잠을 잘 수 있다는 것을 알아냈다. 가운데로 돌아눕지 않도록 조심만 하면 되었다. 겨울철에는 안에 들어가 높이가 얕은 지붕 밑의 좁다란 공간에서 잤는데, 바로 위 천장은 복도로 빛이 비쳐드는 채광창이었다. 잠옷이 꼭 필요했다.

어머니에게 잠옷이 없다고 했더니 기도해 보라고 하셨다. 그래서 나는 기도했다. 일주일도 안 되어 환한 빨간색 잠옷 한 벌이 소포로 배달되었다. 친구들이 보내 준 것이었다. 두 주 사이에 또 한 벌이 왔다. 농담이 아니다. 잠옷을 선물로 받은 일은 그 전에도 없었고 후에도 없었다. 기도 응답이 너무 신속하고 정확해서 잊어버릴 수가 없었다. 하나님은 잠옷에도 신경을 써주신다.

하나님은 또한 우유에도 신경을 써주신다. 매일 아침식사 때 킴이 시리얼에 우유를 따르는데, 그때마다 나는 속으로 기도한다. 킴은 단안單眼 시력이라 원근을 지각하지 못하기 때문에 조준이 힘들다. 또 동작이 뜻대로 잘 되지 않아서 일단 우유를 따르기 시작하면 멈추기가 어렵다. 게다가 충고를 싫어하기 때문에 내가 멈추라고 해도 말을 듣지 않는다. 결과는 아찔할 수 있다. 우유팩을 꺼내면 대개 아내는 아예 부엌에서 나가버린다. 하나님은 우유를 따르는 일에도 신경을 써주신다. 그만큼까지 우리 삶에 개입하신다.

그렇다고 누구나 우유를 따를 때마다 기도해야 할까? 물론 아니다. 당신은 이미 우유를 따를 줄 알 것이다! 당신의 삶에는 그것이 문제가 되지 못한다. 하지만 킴은 다르다. 그래서 우리는 기도한다. 그 일로 기도한다고 우리가 더 영적이 되는 것은 아니다. 이것은 다만 킴과 내가 경험해가는 작은 기도 여정의 하나일 뿐이다.

기도는 성육신의 시간이다

무한하면서 인격적이신 하나님의 그 신기함을 가장 잘 보여 주는 것이 예수님의 성육신이다. 하나님의 출생은 가히 인간의 상상을 초월한다. BC 5년의 가을 아니면 겨울에 서아시아, 로마의 유대 성省, 베들레헴 고을의 산비탈 어느 목자의 굴 속에서 몸무게 3킬로그램의 흑갈색 곱슬머리 유태인 사내아이가 태어난다. 너무도 구체적이라 상상력이 따라갈 수 없다. 그것은 하나님이 찾아내신 주차 공간, 즉 그분의 사랑이 우리의 세상을 만지게 될 구체적인 시간과 장소였다.

기도는 성육신의 순간, 즉 하나님이 우리와 함께하시는 순간이다. 하나님은 내 삶의 사소한 일들에 개입하셨다. 그런데 기도란 주로 우리가 하나님과 함께 있는 것이지 하나님이 기도에 응답하시는 것이 아니라고 주장하는 저자도 있었다. 역시 그것만 아니라면 기도에 관한 그의 책은 훌륭했다. 그는 이런 예를 들었다. "영아 사망률이 높던 시절의 어머니들은 자식이 아기 때 죽지 않게 해달라고 간절히 기도하곤 했다. 현대 의술은 서구에서 그런 기도를 종식시켰다."[3] 그럴지도 모른다. 하지만 서구에 현대 의술이 발달된 것 자체가 그 어머니들이 자식의 목숨을 위하여 기도했기 때문인지도 모른다.

참된 기도가 구체성을 띠는 것에 반발하는 영성 작가들이 얼마나 많은지 놀랄 정도다. 이것은 불교 영성의 영향이나 그리스의 신플라톤주의보다 더 근원적인 문제다. 솔직히 하나님이 너무 가까이 오시면 우리는 불안해진다. 하나님께 물리적으로 의존하고 싶은 마음이 없다. 그것은 마치 우리가 하나님을 부리는 것 같고, 억지처럼 느껴진다. 마음 깊은 곳에서 우리는 그냥 은혜가 싫다. 응답 없는 기도의 모험도 싫다. 살아 계신 하나님을 상대하느니 차라리 안전한 고립을 선호한다. 아버지를 받아들이고 그리하여 기도를 받아들이는 것은 어느 목사가 말한 '구체성의 독침'[4]을 수용하는 것이다.

우리가 구하기를 싫어하는 것은 근본적으로 독립 욕구 때문이다. 2차 세계대전 이후의 대표적인 신학자 라인홀드 니버는 그 문제를 이렇게 지적했다.

"인간의 자아는 자족하며 스스로를 다스리며 자신이 안전하다고 생각한다. … 자기 삶이 종속적이고 의존적인 성격임을 인식하지 못하며, 자신의 존재 자체도 스스로 지어낸 줄 안다."[5]

우리는 남에게 종속되고 완전히 의존적인 존재가 되는 것을 싫어한다. 그런데 예수님은 우리에게 매사에 완전히 부모에게 의존적인 존재인 어린 아이처럼 되라고 하셨다.

기도하는 삶을 살 때 잃어버리는 것은 무엇인가? 통제권이다. 우리는 독립을 잃는다. 그렇다면 얻는 것은 무엇인가? 하나님과의 우정과 고요한 마음을 얻는다. 내가 사랑하는 이들의 마음속에 생생히 역사하시는 하나님, 그리고 악의 흐름을 돌려놓는 능력을 얻는다. 본질적으로 나는 내 나라를 잃고 그분의 나라를 얻는다. 독립적이던 내가 의존적인 사람이 되어 사랑하며 살아간다. 고아였던 내가 하나님의 자녀가 된다. 그리고 하늘 아버지의 보호와 임재를 날마다 경험한다. 실제 그런 경험을 했다.

지난 토요일에 킴의 아파트에 설치할 인터폰의 충전기를 사려고 전파상에 갔다가 겁에 질린 아내의 전화를 받았다. 아내는 방금 킴의 도우미와 통화했다고 했다. 킴이 애견 보호소에서 개들을 산책시킬 때 곁에서 돕는 도우미였다. 점심시간에 킴이 맥도널드에서 음식을 시켰는데 신용카드를 찾아도 없어서 음식을 돌려 주어야 해서 킴이 막 흥분하고 있다는 것이었다. 전화를 걸었지만 도우미의 휴대전화가 작동이 되다 말다 했다.

나는 아버지의 보호를 어떻게 보았을까? 마침 내가 있던 전파상은 킴이 있는 곳에서 10분 거리밖에 떨어져 있지 않았다. 결국 도우미와 통화가 되었는데 그가 얼떨결에 엉뚱한 맥도널드를 가르쳐 주었다. 신호등 앞에서 기다리고 있는데 길 건너에 맥도널드가 보였다. 그 순간 도우미가 가르쳐 준 길이 좀 이상하다는 생각이 들었다. 그대로 주차장으로 들어가니 거기 킴이 있었다. 아내의 전화를 받은 지 딱 10분 만에 내가 킴 옆에 있게 된 것이다. 킴을 향한 하나님의 사랑은 아주 각별했다.

그 10분 동안의 스트레스는 내 의존성을 상기시키면서 나를 더 깊은 의존으로 이끌었다. 고난은 우리가 종속적 존재임을 인식하게 해 주는 하나님의 선물이다. 살아 계신 하나님께 의존적인 존재, 그것이 우리 실존의 참된 속성이다. 고난이 만들어내는 환경 속에서 우리는 그 사실을 깨닫는다. 하지만 하나님이 실제로 어떻게 기도를 통하여 역사하시는지는 다분히 신비다.

기도는 신비롭다

우리가 기도하면 삶의 숨은 윤곽 속에 뭔가 신비로운 일들이 일어난다. 신비를 규명하려고 하면 신비는 우리를 피하여 달아난다. 그러나 신비는 실존한다.

자폐증 아이처럼 우리도 기도의 원리를 곁눈질로밖에 보지 못한다. 킴은 인사할 때 사람들을 똑바로 쳐다보지 못하고 곁눈으로 본다. 일부 전문가들의 이론에 따르면, 자폐증이 있는 사람들은 너무 주눅이 들어 남을 똑바로 보지 못한다고 한다.

삶에는 똑바로 볼 수 없는 것들이 많이 있다. 양자물리학에서는 입자의 속도와 질량을 동시에 볼 수 없다. 부부간의 성적인 사랑은 아름답지만, 성적인 사랑을 구경하면 포르노가 된다. 보는 행위가 성적인 친밀함을 변질시키는 것이다. 그렇게 포착하거나 보려고 하면 그냥 없어지는 것들이 있다.

마찬가지로 기도의 효력을 입증하려는 연구들은 기도의 본질을 이해하지 못한 것이다. 그것은 자신의 존재를 입증하거나 사랑을 측정하려는 것만큼이나 어이없는 일이다. 하나님은 인격이시며, 그분의 우주에 그 인격성이 반영되어 있다. 무엇이든 하나님의 속성에 더 가까울수록 하나님을 더 반영하게 되고, 그만큼 측정은 더 힘들어진다. 진실, 아름다움, 희망, 사랑 같은 것들은 다 기도와 같은 범주에 있다. 그러므로 그것들의 존재를 알아볼 수 있고 묘사까지도 할 수 있지만, 정의할 수는 없다. 그저 그것들이 하나님의 형상에 너무 가깝기 때문이다.

세상만사의 원리를 우리가 알아낼 수 있다는 가정은 세상만사가 물질과 에너지에 지나지 않는다고 말하는 계몽주의 사고방식의 산물이다. '만사'를 그렇게 정의하면 사랑, 아름다움, 사람 등 인생의 중요한 것들은 다 배제된다. 삶의 가장 귀한 것들은 직접 입증되거나 관찰될 수 없지만 우리는 그것들을 해와 달의 존재만큼이나 확실히 안다.

1983년부터 우리는 킴이 말을 할 수 있게 해달라는 기도를 시작했다. 그때 킴은 한 살 반 정도 됐었다. 우리는 몰랐지만, 오하이오 주의 어느 컴퓨터 회사 기술자들이 접근성이 용이한 말하는 컴퓨터를 최초로 개발 중이었다. 4년 후에 킴은 다섯 살 나이에 처음으로 '맥도널드'라는 전자 단어를 말했다. 현재 킴은 패스파인더Pathfinder라는 3세대 말하는 컴퓨터를 사용하고 있다.

"말하는 컴퓨터는 어차피 개발될 것이었다"라고 말할 사람들도 있을 것이다. 사실 기도 응답을 되돌아보면 마치 어차피 일어날 일이었다는 듯이 모든 일이 당연해 보일 때가 많다. 하지만 되돌아본다는 것은 실은 하나님의 입장이 되어 세상만사의 원리를 안다고 여기는 것이다. 어린 아이는 "여호와여 내 마음이 교만하지 아니하고 내 눈이 오만하지 아니하오며 내가 큰 일과 감당하지 못할 놀라운 일을 하려고 힘쓰지 아니하나이다"시 131:1라고 말한다.

기도는 놀랍도록 친밀하다. 구체적인 기도 응답을 받고 나서 그 원인을 알아내려고 하는 순간, 당신은 하나님을 잃는다. 기도와 벌어진 일 사이의 인과관계를 우리는 결코 볼 수 없다. 하지만 기도만 그런 게 아님을 잊지 말라. 삶의 가장 좋은 것들은 다 가시적인 상관성이 없다. 예컨대, 공로나 보상을 받지 않는 이타적인 사랑은 우리의 엘리트 지성인들에게는 완전히 비이성적이다. 사랑으로 주는 것과 사랑으로 얻는 것 사이에 가시적인 상관성이 없기 때문이다. 하지만 세상은 '사랑의 발밑에서 예배한다.'[6] 테레사 수녀는 하버드의 엘리트 지성인들에게 강연하고 우뢰와 같은 기립 박수를 받았다.[7] 사랑이 하나님의 형상의 일면임을 알면, 사랑도 기도처럼 충분히 이해가 된다.

인과관계를 볼 수 없는 것이 본래 기도의 속성이다. 하나님이 직접 하시는 일이기 때문이다. 기도의 원리를 해부하려고 하는 것은 여자가 아름다운 이유를 확대경을 들고 알아내려는 것과 같다. 하나님을 물건으로 대하면 그분은 금방 사라지신다. 배우자나 친구가 매번 우리를 물건으로 대할 때 우리도 똑같이 사라지고 뒤로 물러난다.

종종 기도 응답은 기도 자체보다 먼저 시작된다킴의 말하는 컴퓨터 회사는 킴이 태어나기 14년 전에 설립되었다. 기도의 원리를 아는 유일한 길은 과거와 현재와 미래에 대한 완벽한 지식과 통제를 겸비하는 것이다. 다시 말해서 기도가 통하는 원리를 알아내려면 당신이 하나님이어야만 한다.

기도라고 하는 하나님의 춤 속으로 들어가려면 당신의 통제 욕구, 기도의 원리를 알아내려는 욕구를 버리고 하나님의 주도에 맡겨야 한다. 하나님을 신뢰해야 한다. 그러면 하나님이 그분 자신이라는 선물뿐만 아니라 주차 공간, 잠옷, 우유 따르기, 패스파인더 등으로도 당신을 즐겁게 해 주실 것이다. 아무도 그분처럼 일하지 못한다!

기도에 관한 놀라운 약속

15

예수님은 우리를 불편하게 만드시는 재주가 있으시다. 특히 기도에 대해서 말씀하실 때 그렇다. 마지막 만찬 때 제자들과 함께 식탁에 둘러앉으셔서 놀라운 말씀을 하신다.

"너희가 내 이름으로 무엇을 구하든지 내가 행하리니 이는 아버지로 하여금 아들로 말미암아 영광을 받으시게 하려 함이라" 요 14:13.

그리고 곧이어 또 한 번 이렇게 강조하신다.

"내 이름으로 무엇이든지 내게 구하면 내가 행하리라" 요 14:14.

그리고 그날 밤 예수님은 제자들과 함께 캄캄한 예루살렘 거리를 지나 겟세마네로 향하신다. 아마 포도나무 금장식이 새겨진 성전 문을 지날 때였을 것이다. 예수님은 따르는 자들에게 자신이 포도나무, 즉 생명의 근원이라고 말씀하신다.

"너희가 내 안에 거하고 내 말이 너희 안에 거하면 무엇이든지 원하는 대로 구하라 그리하면 이루리라"요 15:7.

우리가 맺는 열매는 기도 응답으로 표현될 것이며, 이는 "내 이름으로 아버지께 무엇을 구하든지 다 받게 하려 함"요 15:16이다. 제자들에게 마지막 가르침을 끝내실 무렵, 예수님은 분명히 못 박아 말씀하신다.

"내가 진실로 진실로 너희에게 이르노니 너희가 무엇이든지 아버지께 구하는 것을 내 이름으로 주시리라 … 구하라 그리하면 받으리니 너희 기쁨이 충만하리라"요 16:23~24.

모두 여섯 번이나 "구하라, 그리하면 내가 주리라"라고 말씀하신 것이다.

정말 응답하시는가?

예수님은 기도에 관한 놀랍고도 엄청난 약속들을 하셨다. 예수님이 마지막 만찬의 대화 중에 백지 수표를 주신 셈이다. 그런데 내가 기도 세미나에서 사람들에게 솔직히 어떤 생각이 드는지 물어보면 다들 불편해한다. 어떤 사람은 "지금 예수님이 과장법을 쓰고 계신 건가요?"라고 물었다. "나는 실패하고 싶지 않습니다. 기도했다가 그대로 안 되면 내 믿음이 진짜일까요? 내가 잘못된 걸까요, 하나님이 잘못된 걸까요?"라고 묻는 이도 있었고, "내 경험하고는 다르군요"라고 말한 사람도 있다. "기도해 봤는데 소용없던데요"라고 하는 사람들은 부지

기수였다. 예수님이 붙이신 단서"너희가 내 안에 거하면" 또는 "내 이름으로 구하면"를 유심히 살펴본 사람들은 자신이 그분 안에 거하지 못한 것이 되기 때문에 우울해졌다.

기도에 관한 예수님의 엄청난 약속들을 어찌할 것인가? 학자들이 예수님을 이 곤경에서 건져 주려고 한다. 한 학자는 이렇게 말했다.

> 요한복음 14장 13~14절을 대강 읽으면 예수님이 아무거나 우리가 원하는 대로 주신다는 뜻처럼 보일 수 있다. … 하나님이 우리 뜻대로 기도에 응답하신다는 거짓말을 사탄은 어떻게든 우리가 믿게 만들고 싶을 것이다. … 하나님이 부와 명성과 영광을 구하는 기도에 응답하지 않으신다는 사실을 알고 나면 … 우리는 기독교가 속임수라고 탓하고 예수님이 약속을 어겼다고 비난한다. …
>
> 예수님의 말씀은 사실상 이런 것이다. "내 사역 분야에서 무엇이든 해 달라고 나에게 구하라. 그러면 내가 해 주리라." … 전도를 잘 하고 싶다면 우리는 기도로 하나님의 도움을 입어야 한다. 우리 뜻이 아니라 그분의 뜻만이 이루어지기를 구해야 한다. 그럴 때에만 기도 응답을 받는다.[1)]

이 학자의 말을 풀어 보면, 예수님의 말씀은 사실상 이런 뜻이 된다. 즉 하나님은 우리가 선교 여행을 간다면 도와주시지만, 그때에도 우리는 "아버지의 뜻이 이루어지이다"라고 말해야 한다. 이 학자는 예수님의 엄청난 약속을 전도 같은 명백한 종교 활동에 국한시켰다. 자기도 모르게 계몽주의 관점을 받아들여 기도를 지극히 사적인 세계로 몰아낸 것이다. 예수님의 엄청난 단언이라는 문제를 아주 그럴싸한 설명으로 해결했다. 하나님의 무한성만 지키고 그분의 친밀함은 저버린 것이다.

그 학자의 말마따나 기도는 요술도, 하나님을 조종하려는 시도도 아니다. 홉니와 비느하스는 언약궤가 적을 물리치게 해 줄 요술방망이라도 되는 냥 블레셋과의 전투에 언약궤를 가져갔다. 성전에 오는 여자들을 성폭행하던 그들이 이제 블레셋 때문에 고달파지자 하나님의 도움을 바란 것이다. 그러나 블레셋은 전투에 이겨 홉니와 비느하스를 죽이고 언약궤를 빼앗아갔다삼상 4:1~11 참조.

다시 말해서, 하나님과 장난하지 말라. 그분은 당신의 장난감이나 개인용 자판기가 아니다. 당신은 포도나무 안에 있어야 한다. 하지만 그렇다 하더라도, 예수님의 엄청난 단언은 어찌할 것인가?

"예수님의 이름으로 구한다"는 것은 내 기도가 완전해지도록 내가 제대로 지켜야 할 또 하나의 요건이 아니다.
그것은 내 기도가 너무나 부족하기에 하나님이 주시는 또 하나의 선물이다.

기도에 균형을 잡으라

예수님의 동생 야고보가 도움을 준다. 야고보는 구함과 관련된 두

가지 위험을 언급함으로 예수님의 엄청난 약속에 균형을 잡아 준다. 다음 그림의 왼쪽에 해당하는 첫 번째 위험은 '구하지 않음' 이다. 야고보는 "너희가 얻지 못함은 구하지 아니하기 때문이요"라고 했다. 두 번째 위험은 '이기적으로 구함' 이다. "구하여도 받지 못함은 정욕으로 쓰려고 잘못 구하기 때문이라"(약 4:2~3). 우리는 둘 중 어느 쪽 벼랑으로든 떨어질 수 있다.

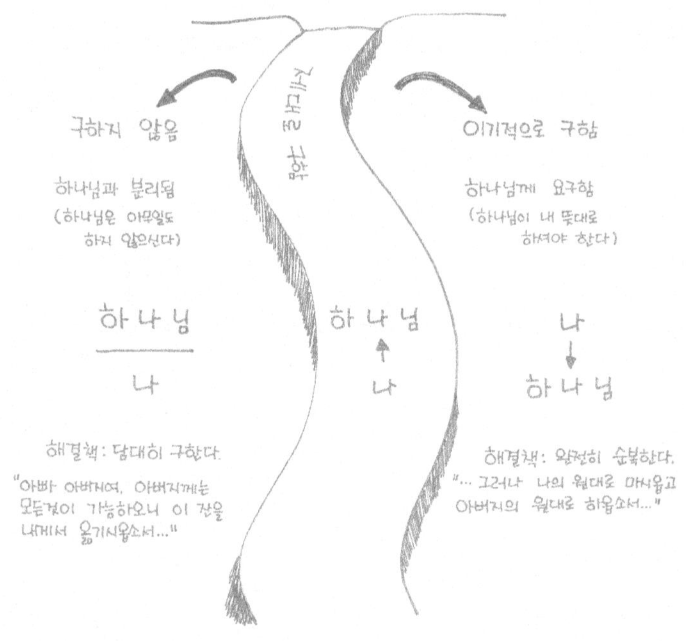

예수님의 겟세마네 기도는 완벽한 균형을 이룬 예다. 우선 예수님은 "아빠 아버지여 아버지께는 모든 것이 가능하오니 이 잔을 내게서 옮기시옵소서"막 14:36라고 기도하심으로써 '구하지 않음' 의 벼랑을 피

하신다. '구하지 않음' 쪽으로 잘못을 범하는 사람들은 하나님께 솔직해지기도 전에 굴복해 버린다착해지려고 너무 애쓰다가 솔직해지지 못할 때가 있듯이 말이다. 그러나 그 결과는 편리한 이신론이다. 우리와 하나님이 분리되는 것이다. 그래서 진짜 당신이 진짜 하나님을 만나지 못하게 된다.

곧이어 예수님은 "그러나 나의 원대로 마시옵고 아버지의 원대로 하옵소서"막 14:36라고 완전히 순복하심으로써 '이기적으로 구함'의 벼랑도 피하신다. 예수님은 자신의 감정에 솔직하시지만, 그렇다고 감정에 지배당하거나 감정으로 하나님을 조종하려 하지 않으신다. 아버지와 소통할 수 있는 능력을 자신의 뜻을 관철시키는 수단으로 이용하지 않으신다. 예수님은 자신의 삶 속에 아버지께서 짜고 계신 이야기에 순복하신다.

예수님의 기도를 순전히 이성적으로만 이해하려 든다면, 이 기도는 이상해 보인다. 예수님은 아버지께서 들어 주지 않으실 걸 뻔히 알면서 왜 그런 기도를 하신단 말인가? 하지만 이성은 하나님의 형상을 품은 우리 존재의 일부분일 뿐이다. 욕구나 감정, 정情도 우리 존재의 일부다. 예수님이 로봇이 아니라 인간임을 기억한다면 이 기도는 충분히 이해가 된다.

예화가 도움이 될 것이다. 9.11 사태 때 세계무역센터는 불의 열기가 뜨거워 건물 안에 갇힌 사람들이 밑으로 내려올 수가 없었다. 그렇다고 그대로 남아 있을 수도 없었다. 그래서 사람들은 죽을 줄 알면서도 밑으로 뛰어내리는 수밖에 없었다. 그런데 뛰어내릴 때 많은 사람들이 서로 손을 잡았다. 손을 잡아서 어쩌겠다는 것인가? 손을 잡든 말든 어차피 죽으리란 걸 그들도 알았다. 하지만 삶은 논리 이상이다. 우리 인간은 하나님을 닮아 복잡한 존재다. 아름다우신 하나님께서 우리를 공동체로 살도록 지으셨고, 그래서 우리는 뛰어내려 죽을 때도 친구의 손을 잡는다. 하늘에 계신 아버지께 "이 잔을 내게서 옮기시옵소서"라고 구하실 때 예수님은 아버지와 자신의 거룩한 공동체가 십자가에서 깨질 것을 아셨다. 그래서 구하시고 순복하시는 그 순간이나마 아버지의 손을 잡으신다.

사드락과 메삭과 아벳느고도 맹렬히 타는 풀무 앞에서 똑같은 상황에 처했다. 느부갓네살 왕이 자기 앞에 절하라고 명했을 때, 그들도 예수님과 똑같이 균형 잡힌 반응을 보였다. 그들은 왕에게 "우리가 섬기는 하나님이 계시다면 우리를 맹렬히 타는 풀무불 가운데에서 능히 건져내시겠고 왕의 손에서도 건져내시리이다"단 3:17라고 말한다. 하나님이 자신들을 구해 주실 것이라고 담대히 선포함으로써 '구하지 않음'의 벼랑을 피한 것이다. 그러면서 바로 이어 "그렇게 하지 아니하실지라도 왕이여 우리가 왕의 신들을 섬기지도 아니"단 3:18할 것이라고 말한다. 모순처럼 보이지만, 이들은 지금 담대히 구하면서 또한 완전히 순복하고 있다. 하나님의 구원을 당당히 고백함으로써 편리한 이신론 내지 하나님과의 분리를 피했고, 아울러 하나님이 처하게 하신 이야기에 완전히 순복함으로써 이기적인 삶을 피했다.

구할 마음이 있는가?

이제 기도의 중요한 구조 가운데 하나는 이해했지만 아직 "무엇이든지 원하는 대로 구하라" 하신 예수님의 약속이 남아 있다. 균형을 뜻하신 것이라면 왜 이 말에 균형을 잡지 않으셨을까? 내 생각에, 답은 우리가 균형과 거리가 멀기 때문이다. 본능적으로 우리는 자신만만하거나 아니면 자신에게 절망한다. 둘 중 어느 경우든, 우리는 스스로 하나님께 나아갈 능력이 없다. 걸음마를 시작한 아이가 엉뚱한 곳으로 가려고 할 때 부모가 그러듯이, 예수님은 지금 이렇게 외치신다. "내 아버지는 마음이 크신 분이다. 네 삶의 자질구레한 부분까지도 사랑하신다. 네게 필요한 것을 그분께 말하라. 그러면 그분이 해 주실 것이다." 예수님은 우리가 마음이 너그러우신 아버지께 다가가기를 원하신다. "나를 떠나서는 너희가 아무 것도 할 수 없"기에 우리가 자신만만함을 다 잃기를 원하신다. "그가 내 안에, 내가 그 안에 거하면 사람이 열매를 많이 맺"기에 예수님은 우리가 온전히 그분을 신뢰하기를 원하신다[요 15:5].

복음서에 나오는 기도에 관한 예수님의 모든 가르침은 "구하라"라는 한 단어로 압축될 수 있다. 예수님이 가장 우려하시는 것은 우리가 구하지 않거나 구할 마음이 없어서 하나님과 멀어지는 것이다. 하지만 우리에게 무엇이든지 구하라고 하시는 이유는 그것만이 아니다. 즉 하나님은 우리에게 좋은 선물들을 주시기 원하신다. 그분은 주시기를 아주 좋아하시는 분이다.

끈질긴 과부의 비유에서눅 18:1~8 참조 예수님은 힘없는 과부를 냉대하는 불의한 재판관에 대해서 말씀하신다. 과부가 계속 조르자 그는 결국 뜻을 굽힌다. 과부를 생각해서가 아니라 현실적으로 자신의 실리를 챙긴 것이다.[2] 과부의 문제를 해결해 주지 않으면 자신의 삶이 비참해질 판이었다. 불의한 재판관도 과부를 도와주는데 당신의 아버지께서 당신을 돕지 않으시겠는가?

강청하는 친구의 비유에서는눅 11:5~8 참조 친구가 찾아왔으니 떡 세 덩이를 빌려달라며 한밤중에 이웃집 문을 두드리는 이가 소개된다. 이웃은 자기가 이미 잠자리에 들었으니 귀찮게 하지 말라고 소리친다. 하지만 시끄러워 잠을 이룰 수 없자 그의 입을 막기 위해서라도 떡을 주는 게 낫다는 걸 깨닫는다. 불의한 재판관처럼 그도 인심 좋은 사람은 아닐지 몰라도 미련하지는 않다.

왜 하필 세 덩이일까? 한 덩이는 한밤중에 찾아온 친구의 몫이다. 또 한 덩이는 친구가 혼자 먹지 않도록 자기가 먹을 몫이다. 그러다 친구가 다 먹으면 인심 좋게 한 덩이를 더 내놓을 것이다. 그는 인색해 보이고 싶지 않은 것이다. 자신의 평판과 동네의 평판이 걸린 문제다. 요컨대, 한 덩이는 친구의 신체적 필요를 위한 것이고, 한 덩이는 친구의 관계적 필요, 즉 공동체를 위한 것이다. 마지막 한 덩이는 사랑받기 원하는 친구의 심적인 필요를 위한 것이다. 우리 하나님은 세 덩이의 하나님이시다. 주시기를 아주 좋아하시는 분이다.

예수님의 이름으로 기도하기

하나님은 계속 자신이 후한 분이라고 말씀하시지만, 우리 마음 깊은 곳에서는 믿지 않는다. 그래서 예수님은 '내 이름으로 구하면'이라는 단서를 붙이신 것이다. 설명하자면 이런 뜻이다.

당신의 기도가 남루한 옷차림의 거지라고 상상해 보라. 당신은 술 냄새와 체취를 폴폴 풍기며 비틀비틀 대왕의 궁전으로 향한다. 그 기도가 곧 당신이다. 당신이 빗장 지른 대문 쪽으로 발을 질질 끌며 가자 수위들이 굳어진다. 당신의 냄새가 먼저 당도한 것이다. 당신은 대왕에게 전할 메시지를 더듬더듬 말한다. "왕을 뵙고자 합니다." 알아듣기도 힘든 말이지만 당신은 마지막 한 마디를 중얼거린다. "예수님, 나는 예수님의 이름으로 왔소." 예수님의 이름이라는 말에 요술처럼 궁전이 살아난다. 수위들이 얼른 차렷 자세를 취하고 당신 앞에 공손히 절한다. 불이 켜지고 문이 활짝 열린다. 당신은 왕궁 안의 긴 복도를 지나 대왕의 알현실로 안내된다. 대왕이 달려 나와 당신을 끌어안는다.

예수님의 이름 덕분에 내 기도는 왕 앞에 이른다. 하나님께 상달된다. 예수님은 내 영혼의 구주만이 아니라 내 기도의 구주이기도 하다. 내 기도는 예수님의 기도로 하나님의 보좌 앞에 올라간다. "예수님의 이름으로 구한다"는 것은 내 기도가 완전해지도록 내가 제대로 지켜야 할 또 하나의 요건이 아니다. 그것은 내 기도가 너무나 부족하기에 하나님이 주시는 또 하나의 선물이다.

예수님의 도장圖章은 내 꾸러미의 상달을 보장할 뿐만 아니라 꾸러미의 내용물까지 변화시킨다. 바울은 이렇게 말한다.

"이와 같이 성령도 우리의 연약함을 도우시나니 우리는 마땅히 기도할 바를 알지 못하나 오직 성령이 말할 수 없는 탄식으로 우리를 위하여 친히 간구하시느니라"롬 8:26.

응답되지 않은 기도는 없다

내 삶을 돌아보면, "내 이름으로 무엇이든지 내게 구하면 내가 행하리라"요 14:14고 하신 예수님의 약속이 충분히 이해가 된다. 그 설명을 위해 내 기도 카드들을 잠깐 보여 주고 싶다내가 목록이 아닌 기도 카드를 사용하는 이유는 나중에 설명할 것이다. 아들 존을 위한 기도 카드에는 다섯 가지 제목이 있는데, 그중 넷은 확실히 응답되었다. 존의 직장을 위해서는 따로 기도 카드가 있다. 기도를 시작한 지 몇 달 만에 하나님이 존을 위한 나의 요청들에 극적으로 응답하셨다. 에밀리의 기도 카드에는 여섯 가지 제목이 있는데, 그중 다섯 가지에 하나님이 응답해 주셨다. 다른 카드에 에밀리를 위한 기도 제목이 일곱 가지가 더 있다. 코트니를 위해서는 어떻게 기도해야 할지 고민이다. 그 아이를 위한 네 가지 기도 요청에 하나님이 이미 응답해 주셔서, 이제 무엇을 놓고 기도해야 할지 모르겠다.

한 번은 기도 세미나에서 한 남자가 이것이 그저 평균의 법칙이 아니냐며 이의를 제기한 적이 있다. 그는 그리스도인들에게 흔히 있는 전형적인 냉소로 힘들어하고 있었는데, 그는 세월이 흐르면 당연히 많은 일들이 일어나게 되어 있다는 것이었다. 어쩌면 나는 어차피 일어났을 일을 하나님의 공으로 돌리고 있는지도 몰랐다. 아주 좋은 질문이었다. 많은 사람들이 생각하는 바를 용기 있게 표현해 준 그가 고마웠다.

나는 이론을 가지고 갑론을박할 마음이 없었다. 그래서 내 삶을 열어 보이면서 지금까지 하나님이 기도에 응답하신 방식들을 모두 말하기 시작했다. "우리 아이들을 위한 모든 기도 응답을 어떻게 설명하겠습니까? 그것은 그냥 평균이 아닙니다." 쉬는 시간에 그가 다시 이의를 제기했다. 그에게 구체적인 예를 보여 주려고 기도 카드 하나를 꺼냈더니, 그는 자기가 무작위로 한 장을 뽑아도 되겠느냐고 물었다. 내가 증거를 조작하려고 "좋은" 기도 카드만 고를지도 모른다는 의심이 들었던 것이다. 나는 "얼마든지요"라고 말했다. 그래서 그는 보지 않고 내 기도 카드 철을 열어 1년 된 기도 제목 하나를 손가락으로 짚었다. 그보다 더 극적인 기도 응답은 없으리라. 나는 하나님이 그 기도에 응답하신 사연을 말해 주었다. 그 기도 응답의 일부로, 우리가 도움을 청한 적도 없는데 누군가 우리의 전임 기도 사역의 출범을 돕고자 5만 달러의 헌금을 보내왔었다. 그는 숙연해져서 돌아갔다. 하나님이 정말 살아 계신지도 모른다는 생각이 들었을 것이다.

어제만 해도 나는 확실한 기도 응답을 다섯 가지나 받았다. 전형적인 하루에 받은 응답으로는 많은 편이었지만, 그렇다고 드문 일도 아니다. 그중 세 가지는 세 사람의 삶 속에 그리스도의 성품의 어느 한

면이 나타나게 해달라는 기도였다. 또 하나는 16개월 동안 심한 만성 피로에 시달려온 우리 경리 사원의 치유를 위한 것이었다. 완치는 아니었지만 진단 결과가 좋아졌다. 마지막은 이 책의 이번 장이다. 이번 장을 쓰느라 몇 달 동안 낑낑댔는데 드디어 어제 잘 풀렸다.

나의 기도가 하나님의 마음에 근접할수록 응답도 더 강하고 신속하다. 그리스도를 닮게 해달라는 중보 기도의 세 가지 응답이 특히 놀라웠다. 그중 둘은 우리 아이들이 직접 전화를 걸어 알려 주었다. 하나는 하나님이 자신의 우상숭배 습관을 깨뜨리신 경위를 털어놓았고, 또 하나는 자신의 아집을 깨닫게 되었노라고 했다. 나는 두 아이 중 누구에게도 그런 문제를 말한 적이 없었다. 오직 하나님께만 아뢰었을 뿐이다. 나머지 한 사람의 경우는 하나님께서 그의 난폭한 성향을 다루셨다.

하나님은 세 사람 모두에게 고난을 허락하셨다. 고난이 그들의 마음을 드러내 주었고, 그리하여 그들은 자신의 죄를 보게 되었다. 아버지께서는 자기 자녀들을 그 아들 예수님의 생명그분의 삶과 죽음과 부활 속으로 데려가기를 기뻐하신다. 그분은 우리가 포도나무 안에 거하기를 원하신다. 그것이 그분의 방식이다.

기도 속에 사는 사람은 하나님이 일하시는 것을 똑똑히 볼 수 있지만, 바깥 사람에게 설명하려면 어려울 때가 많다. 불필요하게 누군가를 망신시키는 일이 될 수 있기 때문에 설명할 수 없을 때도 있고, 이야기 안에 들어가 있어야만 보이기 때문에 어려울 때도 있다.

그러나 성령께서 일하시려면 이야기가 계속 숨어 있어야 한다. 예수님은 기도하는 행위 자체도 숨어 있어야 한다고 하셨다마 6:5~6 참조. 하나님 나라도 밭에 숨은 보화나 땅에 숨은 씨앗 같다고 하셨다. 마찬가지로 출생부터 죽음까지 예수께서 이 땅에서 사신 삶에도 숨어 있는 속성이 있었다. 그런데도 순전히 세상적인 관점에서 볼 때, 그분의 삶이야말로 세계 역사상 가장 영향력 있는 삶이었다. 아무도 그 삶을 따라잡지 못한다. 이 땅에 계시는 예수님의 임재는 지금도 똑같은 속성을 지니고 있어서, 그분을 따르는 자들의 삶 속에 낮게 숨어 있다.

무엇이든 일단 구하라!

기도하는 삶은 거하는 삶이다. 그러나 많은 그리스도인들이 거함과 구함을 연결시키다 벽에 부딪친다. '내가 거하고 있다면 당연히 기도가 응답될 텐데' 라는 생각 때문에 맥이 쭉 빠지는 것이다. 거함은 영적 몽상처럼 막연해 보인다. 하지만 거함은 결코 삶과 단절된 것이 아니다. 거함은 하나님과 협력하는 본연의 삶이다.

거함을 배우는 최선의 방법 중 하나는 무엇이든 구하는 것이다. 예수님이 '내 안에 거하면' 이라는 단서를 붙이신 것은 '무엇이든지 구하라' 라고 말씀하신 여섯 번 중에 딱 한 번뿐이다. 그분의 일차적인 관심은 일단 기도를 시작하게 하는 것이다. 일단 구하라. 영적인 것들이나 '좋은' 것들만 구해서는 안 된다. 당신이 원하는 것을 하나님께 그대로 아뢰라. 거할 수 있으려면 먼저 진짜 당신이 진짜 하나님을 만나야 한다. 무엇이든지 구하라.

'무엇이든지 구하라'는 예수님의 제의를 진지하게 받아들인다면, 당신이 맨 먼저 해야 할 일은 무엇일까? 삼척동자라도 알 것이다. 구해야 한다. 그리고 구하려면 자신이 원하는 것이 무엇인지 깊이 생각해야 한다. 여기서부터 복잡해진다. 당신이 원하는 것이 백만 달러인가? 한 번은 우리 아이 하나가 부자가 되는 직업을 갖고 싶다고 해서 진땀을 뺀 적이 있다. 돈을 많이 버는 것은 전혀 잘못이 아니다. 다만 나는 부가 우리 영혼에 미칠 수 있는 영향을 통감하고 있다. 트라피스트회 수사 토머스 머튼은 이렇게 썼다. "자기가 원하는 것이 무엇인지 알기만 하면 그렇게 되고픈 마음이 싹 달아날 텐데, 왜 우리는 그렇게 되려고 평생 발버둥 쳐야 하는가? 우리가 지음받은 목적은 따로 있는데 … 왜 우리는 그것과 정반대되는 일들을 하느라 시간을 허송한단 말인가?"[3)]

"내가 원하는 것이 무엇인가?"라는 물음에 답하려면 깊이 생각해야 한다. 머지않아 당신은 예수님의 단서"너희가 내 안에 거하고 내 말이 너희 안에 거하면 무엇이든지 원하는 대로 구하라 그리하면 이루리라"(요 15:7)를 골똘히 쳐다보고 있을 것이다. 앞서 말한 나의 세 가지 기도 제목은 모두 나의 거함에서 비롯된 것이었다. 하지만 그 출발점은 내가 하나님께 원하는 바가 무엇인지 생각하는 일이었다.

내 경험상, 대다수 사람들은 하나님을 '시험해 보지' 않는다. 즉 자기가 원하는 것을 그분께 구하지 않는다. 이것은 조심스럽게 하는 말이다. 구했지만 아직 기도가 처리 중이라서 응답받지 못하고 있는 그리스도인들도 많기 때문이다. 거기에 대해서는 제4부에서 꽤 자세히 살펴볼 것이다. 그럼에도 불구하고, 대다수 사람들은 앞에 나온 도표의 왼쪽 벼랑으로 자꾸만 떨어진다. 구하지 않는 것이다.

다음 16장과 17장에서는 우리가 하나님께 구하지 않는 부분, 그분께 거리를 두는 부분을 몇 가지 살펴보고자 한다.

모든 필요를 시시콜콜 구하라

일용할 양식을 주시옵고

교회에서 드리는 대부분의 기도가 질병, 실직, 위기에 빠진 아이들, 그리고 어쩌면 가끔씩 선교사에 국한된다. 하지만 일용할 양식을 위한 예수님의 기도는 우리의 모든 필요를 그분께 가져오라는 초청이었다. 그리스어로 "오늘 우리에게 일용할 양식을 주시옵고"마 6:11는 "내일의 양식을 오늘 주시옵고"로 직역되는 애매한 표현이다.[1] 즉 하나님이 우리 삶 속에 가져다 주시려는 풍성함이 암시되어 있는 말이다. 아마 지금 당신의 냉장고나 예금 통장에는 이미 '내일의 양식'이 있을 것이다.

우리 부부에게 내일의 양식이 오늘 없었던 적이 평생에 딱 한 번 있었다. 그때 나는 풀타임 대학생이면서 시간제로 페인트칠을 해서 세 식구를 부양하고 있었다첫딸 코트니가 한 살이었다. 1975년 설날이었는데 양식도 돈도 일도 떨어졌고, 책이며 패물이며 고교 시절의 반지까지 이미 다 팔고 난 뒤였다. 그래서 우리는 부엌에 앉아 양식을 달라고 기도했다. 그런데 기도를 마치는 그 순간 전화벨이 울렸다. 페인트칠을 원하는 손님이었다. 그녀는 다음날 일해 줄 수 있느냐고 물었고 다음날 나는 이것이 기도 응답이라는 말과 함께 그녀에게 선불까지 요청했다. 너무 영적으로 나갈 필요가 없다.

그렇게 즉시 기도에 응답하신 하나님께 어찌나 감동했던지 나는 잠자리에 들면서 더 큰 것을 구했다.

"하나님, 저를 변화시켜 주십시오."

그때 나는 그리스도인으로서의 확신이 없었다. 아니, 적어도 기독교가 나의 삶에 통하지 않고 있었던 것만은 분명하다. 나는 지적인 회의들로 씨름했다. 성경이 진부하게 느껴졌다. 침체기가 아니라 내 인생 전체가 늘 그런 식이었다. 그런데 이튿날 아침 잠에서 깼을 때 내 마음에 노래가 있고 말씀을 향한 갈급함이 있었다. 그 뒤로 그 갈급함이 떠난 적이 없다. 하나님이 나를 변화시켜 주신 것이다.

일용할 양식의 필요는 참된 양식에 대한 더 깊은 내면의 필요로 이어질 때가 많다. 예수께서 5천 명을 먹이신 다음 날, 무리는 아침식사를 바라며 가버나움 호반에서 그분을 만났다. 예수님은 그들에게 주실 더 좋은 양식이 있다고 말씀하셨다.

"하나님의 떡은 하늘에서 내려 세상에 생명을 주는 것이니라"요 6:33.

우리가 혹시 구하지 않고 있는 다른 일용할 양식들은 무엇일까? 일용할 양식의 필요성은 어떻게 우리에게 하늘에서 오는 양식의 필요성을 알려 줄 수 있을까?

물질적인 것을 구하면 이기적인가?

이미 보았듯이, 우리는 잠옷 같이 일상적인 것들을 구하기를 싫어한다. 하지만 하나님께 구할 생각조차 하지 않는 전혀 다른 부류들이 있다. 특히 물질적인 것들이 그렇다. 예컨대, 우리는 이런 기도를 주저한다. "하나님, 별장을 갖고 싶습니다. 하나 주시겠습니까?" 이기적인 행동은 마다하지 않으면서도 이기적인 말은 왠지 창피하게 느껴진다. 더 이상 우리는 어린 아이가 아니지 않은가. 별장은 일용할 양식의 범위를 한참 벗어나므로 하나님께 별장을 구하는 것이 뻔뻔스럽게 느껴진다.

그래서 우리는 별장을 하나님께 구하는 대신 어떻게 하는가? 자신의 재정 상태를 살펴보고 부동산 중개사와 상의한다. 그리고 가서 구매한다. 내내 이 결정에 관한 진지한 기도 없이 말이다. 오해하지 말라. 별장을 사는 것 자체가 죄라는 말이 아니다. 하나님은 자녀들에게 좋은 선물들을 주시기를 기뻐하시며, 거기에는 별장도 포함된다. 하지만 하나님은 우리가 내리는 모든 결정에 동참하기 원하신다. 그분은 물질적인 필요가 우리를 영적인 필요로 이끌어 가기를 원하신다. 거한다는 것이 그런 뜻이다. 삶의 모든 부분을 그분과 함께 해나간다는 뜻이다.

일상기도란 거한다는 말로 완벽하게 표현된다. 예컨대, 별장 구입을 생각 중인 그리스도인들은 하나님께 이런 실제적인 질문의 기도까지는 혹시 할 수 있다.

"우리가 그럴 형편이 되나요?"

"일이 너무 많아지지 않을까요?"

"이 집에 주문을 넣을까요?"

좋은 질문들이다. 하지만 우리는 하나님께 다음과 같은 내면의 질문은 거의 하지 않는다.

"별장이 있으면 우리가 남들보다 높아지지 않을까요?"

"우리만 고립되지 않을까요?"

첫 번째 부류의 질문에서는 하나님이 당신의 재정 상담자다. 두 번째 질문들에서는 그분이 당신의 주主가 되셨다. 당신은 거하고 있다. 당신의 영혼에 영원한 양식을 먹이고 있는 것이다.

승진에 대해서도 똑같이 할 수 있다. 승진하게 해달라는 기도는 이기적으로 느껴지기에 우리는 대신 혼자서 승진에 힘쓴다! 자존심을 지키려다가 결국 내 삶의 큰 부분을 하나님과 분리시키는 것이다. 즉 앞서 보았듯이, 우리는 두 개의 자아를 만들어낸다. 영적인 자아와 물질적인 자아다.

우리가 이런 기도를 꺼리는 이유는 또 있다. 그렇게 기도하면 하나님이 내 삶을 다스리셔야 하기 때문이다. 그런 기도는 나를 약하게 만드는 것 같다. 가버나움의 군중처럼 우리도 영혼의 양식이 아니라 아침식사를 원한다. 솔직한 마음 같아서는 하나님이 인격이 아니라 요정이었으면 좋겠다. 그러나 학자들은 예수께서 언급하신 나라kingdom가 내심 그분 자신을 왕으로 소개하는 방식이라고 지적한다. "나라가 임하시오며"라고 주기도문의 첫 번째 간구를 아뢸 때 우리는 "왕이신 예수님, 제 삶을 다스려 주소서"라고 말하는 것이다. 인간의 마음은 하나님의 가장 큰 선교지 가운데 하나다.

그러나 어이없게도 우리는 기도를 이용해서 오히려 하나님께 거리를 둘 때도 있다. 하나님께는 말할 수 있는데 주변의 성숙한 그리스도인들에게는 말하지 못하는 경우는 없는가? 예를 들면 내 불순한 생각들을 성숙한 친구에게 고백하는 것과 하나님께 고백하는 것 중에 어느 쪽이 더 쉬울까? 친구에게 하기가 더 어려울 것이다. 그것은 친구는 진짜이고 하나님은 가짜처럼 느껴지기 때문일 수도 있다. 우리는 하나님께 드리는 그 질문들을 그리스도의 몸인 교회, 즉 성숙한 그리스도인들에게도 물어봐야 한다. 교회는 이 땅에 계시는 예수님의 물리적인 임재이기 때문이다.

그런데 다른 그리스도인들을 개입시키지 않고, 기도를 예수님의 통치와 분리시키면, 결국 우리는 자기 뜻대로 하게 된다. 많은 그리스도인들이 자신의 결정 과정을 그리스도의 몸 된 교회와 분리시킨다. 그래서 별장을 사더라도 그 안에서 더 고립된다. 그들은 이런 식으로 말한다.

"남편과 제가 이 문제로 계속 기도했는데 주님께서 확답을 주신 것 같아요."

물론 하나님이 확답을 주셨을 수도 있다. 하지만 당신이 기도를

'내 욕심을 채우는' 영적 가리개로 이용했을 수도 있다. 우리는 자신의 욕망을 스스로에게도 능히 가릴 수 있다.

다음은 성숙한 친구와의 가상 대화다. 성경과 경청하는 마음이 어떻게 맞물려 있는지 보라.

> 브라이언, 아내와 나는 정말 별장을 사고 싶네. 우리 부부가 얼마나 많은 스트레스를 받으며 사는지 알지 않나. 때때로 조용한 곳에 가서 쉴 수 있는 공간이 있다면 참 좋겠다는 생각이 들어. 저쪽 호숫가에 온 가족이 좋아할 만한 멋진 별장이 하나 나와서 깊이 생각하게 되었네. 하지만 우리는 이 일이 우리 욕심은 아닌지 염려가 되더군. 예수님께서 더 크고 좋은 곳간을 짓는 걸 조심하라고 하셨잖나! 이것이 혹시 더 크고 좋은 곳간은 아닐까? 별장을 사면 우리가 남들보다 교만해지지는 않을까? 사람들을 외면하지는 않을까? 이것이 우리가 재정을 지혜롭게 쓰는 일일까? 남에게 베풀 수 있는 부분을 줄이는 것은 아닐까? 여러 고민을 하게 된다네. 우리는 이 별장을 사게 된다면 필요로 하는 사람들에게 별장을 휴가지로 내줄 수 있다는 생각도 하고 있네. 자네 생각을 듣고 싶네.

이런 질문을 하면서 친구에게 실제 결정에 필요한 데이터를 충분히 주라. 비용이 얼마나 들지, 당신의 수입이 얼마인지, 이 일이 당신의 헌금과 통장에 어떤 영향을 미칠지 등 솔직하게 나누라.

우리가 성숙한 친구에게 이런 질문을 하지 않는 한 가지 이유에는 서구 개인주의가 있다. 개인주의는 유대-기독교 유산으로 거슬러 올라가, 시편 23편과 나를 향한 하나님의 자상한 돌보심에까지 이른다. 선한 목자께서 나를 사랑하실 때 나는 존엄성과 가치를 얻는다. 한 개인으로서 중요성을 얻는 것이다. 그런데 현대 세속주의는 시편 23편에서 목자는 쏙 배고, 내 존엄성과 가치를 스스로 만들어내려는 나만 남겨 놓았다. 내 돈이다. 내가 벌었다. 내가 휴식이 필요하다. 그래서 별장을 구입하는 나의 결정에 하나님이나 다른 사람을 개입시킬 생각조차 하지 못한다.

하나님께 조언 구하기

조언이 필요할 때 우리는 지혜로운 사람을 찾아가 묻고 답을 듣는다. 그런데 하나님께는 그렇게 할 생각이 거의 나지 않는다. 우선 우리는 하나님이 어떤 식으로 답하시는지 모른다. 귀에 들리는 소리가 없다. 그래서 하나님이 내 삶 속에 말씀하실 수 있는 가능성을 배제한다. 사실상 이렇게 말하는 것이다.

> 아버지, 앞으로 2년간의 계획을 어떻게 써야 할지 알려 주세요.
> 어떻게 해야 할지 모르겠습니다.
> 먼저 교재부터 쓰고 책으로 넘어가야 할 것 같긴 한데요.
>
> 일단 총 40과로 시작할까요?
> 어떻게 시간을 집중할까요?
> 시작을 하긴 해야 하나요?
>
> 책=집, 좋긴 하지만 텐트 안에서도 살 수 있다.

"이번 일이 어떻게 될지 내가 미리 알아야 한다. 내가 통제하고 있어야 한다."

그러나 우리는 삶의 대부분이 자신의 통제권 밖에 있음을 망각한다. 대체로 인간사란 어찌될지 미리 알 수 없는 법이다. 곧잘 잊어버리지만, 우리는 육체를 입은 영이며 본래 하나님에게 듣도록 되어 있는 존재다.

우리는 자신도 모르게 무한하신 하나님이 인격적으로 내 삶 속에 말씀하실 수 있음을 부인하는 계몽주의 사고방식으로 살아가고 있다. 그래서 나는 더 흔한 **인도**라는 말보다 **지혜**라는 성경 용어를 선호한다. 차를 운전하면서 하나님께 어느 길로 가야 할지 묻는 것이 인도라면 지혜는 더 풍부하고 더 인격적이다. 나는 계획에만 도움이 필요한 것이 아니라 질문 자체와 내 마음에서부터 도움이 필요하다.

우리는 하나님이 내 삶을 다스리셔야 하는 기도를 꺼린다.
그런 기도는 나를 약하게 만드는 것 같다.

다음은 내가 하나님께 지혜를 구한 예로, 1990년대 후반의 내 기도 일기의 한 페이지다기도 일기의 사용법에 대해서는 5부에서 살펴볼 것이다. 그때 나는 앞으로 2년간의 계획을 어떻게 짜야 할지 고민 중이었다. 신학교에 재학 중이었는데, 예수님에 관한 책과 성경공부 교재를 쓰는 일도 함께 하고 싶었다. 어느 것부터 써야 할지, 시도 자체를 해야 하는 건지 알 수가 없었다.

쓰는 도중에 이미 하나님이 지혜를 구하는 내 기도에 응답하기 시작하셨다. 질문들을 쓰는데 성경구절 하나가 떠올랐다.

"네 일을 밖에서 다스리며 너를 위하여 밭에서 준비하고 그 후에 네 집을 세울지니라"잠 24:27.

책을 쓰는 일이 집을 짓는 것과 같다는 생각이 들었다. 그래서 밑에 "책=집"이라고 썼다. 책은 집과 같다. 좋기는 하지만 꼭 필요한 것은 아니다. 언제라도 세를 살면 된다. 그래서 나는 책 쓰기를 연기했다. 그런데 1년 후에 신학교의 교수님이 나에게 개별학습 과목을 하게 해 주셨다. 예수님에 관한 책의 1~8장은 그때 쓴 것이다.

이 일기의 핵심은 연약함이다. 나는 하나님께 그저 조언을 구한 것이 아니다. 그랬다면 통제권이 내게 있었을 것이다. 나는 인생에서 앞으로의 2년을 맞이할 자원이 내게 없음을 통감했다. 나는 하나님께 동역자가 되어 달라고 한 것도 아니다. 나는 엎드려 구했다. 거하고 있었다. 이런 의존은 내 천성이 아니다. 몇 년 전에 아내가 "잘못은 많은데 반성을 모른다!"고 찍힌 티셔츠를 나에게 구해 주려고 한 일도 있었다.

기도 일기에 그런 질문을 쓰는 것 자체가 일종의 순복이었다. 나는 무제한의 자유와 자기표현을 추구하는 시대정신과 싸웠다. 대신 나의 창조주와 조화를 이루고 싶었다. 아인슈타인이 말했듯이, "인간이든 식물이든 우주진宇宙塵이든 우리는 다 보이지 않는 연주자가 멀리서 노래하는 신비로운 가락에 맞추어 춤을 춘다."[2] 나는 아버지의 음악에 보조를 맞추고 싶었다. 하늘에서 오는 참된 양식을 원했다.

하나님 나라 구하기

나라가 임하시오며

17

그동안 그리스도인들은 "나라가 임하시오며"를 이래저래 혼란스럽게 만들었고, 결국 예수님의 통치로부터 멀어지는 결과를 낳았다. 우리는 하나님 나라를 종교적인 것에 한정시키며 영적으로만 해석했다. 때로는 기독교 기관들과 동등시하기도 했다. 물론 거기에도 하나님 나라가 있지만, 그것은 그 나라의 한 표현일 뿐이다.

다음은 우리가 좀처럼 하지 않는 하나님 나라를 위한 기도의 일부다. 뒤에 좀 더 자세한 설명이 이어진다.

- 다른 사람들의 변화 – 너무 주제넘고 절망적이다
- 내 성품의 변화 – 너무 무섭다
- 문화에서 싫은 부분들의 변화 – 너무 불가능하다

다른 사람들의 변화_ 너무 주제넘고 절망적이다

우리는 고질적인 죄와 싸우는 사랑하는 사람들을 위하여 좀처럼 진지하고 사려 깊게 기도하지 않는다. 잠시 남편들 얘기를 좀 해야겠다. 대다수의 남편들이 아내를 위하여 사려 깊게 기도하지 않기 때문이다. 그들은 그저 투덜대거나 뒤로 물러난다. 기도하더라도 대개는 그냥 자신의 삶에 고통이 없기만을 바란다. 남자들은 돈을 벌거나 마당을 치우거나 아이들의 스포츠 활동을 돕는 일은 열심히 할지언정, 영원한 것을 위해 노력을 기울이거나 생각을 쏟는 경우는 많지 않다.

예를 들어, 자기 아내가 예수님을 더 닮게 해달라고 기도하는 남편은 거의 없다. 남편에게 비판적인 아내가 있다고 하자. 남편이 그 문제를 이야기하려고 하면 아내는 이렇게 받아칠 것이다.

"당신한테 문제가 많으니 내가 이렇게 비판적인 거 아니겠어?"

남편은 문제를 제기했다가 비판만 더 받은 꼴이다. 그래서 그는 조용히 마음의 문을 닫아버리고 더 이상 신경 쓰지 않는다. 아내는 원래 그런 사람이려니 하고, 텔레비전 채널이나 돌리며 자신의 삶을 사는 것이다.

자기도 모르게 남편은 아내가 진정으로 변화할 수 있으리라는 생각에 냉소적이 되었다. 어린 아이 같은 마음은 아득한 추억 같고 고지식해 보인다. 그는 뱀처럼 지혜롭기는 하지만 비둘기처럼 순결하지는 못하다. '바보들'에게 둘러싸인 그는 이제 그리스의 스토아 철학자들처럼 견뎌내는 수밖에 없다. 낮은 수준의 악이 그를 지치게 했다.

아내의 태도를 놓고 하나님께 기도하려고 하면 꼭 과거 자신의 상처를 들쑤시는 기분이 든다. 그런 말을 한다는 것만으로도 좌절감이 생기고 영적인 벽이라도 들이받는 것처럼 아주 절망감이 든다. 차라리 생각조차 하지 않는 편이 훨씬 쉬울 것 같다. 그런데 좌절감에다 죄책감까지 섞여든다. 아내의 말도 어느 정도 일리가 있으니 말이다. 어디서 아내의 죄가 끝나고 어디서 내 죄가 시작되는지 남편 자신도 묘연하다.

남편이 기도를 주저하는 이유는 또 있다. 주제넘게 아내를 통제하려고 해서는 안 된다는 말을 늘 들었기 때문이다. 하지만 기도의 핵심은 통제권을 당신이 아닌 하나님께로 넘기는 것이다. 더욱이 하늘 아버지는 우리 모두가 그분의 아들을 더 닮아가기를 원하시는 분이 아니던가.

'무엇이든지 구하기' 시작하면 그때부터 당신의 삶이 하나님의 임재로 빛나는 것을 보고 놀라게 될 것이다.

남편은 어디서부터 시작해야 할까? 어린 아이처럼 하나님께 자기가 원하는 것을 구해야 한다. 아내가 변화되었으면 하고 바라는 바를 기도 일기나 카드에 쓰고, 아내가 닮아가야 할 그리스도의 모습이 담긴 성경구절을 찾으면 도움이 될 것이다. 그러면 이제부터 그 구절을 가지고 날마다 아내를 위하여 기도할 수 있고, 또한 하나님께 나 자신의 마음속에도 역사해 주시기를 구할 수 있다.

이런 기도 제목은 20년의 모험이 될 것이다. 모험은 하나님께 이렇게 여쭙는 것으로 시작된다. "제게도 비판적인 마음이 있습니까? 아내의 비판적인 마음에 저도 비판적으로 맞섭니까?" 다른 사람들의 어떤 모습이 내 눈에 가장 거슬린다면 대체로 내게도 그 모습이 있는 것이다. 먼저 자기 눈의 들보를 뺌으로써마 7:1~5 참조 남편은 성령의 보이지 않는 에너지를 아내의 삶 속에 풀어놓는 것이다. 그렇게 하나님 나라가 임하기 시작한다.

또한 남편은 하나님이 아내의 비판을 사용하여 자신이 예수님을 더 닮아가게 하시도록 해드릴 수 있다. 아내의 말에 맞서 싸우는 대신 말이다. 내 안에도 있는 악을 하나님이 퇴치하시도록 하지 않고는 우리는 악과 싸울 수 없다. 세상은 너무도 서로 얽혀 있다.

하나님이 그렇게 일하신다는 것을 우리는 마음 깊은 곳에서 본능적으로 안다. 그래서 기도를 피하여 물러난다. 니느웨 성 밖에서 하나님의 자비에 대하여 불평하던 요나처럼 우리도 "하나님, 이러실 줄 알았습니다. 제가 아내를 위해서 기도하기 시작하자마자 하나님은 저를 바꾸기 시작하셨습니다"라고 말한다.

아내의 비판을 진지하게 받아들이면, 남편은 마치 자신이 정체성을 잃고 종속적이 되어 무조건 착해지려는 것처럼 느낄 수 있다. 하지만 아니다. 그는 다만 주님을 따르고 있는 것뿐이다. 주님은 "저녁 잡수시던 자리에서 일어나 겉옷을 벗고 수건을 가져다가 허리에 두르시고 이에 대야에 물을 떠서 제자들의 발을 씻으시고 그 두르신 수건으로 닦"아 주신 분이다요 13:4~5. 예수님의 사랑은 철저히 행동으로 나타난다. 우리의 사랑도 그렇게 행동으로 나타나야 한다.

남편은 아내에게 '놀아나는' 것이 아니라 예수님의 삶 속으로 들어가는 것이다. 자신이 복음화 되어가고 있지 않는다면, 그는 복음을 믿을 수 없다. 다시 말해서, 하나님이 당신을 사랑하신다는 것을 알았다면 당신도 사람들에게 그분의 사랑을 베풀어야 한다. 그렇지 않으면 하나님의 사랑은 맛을 잃는다. 아내에게 은혜를 베풂으로써 남편은 예수님의 삶 속으로 끌려들어간다. 즉 그리스도를 닮아가는 것이다.

남편은 또한 자신의 마음을 공백 상태로 남겨둘 수 없다. 자신의 비판적인 마음을 감사하는 마음으로 대체해야 한다. 가장 좋은 방법 중의 하나는 아내에 대한 감사 제목들을 카드나 기도 일기에 일일이 짤막하게 적는 것이다. 날마다 아내에 대한 것들을 구체적으로 하나님께 감사하면, 아내가 본래의 모습, 즉 선물로 보이기 시작한다.

언뜻 보기에 이것은 남편이 현실을 호도하는 것처럼 보인다. 삶이 부당하고 불공평하게 느껴진다. 비판적인 마음의 소유자는 아내가 아니던가. 그런데 남편이 힘들여 자신의 비판적 성향아내의 절반에도 못 미치는을 성찰할 뿐만 아니라 아내를 인하여 감사하는 연습까지 하고 있다. 남편의 버팀목이라고는 그 딱한 기도뿐인데 말이다.

그런데 감사하는 마음은 늘 은혜를 베푼다. 자기도 은혜를 받았기 때문이다. 사랑과 은혜는 본래 부당한 것이다. 하나님은 내가 마땅한 받아야 할 비판을 친아들에게 쏟으셨다. 그런 그분이 이제 당부하시기를, 내게 상처 준 사람에게 부당한 은혜를 쏟으라고 하신다. 은혜는 은혜를 낳는다. 이제 이 남편은 하나님의 마음속에 이르는 여정에 오른 것이다.

하나님의 삶에 들어온 것을 환영한다! 은혜의 삶은 본래 그런 느낌이다. 특히 처음에 그렇다. 그 딱한 기도가 우주의 권력 중추로 연결되고, 잘 견디는 남편은 하나님의 창조적 에너지에 놀라게 된다. 은혜가 이긴다.

아내를 위하여 꾸준히 기도하면 점점 더 아내를 한 인격체로 보게 된다. 베드로는 남편들에게 아내를 "더 연약한 그릇이요 또 생명의 은혜를 함께 이어받을 자로 알아 귀히 여기라 이는 너희 기도가 막히지 아니하게 하려 함이라"벧전 3:7라고 도전한다. 기도와 사랑은 서로 떼어 놓을 수 없다.

시간이 가면서 어떻게 되는지 보라. 남편이 자존심을 내려놓으면 성령께서 아내의 삶에 역사하실 여지가 만들어진다. 그때부터 하나님이 남편보다 훨씬 솜씨 좋게 이것저것 행하신다. 아무도 하나님처럼 가르치지는 못한다.

시간이 가면서 남편은 자신의 지혜와 용기가 자라고 있음을 알게 된다. 아내에게 부드럽게 솔직해질 수 있는 최선의 타이밍과 말투도 알게 된다. 싸움에 이기려 하던 그가 이제 아내의 친구가 되어 사랑하는 자로 변해간다. 하나님 나라가 임하고 있는 것이다!

내 성품의 변화_ 너무 무섭다

나는 어떻게 변해 가는가? 그리스도인이라면 누구나 하나님이 나의 변화를 위한 기도에 응답하시리라는 확신이 있다. 그런데 그것이 우리를 죽도록 무섭게 한다. 예를 들어 인내심을 달라고 기도하면 어떻게 될까? 하나님이 우리 삶에 고난을 허락하시지 않을까 두려워진다. 겸손하게 해달라고 기도하면 어떻게 될까? 하나님이 우리를 낮추신다. 내 삶의 통제권을 내가 갖고 싶기에 우리는 그런 기도가 무섭다. 하나님을 신뢰하지 않는 것이다.

우리가 자신의 변화를 위하여 기도하지 않는 이유는 또 있다. 나에게 변화가 필요하다는 것을 인정하고 싶지 않아서다. 이 기도가 얼마나 어려운지 보라. "주님, 오늘 아침에 짜증이 납니다. 온유해지도록 도와주세요." 이렇게 기도하려면 내 언짢은 기분을 스스로 인정하는 동안만이라도 짜증을 그쳐야 한다. 그런데 자신의 태도는 잘 보이지 않는 법이다. 문제가 있는 사람은 내가 아니라 다른 모든 바보들일 테니 말이다.

현대 심리학에 다분히 내재되어 있는 운명론도 우리를 무력하게 만든다. 감정 상태는 성역이기에 내 기분이 언짢다면 나는 얼마든지 그렇게 느끼고 그 감정을 표현할 권리가 있다. 주변 모든 사람들이 '참아내는' 수밖에 없다. 심리학에 따르면 감정의 억압은 바람직한 모습이 아니다. 그래서 화내지 않겠다는 기도는 마치 내가 나를 억압하는 것처럼 진실하지 못하게 느껴진다.

하루는 손녀 클레어가 아내에게 "할머니, 오늘 제 일진이 좋지 않은가봐요"라고 말했다. 아내도 클레어의 일진이 좋지 않다는 것을 알았지만, 손녀에게 부드럽게 말했다.

"클레어야, 어느 날이든 너는 예수님 때문에 다시 시작할 수 있단다."

현대 세계에서 그런 반응은 거의 이해받지 못한다. 감정을 발견한 현대인들은 이제 그 감정의 노예가 되어버렸다.

그러나 감정을 우상화하면 우리는 마음껏 나다워지는 것이 아니라 오히려 변덕쟁이 기분에 끌려 다니게 된다. 자아가 수없이 많아져 예수님의 표현대로 "바람에 흔들리는 갈대"마 11:7가 되는 것이다.

하지만 "너희가 내 이름으로 무엇을 구하든지 내가 행하리니"요 14:13라고 하신 예수님의 말씀을 진지하게 받아들이면, 진정한 변화와 희망의 가능성이 열린다. 이제 당신은 문화의 사조에 휩쓸리는 존재가 아니라, 우주의 왕과 함께 다스리도록 초대받은 존재가 된다. 하나님의 나라가 임하는 것이다.

문화에서 싫은 부분들의 변화_ 너무 불가능하다

문화에서 싫은 부분들에 대해서는 우리는 그냥 투덜대기만 한다. 문화 자체가 바뀌도록 기도해야겠다는 생각은 거의 하지 않는다. 2000년에 나는 악을 인식하지 못하는 우리 문화가 마음에 걸렸다. 세속주의는 영적인 세계의 존재를 부인하며 악을 사회적 구성물, 상상의 산물 정도로 여긴다. 나는 그것이 거슬렸다. 그래서 "미국인들이 악을 더 인식하게 되도록"이라고 간단한 기도 제목을 적었다. 1년이 지나 9.11 사태 후에 미국인들은 다시 악에 대하여 말하기 시작했다.

아들 존에게 그 얘기를 했더니 존은 억지 웃음을 띠며 약간 느리고 약간 크게 말했다.

"그러니까 9.11이 아빠 때문이라고요?"

물론 존은 내가 세상 일에 영향을 미쳤다는 허세가 조금이라도 있을까 봐 놀린 것이다나를 늘 겸손하게 만드는 것이 우리 식구들의 평생 사명이다.

나는 기도를 이해하지 못한다. 기도는 아주 개인적이고 매우 신비롭다. 어른들은 인과관계를 알아내려 하지만 아이들은 그렇지 않다. 그냥 구한다.

천천히 삶을 되돌아보면, 지금까지 당신의 삶에 기도 없이 살아왔던 많은 부분들이 보이기 시작할 것이다.

완전히 순복하라

뜻이 이루어지이다

18

에밀리가 모뎀이 안 된다며 나를 불렀다고속 데이터 통신망이 나오기 전이었다. 고등학교 1학년이던 딸이 인터넷을 써야 했는데 모뎀이 작동하지 않은 것이다. 얼른 살펴보니 모뎀 소프트웨어를 다시 깔아야 할 상황이었다. 다행히 컴퓨터를 구입할 때 함께 받았던 델Dell사의 원본 디스크가 있었다. 그런데 디스크 상자를 꺼냈는데 디스크가 보이지 않았다. 없어진 것이다.

나는 금방 피가 설설 끓었다. 아들이 디스크를 쓰고 넣어두지 않은 게 뻔했다. 나는 위층에 대고 소리쳤다. "앤드류, 당장 내려와 봐!" 위층 화장실에 있던 앤드류가 거실로 내려왔다. 나의 퉁명스런 말투에 짜증이 난 표정이었지만 그냥 무시했다. 물건을 간수할 줄 모르는 아들에게 있는 대로 화가 났다. 너무 이기적이지 않은가.

앤드류는 주변을 샅샅이 뒤져 디스크를 찾아놓고 위층으로 올라갔다. 둘 사이에 긴장이 느껴지면서, 내가 너무 심했나 하는 생각이 들었다. 대개 회개는 의문과 약간의 불편함으로 시작된다. "아들이 … 아무 것도 스스로 할 수 없나니"요 5:19라고 하신 예수님과 달리 나는 스스로 반응했다. 내 아들을 대하는 방식에 하나님의 도움을 구하지 않았다. 아들이 사용하고 돌려놓지 않았음을 알았고 그것으로 끝이었다. 아집 때문에 기도의 영이 닫혀버렸다.

우리는 자신의 의지뜻가 얼마나 강한지 깨닫기 전에는 "뜻이 … 이루어지이다"마 6:10라는 주기도문의 두 번째 간구를 이해할 수 없다. 나는 그 일 자체를 위해서도 기도하지 않았을 뿐 아니라 앤드류의 문제에 대해서도 기도하지 않았다. 앤드류가 물건을 잘 간수하도록 기도해야겠다는 생각을 한 적이 없었다. 해답이 분명했기 때문이다. 즉 "앤드류, 제자리에 잘 넣어둬!" 하면 그만이었다. 거기에 대해서 일말의 도덕적 모호성도 없었다.

그래서 나도 앤드류와 똑같이 한 것이다. 생각 없이 디스크를 아무데나 넣어 둔 것처럼 나도 생각 없이 홧김에 당장 내려오라고 강요한 것이다. 앤드류도 이기적이었지만 나도 이기적이었다.

아집의 중심에는 세상을 내 형상대로 만드는 내가 있고,
기도의 중심에는 나를 예수님의 형상대로 빚으시는 하나님이 계신다.

죄는 복잡하다. 우리는 결코 지혜와 정의를 베푸는 소극적인 관찰자가 아니다. 우리도 문제의 일부다. 이번 일만 하더라도 내가 내놓은 해답이 문제를 더 악화시켰다. 그래서 우리는 아무 것도 스스로 할 수 없는 것이다.

하늘 아버지와 상관없이 나 스스로 행동했기에 모든 일을 내 말만 가지고 해결해야 했다. 내가 하나님께 앤드류의 마음속에서 일하시도록 구하지 않았기에 아들의 무책임을 다루는 일이 내 소관으로 느껴졌고, 그것이 나를 더 격하게 만들었다.

이번에는 내가 예수님을 닮아 하늘 아버지께 의존하여 지혜와 은혜와 용기아들을 대하는 법을 아는 지혜, 그 일을 강압적이지 않게 하는 은혜, 실제로 해내는 용기를 얻었다고 상상해 보자. 디스크 상자를 꺼냈는데 디스크가 없다. 앤드류에게 내려오라고 소리치는 대신 잠깐 멈추어 이렇게 기도한다.

"주님, 앤드류가 그랬나 봅니다. 정말 짜증납니다. 앤드류한테 강압적이지 않게 물어보도록 도와주세요. 제가 비판에 얼마나 빠른지 주님도 아십니다."

그러고 나서 위층에 대고 외친다.

"앤드류, 모뎀을 고쳐야 되는데 에밀리하고 아빠가 디스크를 못 찾겠구나. 네가 좀 내려와서 도와줄래? 지금 에밀리가 인터넷을 써야 되거든."

그리고는 에밀리와 함께 컴퓨터 옆에서 기다린다. 그러려면 에밀리가 오빠를 기다리면서 점점 더 화를 내는 소리를 들어야 할지도 모른다. 거기 앉아 기다리는 동안 속으로 에밀리를 위하여 기도할 수 있다. 앤드류를 위하여 기도할 수도 있고 기다릴 은혜를 달라고 기도할 수도 있다. 내 마음은 안절부절못하여 나서고 싶겠지만, 하나님이 주신 내 자리차가 밀리는 도로든, 식품점 계산대든, 징징대는 아이 옆이든를 받아들이면 내 영혼에 하나님께로 작은 문이 열린다.

결국 아들이 내려와 디스크를 찾아내서 컴퓨터를 고치는 동안 기다렸다가 고맙다고 한 뒤 이렇게 물어 볼 수 있다.

"이 디스크에 관해서 아빠랑 잠시 얘기 좀 할까?"

아들이 시간이 없다고 하면

"그럼 이따가 밤에는 괜찮겠니?"라고 물을 수 있다.

결국 둘이 만나면 아들이 이렇게 말할지 모른다.

"아빠, 무슨 말씀 하시려는지 알아요."

아들의 말을 들어 준 뒤에 몇 가지 질문으로 빠진 부분들을 채운다.

"디스크를 제자리에 넣어두는 걸 잊어버렸니? 이전에도 그런 일이 있었지? 물건을 제자리에 두지 않는 버릇 때문에 에밀리와 아빠가 화가 많이 났단다. 이기적인 행동이라는 걸 알겠지?"

나의 아집을 버리고 온유하게 대화를 풀어가는 것이 중요하다. 물론 이것은 가상의 상황이다. 나는 그렇게 했어야 했다. 현실 상황에서는 막무가내로 화를 낸 것에 대해 아들에게 사과했다!

내 아집을 인식하고 있었다면 기도와 거함의 문이 열렸을 것이다. 내 삶의 가장 큰 씨름은 하나님의 뜻을 분별하는 일이 아니라 내 뜻을 분별한 다음에 그것을 버리는 일이다. 일단 그것만 보이면 기도가 술술 풀린다. 더 이상 내 소관이 아니니 기도할 수밖에 없다! 나는 삶 전체를 선물로 보거나, 아니면 삶이 어떠어떠해야 한다고 억지를 부리거나 둘 중에 하나다.

우리의 아집을 인식하기

마태복음 5~7장에 나오는 예수님의 산상수훈은 우리의 아집을 인식하고 하나님께 통제권을 내드리기 위한 청사진이다. 예수님은 우리에게 하늘 아버지의 자녀가 된다는 것이 무슨 뜻인지 가르쳐 주신다. 산상수훈을 이해하려면 당신의 삶을 돈, 섹스, 권력, 명예 등의 많은 문이 열려 있는 방으로 생각해 보라.

우선 예수님은 당신의 삶을 지나가시면서 인간의 권력과 영광으로 난 문들을 모두 닫겠다고 말씀하신다. 팔복에서 그분은 "온유한 자는 복이 있나니 그들이 땅을 기업으로 받을 것임이요"마 5:5라고 말씀하신다. 바꾸어 말하면 이렇다. "사람들과의 관계에서 권력을 버리라. 그러면 내가 너에게 인생을 살아가는 전혀 다른 길을 보여 주겠다. 종속적이 되어 네 모습이 감추어지는 것을 두려워하지 말라. 내가 너를 돌보아줄 것이다."

나머지 5장에서 예수님은 문을 하나씩 차례로 닫으신다. 원수가 잘되게 해 주고, 당신을 욕하는 사람들의 필요를 생각해 주라고 하신다마 5:43~47. 누가 당신에게 화가 난 것 같으면 그 사람이 찾아오기를 기다리지 말고, 설령 당신 잘못이 아니더라도 먼저 찾아가라고 하신다마 5:23~24. 예수님은 멀리서 하는 정서적 복수까지 포함하여 복수의 문을 닫으신다마 5:38~42. 뭔가를 팔 때는 맹세하거나 주지도 못할 것을 약속하여 사람들에게 힘을 행사하려 하지 말라마 5:33~37. 당신의 눈이 여자를 엉큼한 목적으로 보거든 눈을 빼어 내버리라는 말씀으로 은밀한 성적 쾌락의 삶에 문을 닫으신다마 5:27~30. 이렇듯 5장의 예수님 말씀대로 살면 점차 자신이 영적인 사람으로 느껴질 것이다.

6장에서는 영적으로 보이고 싶은 마음을 다루신다. 기도를 이용해서 좋은 인상을 풍기지 않도록 기도 생활을 숨기라 하신다. 기도하려면 은밀히 하라마 6:5~8. 금식하려면 아닌 척하라마 6:16~18. 구제하려면 아무에게도 말하지 말라마 6:1~4. 영성을 권력과 영광을 얻는 수단으로 이용하지 말라. 예수님은 당신의 의義로 당신 자신의 정체성을 얻으려는 그 문을 닫으신다.

이어 예수님은 돈에서 안전을 얻는 그 문을 닫으시고 대신 당신의 돈을 내 주라고 하신다마 6:19~24. 돈의 안전을 잃은 당신은 겁에 질려 말한다.

"그럼 누가 저를 돌봐 줍니까?" 예수께서 말씀하신다.

"내가 돌봐 줄 것이다. 들의 백합화를 보라. 먼저 내 아버지의 나라를 구하라."

그래서 당신은 돈뿐만 아니라 돈에 대한 염려도 내려놓아야 한다마 6:25~34. 인간의 권력과 영광으로 난 문이 두 개가 더 닫혔다.

7장에 들어가면 세상이 새롭게 보인다. 그동안 당신은 하나님을 중심에 두는 법을 배웠다. 그런데 사방 어디서나 사람들은 부질없는 것들에 사로잡혀 있다. 그래서 예수님은 당신의 어깨를 툭툭 치며 말씀하신다. “비판을 그쳐라. 남의 죄가 보이거든 상대방을 고쳐줄 게 아니라, 오히려 그것을 계기로 네 눈의 들보부터 찾아 너 자신을 낮추라.” 예수님은 남의 문제를 짚어내는 당신의 통찰력을 영적인 망치로 쓸 것이 아니라 오히려 그 통찰력으로 당신부터 깊이 회개하기를 원하신다마 7:1~5. 아! 나는 어떻게 살아야 할 것인가?

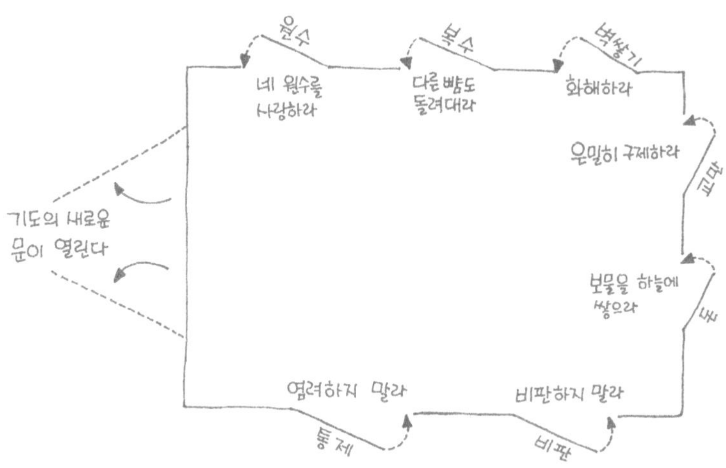

당신의 문들을 모두 닫으신 예수님은 기도의 문을 여시며 자신의 일 처리 방식을 일러 주신다마 7:7. 예수님은 아버지께 도움을 구한다. 아버지와 대화하시고, 아버지께 자신이 원하시는 것을 아뢰신다. 기도는 굴복된 의지의 긍정적 측면이다. 당신 뜻대로 하기를 그만두고 하나님을 기다리면, 하나님의 생각 속에 들어가게 된다. 그분 안에 남아 … 거하게 된다. 이것이 기도하는 삶이다.

통제권을 하나님께 드려라

아집을 인식하는 것이 기도의 문임을 보여 주는 예를 하나 더 살펴보자. 수의 남편 조는 매주 화요일에 쓰레기를 내놓는다. 그것이 그의 일이다. 그런데 지난주에 이어 이번 주에도 그 일을 잊어버렸다. 평소에 잘 하는 남편이지만, 그래도 수는 이렇게 말한다.

"여보, 쓰레기 내놓는 걸 잊어버렸네요, 또~!"

힘주어 말하는 '또' 라는 단어에 적잖이 짜증이 묻어 있다.

그 짜증의 배후는 무엇일까? 왜 수는 "또"라는 말에 역정을 섞어야 했을까? 자기가 쓰레기를 내놓는 일이 번거로워서 그렇다. 그러다가 수는 직장에 늦은 적도 있었다. "또"라고 말하지 않으면 남편은 계속 잊어버릴 것이다. 그것이 습관이 되고 있음을 남편이 모르면, 쓰레기 내놓는 일은 평생 수의 몫이 될 것이다.

수의 배후 가정을 잘 살펴보라. "모두 나에게 달려 있다. 내가 아니면 아무도 말해 주지 않는다." 수의 사고에 하나님이 빠져 있다. 따라서 수는 남편의 귀에 그 말을 들려 주는 것이 자기 소관이라고 믿는다. 남편이 듣지 않는다면 자기가 그 건망증의 피해자가 될까봐 두려운 것이다.

수는 '또' 라는 단어로 남편을 통제하려 한다. 반대로 예수님은 "내가 내 자의로 말한 것이 아니요 나를 보내신 아버지께서 내가 말할 것과 이를 것을 친히 명령하여 주셨으니"요 12:49라고 말씀하신다. 수는 자신의 말로 자신의 뜻을 행한다. 자기가 화요일마다 끝없이 쓰레기를 내놓을 수도 있다는 가능성을 받아들이지 않는다. 그것은 용납할 수 없는 일이다.

수의 삶은 자기 소관이다. 그녀는 자기 나라에 고통을 없애기로 작정했다. 기도를 한다 해도, 그것은 수의 통제의 무기고에 있는 또 하나의 무기일 뿐이다. 하나님은 필시 그녀를 실망시키실 것이고, 결국 그녀는 남편과 하나님을 싸잡아 원망할 것이다. 역설적이지만, 대개 아집은 자멸을 부르는 예언이 된다. 싫은 소리를 들은 남편은 뒤로 뺄 것이다. 이제 조는 쓰레기 내놓는 일을 그만둘 뿐만 아니라 마음까지 닫아버린다.

아집과 기도는 둘 다 일을 처리하는 방식이다. 아집의 중심에는 세상을 내 형상대로 만드는 내가 있고, 기도의 중심에는 나를 예수님의 형상대로 빚으시는 하나님이 계신다.

수는 하나님이 자기에게 평생 쓰레기 내놓는 일을 원하실 수도 있다는 생각을 결코 하지 않는다. 그것은 자신이 남편에게 이용당한다는 뜻이기 때문이다. 하지만 예수님은 지금도 끊임없이 교회의 쓰레기를 내놓고 계시지 않은가? 이런 행동은 원수를 사랑하는 또 다른 방식이 아니겠는가?

만일 수가 아집을 버린다면 어떻게 될까? 자신도 모른다. 하나님은 남편 조의 삶에 어떻게 개입하실까? 그분은 또 수의 삶에는 무슨 일을 하시기 원하실까? 수는 자기 눈에서 어떤 들보들을 보게 될까? 남편을 용서하는 것은 통제권을 내어드린다는 뜻이다.

아집을 버린다면 수는 이삭을 데리고 모리아 산으로 올라가던 아브라함에게 합류하는 것이다. 동굴 속에서 사울이 코앞에 있는데도 칼을 내려놓던 다윗에게 합류하는 것이다. 이제 수는 거하고 있다. 삶의 이야기에서 통제권을 내려놓은 것이다.

내 인생에서 유난히 힘들었던 시절에 나는 하나님이 나의 요새시라는 말이 하나님이 내게 요새를 주신다는 뜻이 아님을 깨달았던 적이 있다. 그 말은 그분이 곧 나의 요새시라는 뜻이다시 62:2 참조. 하나님이 아니면 나는 완전히 혼자다. 나는 그게 썩 달갑지 않았었다.

수가 아집에서 기도의 교제로 넘어가면, 그것은 마치 공중에서 뛰어내리는 것처럼 무섭게 느껴질 것이다. 하지만 사실은 자신의 아집이라는 불안정한 기초를 떠나 하나님의 안정 속으로 들어가는 것이다. "나라가 임하시오며 뜻이 이루어지이다"라는 기도를 삶으로 실천하는 것이다. 자신의 이야기를 만들려던 수가 이제는 하나님이 쓰시는 이야기로 만족하게 되는 것이다.

남편의 건망증이 습관이 된다면 그녀는 더 깊은 기도의 교제 속으로 끌려들어갈 것이다. 조의 삶에서 쓰레기는 아마 빙산의 일각일 것이다. 남편에게는 아집, 게으름, 명백한 이기심 같은 문제가 있을 수 있다. 그녀는 남편에게 하는 말을 줄이고 하나님께 더 많이 이야기할 것이다. 또한 자신의 삶에서도 남편과 똑같이 하는 부분들은 혹시 없을까 고민하며 자신의 마음도 살펴볼 것이다. 결국 쓰레기통 저편에서 수는 예수님을 만나게 될 것이다.

자기 내면의 고집쟁이를 인식하지 않는 한 우리는 제대로 기도할 수 없다. 내 아집을 보면 그제야 문이 열려 매사에 모든 일을 하나님을 통하여 처리하게 된다. "내 방식대로 했다"던 프랭크 시나트라의 노래를 부르는 것이 아니라 하나님의 이야기 속으로 들어가 그분의 방식대로 하시는 그분을 지켜보게 된다. 그분처럼 일하는 사람은 아무도 없다.

4부

하나님의 계획을 발견하라

A Praying Life

하나님이 엮으시는 이야기

19

1987년에 에밀리가 태어나자 차가 심각하게 비좁아졌다. 이미 다섯 아이만으로도 소형 셰비 스테이션왜건이 턱없이 좁아 아들 둘은 뒷좌석에 안전벨트 없이 끼여 앉아야 했다. 도심 생활 10년 후에 나는 고전하는 어느 해외 선교회의 부총무가 되어 있었고, 돈이 빠듯했기에 대출을 받아 85년산 중고 닷지 미니밴을 구입했다. 그래도 아이 여섯에 어른 둘이니 한 좌석이 모자랐는데, 다행히 앤드류세 살와 킴여섯 살이 작아서 안전벨트 하나로 둘을 함께 맬 수 있었다.

에밀리는 인생 첫 해의 대부분을 안전벨트에 묶여서 지냈다. 아내가 킴을 언어 치료, 물리 치료, 각종 전문의에게 데리고 다니느라 거의 차 안에서 살다시피 했던 것이다. 바구니에 기른 인디언 아기들처럼 에밀리의 뒤통수가 납작해지지 않을까 걱정될 정도였다!

몇 년 후에 변속기가 고장 나서 미니밴을 정비소에 팔 때까지만 해도 우리는 에밀리가 그 차에 얼마나 애착을 가지고 있었는지 몰랐다. 우리는 더 낡은 스테이션왜건을 구했다. 에밀리당시 여섯 살가 이전의 닷지 미니밴을 아쉬워한 적이 하도 많아 염려가 되기 시작했다. 에밀리는 차나 물질에 대한 애착이 특히 강했다. 몇 년 후부터 나는 다음과 같은 가로 5인치 세로 3인치의 카드를 이용하여 에밀리가 "이 세상이나 세상에 있는 것들을 사랑하지 말게" 해달라고 거의 날마다 아이를 위하여 기도했다.

> 에밀리
>
> 요한일서 4:18 "사랑 안에 두려움이 없고 온전한 사랑이 두려움을 내쫓나니."
>
> 요한일서 2:15-16 "이 세상이나 세상에 있는 것들을 사랑하지 말라 누구든지 세상을 사랑하면 아버지의 사랑이 그 안에 있지 아니하니 이는 세상에 있는 모든 것이 육신의 정욕과 안목의 정욕과 이생의 자랑이니 다 아버지께로부터 온 것이 아니요 세상으로부터 온 것이라"

물질을 사랑하는 것이 에밀리의 삶에 대단히 큰 죄는 아니었다. 그저 마음이 약간 그쪽으로 기운 것뿐이었다. 그러나 배의 항로가 몇 도만 어긋나도 처음에는 눈에 띄지 않지만 시간이 지나면 엄청난 거리가 된다. 나는 한 심령이 그렇게 멀리 빗나가지 못하도록 예방의 기도를 한 것이다. 아이의 마음속에 내가 들어앉을 수 없었기에 어린 에밀리를 위하여 그렇게 기도했던 것이다.

기도는 우리를 빚는다

하나님은 단순히 내 기도에 응답하시는 것보다 더 큰 일을 하시기 원하신다. 기도는 하나님을 내 삶 속에 끌어들이며, 기도하는 당사자인 나를 미묘한 방식들로 차츰 변화시킨다.

에밀리를 위하여 기도하면서 맨 먼저 눈에 띈 것 중의 하나는 내가 점점 더 그 아이를 한 인격체로 보게 되었다는 것이다. 아울러 당장 말로 아이를 고쳐 주려던 내 기질도 힘을 잃었다. 아이의 마음이 빗나갈 가능성에 대해서 하늘 아버지께 말하고 있었기에, 나는 죄 앞에서도 마음이 느긋할 수 있었다. 기도가 나를 부드럽게 해 주었다.

에밀리의 기질에 대해 꾸준하고 사려 깊게 했던 기도는 그 후 아내와 내가 구입한 차들에도 영향을 미쳤다. 2003년에 93년산 닛산 맥시마의 주행거리가 26만 킬로미터에 육박하면서 변속기가 고장 났다. 이번에도 정비소에 차를 팔았다. 그러나 그때는 큰 아이들 셋이 집을 떠난 뒤라서 전만큼 쪼들리지 않았다. 사상 최초로 새 차를 살까 싶어 혼다 전시장으로 갔다. 아내는 혼다 시빅을 좋아했고 나는 혼다 CRV가 마음에 들었다. 저녁을 먹으며 그 일을 의논하는데, 에밀리당시 15세가 새 차 생각에 희색이 만면했다. 친구들 앞에서 조금이나마 자신의 주가가 올라가게 된 것이다. 아내와 나는 눈짓만 주고받고서 식사 후에 생각을 나누었다.

에밀리가 다니던 학교에는 유복한 아이들이 많았고, 부유해 보이려는 중압감이 그 아이에게 서서히 큰 타격을 입히고 있었다. 새 차를 타고 가면 아이의 사회적 위신이 높아질 것이다. 우리는 아이의 삶에 잘못된 정체감을 부추기고 싶지 않았고, 신차 구입 융자도 피하고 싶었다. 그래서 96년산 도요타 아발론을 샀다. 아내와 큰 아이들이 대번 '노인네 차'라는 별명을 붙였다. 나는 에밀리가 이 세상이나 세상에 있는 것들을 사랑하지 않게 해달라고 계속 기도했다.

자식의 마음을 내가 바꿀 수 없음을 절감하기 전에는 우리는 기도를 진지하게 대하지 않는다.

에밀리를 향한 사랑이 우리 부부의 기도 내용에 영향을 미쳤고, 그 기도는 다시 에밀리를 사랑하는 방식에 영향을 미쳤다. 우리의 기도는 하나님이 그 아이와 우리의 삶 속에 계획하고 계신 더 큰 이야기와 동떨어져 있는 것이 아니었다. 기도는 우리를 늘 깨어있게 해 주었고, 우리의 결정에 영향을 미쳤다.

아발론을 구입한 지 1년 후에 에밀리는 여름철에 맥도널드에서 일해서 1천 달러를 모았다. 그 돈으로 언니의 90년산 도요타 코롤라를 살 생각이었다. 하지만 차를 사려면 언니 부부가 겨울이 되어 방글라데시로 떠날 때까지 기다려야 했다. 그런데 가을 동안 에밀리의 사교 활동이 재정에 타격을 입혀 크리스마스 즈음에는 5백 달러밖에 남지 않았다. 에밀리는 우리를 찾아와 '몇 달 내로' 갚겠다며 무이자로 돈을 빌려달라고 했다. 하지만 우리 집의 원칙은 분명했다. 기본은 우리가 대 주지만 그 외에 자동차나 휴대전화 같은 것들은 아이들 본인 부담이다. 그래서 우리는 안 된다고 했다.

몇 주 후에 아내는 에밀리가 자동차 문제로 기도하며 하나님께 마음을 쏟아놓는 것을 우연히 들었다. 그 기도가 우리를 감동시켰다. 에밀리의 마음이 물질 대신 하나님 쪽으로 기울고 있다는 표시기도 해서 말이다. 그래서 우리는 돈을 빌려 주었다.

에밀리를 위한 기도는 나 자신의 마음도 드러내 주었다. 나 또한 이 세상과 세상에 있는 것들을 사랑하고 있음을 점차 알게 된 것이다. 내 근검절약조차도 돈을 사랑함의 일종이었다. 적은 돈을 아끼려는 강박감은 큰 돈을 얻으려는 강박감과 다를 바 없다. 둘 다 돈이 중심이다. 또한 우리 사역에 기부하는 어떤 사람에게 내가 유난히 공손하다는 것도 깨닫게 되었다. 그 또한 돈을 사랑함의 일종이다.

종종 깨닫는 바지만, 하나님이 기도에 응답하지 않으실 때는 내 속의 뭔가를 드러내시기 원하신다. 우리의 기도는 다른 세상에 존재하는 것이 아니다. 기도는 인격체이신 하나님의 영과 대화하는 것이다. 하나님은 우리의 기도를 들어 주시기 원하시는 것만큼이나 우리를 빚으시기 원하신다. 하나님이 우리의 기도에 생각 없이 행동하신다고 생각하면 그것은 이교다. 이교에서는 우리가 기도하면 신들이 우리 뜻대로 해 준다고 가르친다.

누군가의 기도가 응답되지 않는다면 나는 그 배경 이야기를 알고 싶다. 기도를 얼마나 오랫동안 했는가? 기도할 때 하나님이 그 사람의 마음속에 하신 일은 무엇인가? 또 하나님이 그 상황 속에 하고 계신 일은 무엇인가? 우리들은 대부분 기도를 하나님이 우리 삶 속에 하고 계신 나머지 일들과 분리시키지만, 하나님은 그렇게 일하시지 않는다. 기도는 무슨 고상한 영적 세계에 존재하는 것이 아니라 우리 삶의 기본 요소다. 기도하는 것 자체가 하나의 삶의 이야기가 된다.

자녀는 기도로 자란다

자녀양육에 관한 책들이 기도에 대해 별로 이야기하지 않는 것은 놀라운 일이다. 우리는 그저 올바른 성경적 원리들을 알고 그것을 일관되게 적용하기만 하면 자녀들이 잘될 거라고 믿는다. 하지만 그것은 에덴동산의 하나님께도 되지 않은 일이다. 환경도 완벽했고 관계도 완벽했지만 하나님의 두 자녀는 잘못되었다.

나를 비롯해서 많은 부모들이 처음에는 자신이 자녀를 변화시킬 수 있다고 자신한다. 우리는 자녀의 의지에 굴하지 않는다그건 좋은 일이다. 하지만 반대로 내 의지로 자녀를 지배하려 한다그건 나쁜 일이다. 자기도 모르게 강압적이 되는 것이다. 우리는 아이들이 진정으로 변화하리라는 희망에 이끌리지만, 변화란 바른 동작들을 취할 때 일어나는 법이다.

자식의 마음을 내가 바꿀 수 없음을 절감하기 전에는 우리는 기도를 진지하게 대하지 않는다. 그러니 회개가 빠져 있을 때가 많다. 예컨대, 아들의 아집을 보면서 우리는 대개 이렇게 묻지 않는다. "나의 아집은 어떤가?" "나의 분노는 어떤가?" 우리는 자식을 지배하기 위해 하나님의 도움을 구할 때가 많다. 하나님은 요정이 아니라 인격이심을 잊어버린다. 그분은 우리의 기도에 응답하기 원하시는 것만큼이나 우리를 예수님의 형상으로 빚기를 원하신다.

혹은 그와는 반대로 너무 수동적이 되는 부모들이 점점 많아지고 있다. 그들은 이런 말들을 한다. "우리 아들은 본래부터 화를 잘 냈어." "걔는 어려서부터 발끈하는 버릇이 있었지." 유년기의 단계들을 법칙처럼 설명하는 일반 심리학의 추세가 그런 수동적인 태도를 더욱 부추기고 있다. 예를 들어 두 살 난 딸이 나쁜 짓을 하면 엄마는 어깨를 으쓱하며 "미운 두 살이라 그렇겠지"라고 말한다. 심리학적 설명에 갇혀 있는 엄마다. 어린 딸을 타일러도 보고 훈육도 해보았지만 다 소용없었기에, 그녀의 그런 태도는 한층 더 굳어진다. 현실을 밀쳐내 보았지만 꿈쩍도 하지 않았다. 기도도 해보았지만 아무 일도 없었다. 아이의 아집의 위력에 부딪친 이 엄마는 거기에 굴하고 만다. 세상의 현실을 수동적으로 받아들인 것이다. 고대 그리스 사람들처럼 그녀도 운명에 갇힌 신세가 되었다. 그러면 우리의 삶은 고정불변이 되어버리고 기도가 무의미해진다.

하나님이 우리 자녀또는 다른 누구의 삶 속에 계획하고 계신 이야기가 있다. 그 속에 들어가지 못하도록 우리를 막는 두 가지 태도를 다음 도표로 간추려 볼 수 있다. 흔히 우리는 강압으로 시작했다가 인간의 아집에 부딪치면서 절망으로 떠내려간다.

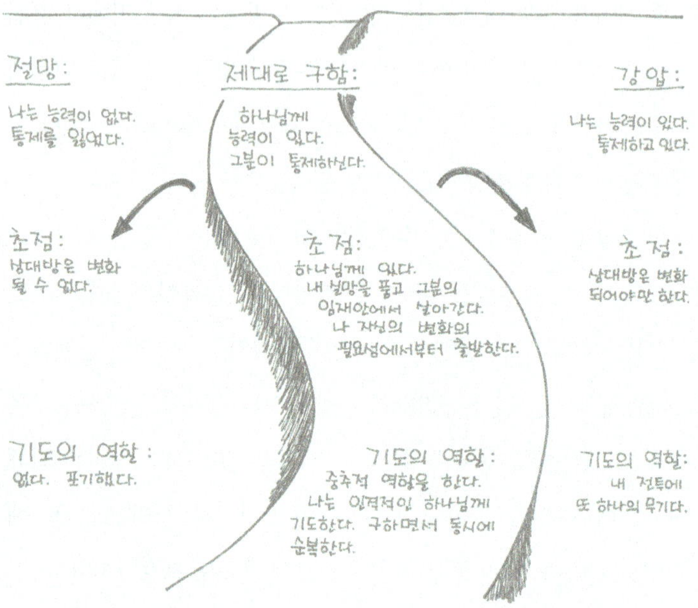

'제대로 구함' 의 노상에 있다 해도 당신은 포기한 것이다. 단, 좋은 의미의 포기다. 당신은 자기 힘으로 남들을 변화시키려던 것을 포기했다. 대신 하나님께 매달려 그분이 이야기를 짜나가시는 것을 지켜본다. 솔직히 우리 부부가 자식을 제일 잘 키울 때는 기도할 때다.

하나님이 엮어가시는 큰 그림을 보라

에밀리를 위한 우리의 기도는 믿음이라는 한 단어로 압축된다. 우리는 아이의 삶의 원동력이 주변의 일이나 사람이 아니라 하나님에게서 오기를 원했다. 우리는 아이가 하나님 안에 거하기를 원했다. 이

기도로부터 전개된 이야기는 다음과 같다.

에밀리는 필드하키를 아주 좋아한다. 필드하키는 좀 덜 과격하고 잔디밭에 11명의 선수가 필요하다는 것만 빼고는 아이스하키와 비슷하다. 에밀리네 학교에는 훌륭한 하키 프로그램과 좋은 코치진이 있다. 이 학교 팀은 대부분 지역에서 우승했고 주州 대회에도 자주 나갔다. 코치도 탁월했다. 다만 에밀리 생각에는 코치가 편애를 했다. 그 해에 에밀리와 에밀리의 친구는 편애 대상이 아니었다. 가끔씩 에밀리는 시합 내내 벤치를 지켜야 했다.

다른 학부모 한 명이 그 이야기를 전해 듣고는 말했다.

"어떻게 코치가 그럴 수 있어요? 화나지 않아요?" 나는 이렇게 대답했다.

"사실은 아닙니다. 오히려 딸아이가 아직 우리 품안에 있는 동안 이런 경미한 고난을 겪게 되어 감사하지요. 아이의 믿음이 자랄 수 있는 좋은 기회입니다. 운동장보다 벤치에서 아이는 하나님을 훨씬 많이 배울 것입니다."

그 학부모는 에밀리의 상황에 대하여 우리 부부가 화를 낼 줄 알았다. 그녀의 목표는 자기 딸의 성취에 묶여 있었기 때문이다. 그러나 우리의 목표는 에밀리의 믿음에 묶여 있었기에 스포츠를 아이가 하나님께 뿌리박는 법을 배우는 또 하나의 장으로 보았다. 벤치 지키기는 에밀리가 이 세상이나 세상에 있는 것들을 사랑하지 않게 해달라는 내 매일의 기도에 대한 응답이었다.

오해하지는 말라. 나도 딸의 출장 시간이 많아지기를 원했다. 벤치만 지키는 딸을 관중석에서 흘긋 보노라면 마음이 짠했다. 하지만 벤치를 지켜야만 하는 상황이 값진 인생 공부임을 알았기에 실망이 사그라졌다. 스타가 될 때보다 벤치에 앉아 있을 때가 더 많은 것이 인생이지 않는가!

아빠가 코치를 찾아가 볼까 하고 물었더니 에밀리는 스스로 해결하고 싶다고 했다. 결국 아이는 코치와 여러 번 상의했지만 별 성과는 없었다. 하지만 불의라고 생각되는 일에 대해서 어른과 진솔하게 대화하는 딸의 모습에 나는 감동받았다. 나에게 불이익을 줄 수도 있는 윗사람에게 말을 걸면, 자칫 더 심한 거부를 당할 가능성이 높아진다. 이것은 에밀리가 자신의 삶을 세상으로부터 얻지 않을 또 한 번의 기회였다. 또 하나의 기도 응답이었다.

그해 여름 동안 에밀리는 어느 기독교 캠프에서 리더로 일했는데, 믿음이 몰라보게 자랐다. 하계 하키 캠프에도 빠졌다. 가을에 돌아왔을 때는 자신의 하키 실력이 얼마나 될지 몰랐다. 무엇보다 아이는 코치나 친구들이 어떻게 생각하든 개의치 않았다. 결과는? 3학년 그해야말로 에밀리의 하키 실력이 최고였다. 내가 이유를 물었더니 아이의 답은 이랬다.

"이제 남들이 어떻게 생각하든 별로 상관하지 않아요. 그냥 나다워지면 되니까요."

에밀리를 위해서 사려 깊게 기도하고 있었기에 우리는 하나님이 아이의 여러 가지 실망을 통하여 그 속에서 짜시는 더 큰 그림을 볼 수 있었다. 하나님은 에밀리의 영을 그분의 영에 이르도록 키우시려고 아이의 삶에 가벼운 고통을 허락하셨다. 그분처럼 일하는 사람은 아무도 없다.

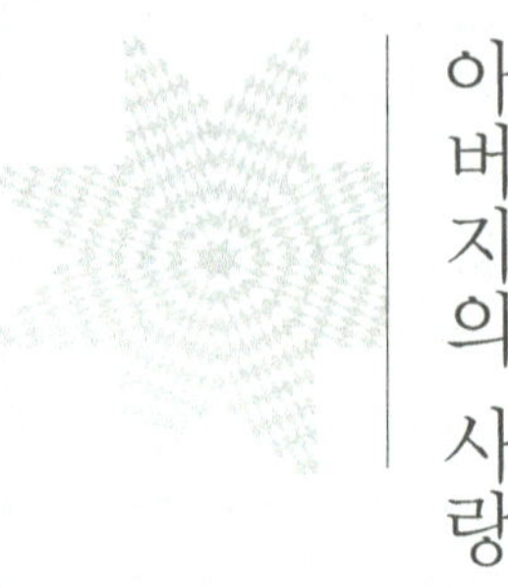

아버지의 사랑

20

나와 에밀리의 관계가 항상 좋았던 것만은 아니었다. 둘 사이에 거리가 있었다. 에밀리는 거의 항상 나를 비판했다. 2002년에 에밀리를 위한 기도 카드에 "제가 에밀리에게 다가가도록 도와주세요"라는 제목을 써넣었다. 그것은 아이의 삶에서 세상을 향한 사랑이 하나님 아버지를 향한 사랑을 몰아내지 못하게 해달라는 기도 제목 바로 위에 있었다. 육신의 아버지를 바라보는 에밀리의 시각이 하늘 아버지에 대한 시각과 얼마나 밀접하게 연결되어 있는지 나는 몰랐다.

기도를 행동으로 옮기기 위해 나는 에밀리에게 두어 번 샌디에이고 강연 출장에 같이 가겠느냐고 물었다. 함께 좋은 시간을 보냈지만 거리감은 여전했다. 2006년에는 기도 카드에 둘 사이가 더 가까워지게 해달라는 제목이 추가되었다. 그러나 딸과의 거리를 좁힐 수가 없었다. 그래서 나는 기도했다.

하나님의 응답은 정확하고 놀랍다

2007년 에밀리와 나는 과테말라의 어느 고아원 뜰을 걷고 있었다. 앞으로 그 아이가 9개월을 보낼 곳이었다. 단지의 3미터 높이의 담장 꼭대기에 뾰족한 철조망이 땅거미 속에 선연히 보였다. 에밀리는 대학입학을 연기하고 과테말라 비야 누에바에서 45명의 집 없는 아이들을 돕기로 했다. 고아원이 있는 빈민촌 주변은 갱단의 소굴이었다.

우리도 에밀리에게 가기를 권했는데, 꼭 고아원에 도움이 필요해서만이 아니라 그 아이를 스포츠, 남자, 외모, 친구 같은 고등학생들의 우상들로부터 해방시켜 주기 위해서였다. 무엇보다도 아이의 삶 속에 믿음이 자라며, 아이가 믿음 안에 거하기를 원했다. 에밀리가 자원해서 과테말라에 간 것은 세상을 사랑하지 않게 해달라는 우리의 기도에 대한 또 하나의 응답이었지만, 크게 봤을 때 여전히 기도는 응답되지 않은 상태였다.

둘이 함께 걸어가다 갑자기 에밀리가 지금까지 휴대폰을 갖지 못하게 한 것을 두고 나에게 쓴 소리를 했다. 과테말라에서 쓸 전화기를 막 받고 보니 그동안 휴대폰이 없어 힘들었던 과거가 떠올라 짜증이 되살아났던 모양이다. 사실 우리는 휴대폰을 허용했지만 자동차 유지비용 때문에 휴대폰을 감당할 여력이 없었다. 가족과 친구들, 낯익은 것들을 떠나 외국에 혼자 남게 될 아이의 두려움을 알았기에 나는 아무 말도 하지 않았다.

적어도 에밀리에게는 아무 말도 하지 않았다. 아이의 두려움, 나와의 거리감, 휴대폰에 대한 욕심, 이것을 하나로 꿰는 실이 믿음임을 나는 알았다. 아이가 조금 앞에서 걷고 있었으므로 나는 걸음을 늦추고 기도했다. "하나님, 올해 에밀리에게 믿음을 꼭 주셔야 합니다. 이제 선택의 여지가 없으십니다." 딸의 마음속에 믿음을 키울 수 없는 내 무력함을 통감했다. 하나님이 하셔야만 했다. 이제 하나님께는 선택의 여지가 없으셨다. 자신의 언약을 지키시는 수밖에 없었다.

이것은 무엇이든 당당히 주장하는 능력의 기도였을까? 아니, 사실은 무력한 기도였다. 나는 약해서 기도했다. 하나님을 통제하려 한 것도 아니고, 에밀리가 내 통제 하에 있었던 것은 더더욱 아니다. 나는 그냥 하나님의 마음을 그분께 기도로 드렸을 뿐이다. 그런 기도에 응답하지 않으실 그분이 상상이 되지 않았다.

이후의 9개월은 에밀리에게 가장 힘든 시기였다. 45명의 히스패닉 고아들 틈에서 살아야 했는데, 스페인어라고는 고등학교에서 배운 어설픈 실력이 전부였다. 부모형제를 떠나 홀로 있었고, 변덕스런 사춘기 아이들과 친해지는 도전에 맞서야 했다. 하나님은 이런 상황을 사용하여 계속 에밀리를 깨뜨리시고 자신께로 이끄셨다. 에밀리는 딴 사람이 되어서 돌아왔다.

1년 후, 대학생이 된 에밀리가 어느 교과목에 제출할 리포트라며 나에게 교정을 부탁했다. 그해 하나님이 에밀리의 삶에 짜 넣으신 실 한 가닥의 사연이 그 속에 들어 있었다.

고등학교 때 매주 화요일 오전에 재즈 밴드 연습이 있었다. 한 번은 연습에 지각을 했다. 7시 15분 전에는 집을 나가야 되는데 벌써 7시 21분이었다. 아빠가 차 안에서 기다리고 있었다. 마스카라를 집어 들고 어깨에 가방을 둘러메면서 문 밖으로 뛰쳐나갔다. 그리고 앞좌석에 앉아 계속 불평만 해댔다. 내가 원한 일이면서도 밴드가 싫다고 했다. 마스카라를 칠하려고 선바이저의 거울을 밑으로 내렸다. 그런데 그게 자꾸만 도로 홱 접혀 올라가 거울을 볼 수가 없었다. 세 번쯤 접혀지고 나서 밑으로 세게 확 젖혔더니 뚝 부러져버렸다. 아빠는 내 태도에 대해서 말하기 시작했다. 학교 정문 앞에 차가 섰다. 나는 잘 가라든지 고맙다는 말도 없이 발끈하여 차에서 내려 문을 닫아버렸다.

내 행동을 변명할 수도 있었지만 진짜 문제는 내 마음이었다. 자폐증이 있는 언니 킴이 나보다 관심을 더 많이 받는 것 같아서 원망하는 마음이 있었다. 학교에서도 나는 정서가 불안했다. 내 옷차림도 머리 모양도 마음에 안 들었고, 남들과 겉도는 것도 지겨웠다. 날마다 아빠를 무시하고 비판한 것도 어쩌면 내 정서 불안 때문이었는지 모른다. 하지만 주된 이유는 내 안에 예수님의 사랑이 없다는 것이었다.

3학년이 끝나갈 무렵, 대학 진학 전에 1년을 쉬면서 과테말라의 고아원에서 일하기로 결정했다. 한 해 동안 하나님은 내 삶에 그동안 벽을 쌓았던 부분들, 하나님을 원하지 않던 부분들을 보여 주셨다.

하루는 고아원 방문객 식당에 앉아, 몇 주 동안 그곳에서 봉사하던 어느 자원봉사자와 이야기를 나누었다. 그녀에게 우리 가족 사진들을 보여 주기로 했다. 아빠가 직장 웹사이트에 블로그를 만들어 사진을 올리는 것을 알고 있었다. 지난 내용을 쭉 훑어보는데 고등학교 2학년 때2005년 6월 학교 무도회에서 찍은 내 사진들이 나왔다. 그 밑에 아빠가 써놓은 설명을 읽다가 아빠의 사랑에 가슴이 미어졌다. 옆에 있던 사람은 눈물을 줄줄 흘리는 내가 미친 줄 알았을 것이다. 씹는 소리가 요란하다고 아빠한테 소리쳤던 일, 나를 사랑하지 않는 아빠라고 말했던 일, 쿵쾅거리며 방을 나갔던 일들이 쭉 떠올랐다. 그해에만 아니라 사춘기 내내 거의 항상 그랬다. 사진과 글을 보노라니 내가 너무도 아빠의 사랑을, 아빠가 베풀어 준 그 모든 관심과 인내와 온유함을 받을 자격이 없다는 생각이 들었다.

식탁에 앉아 컴퓨터 화면을 보는 있는데 내 생각이 하나님께로 향했다. 아빠의 깊은 사랑은 나를 향한 하나님의 사랑의 한 예증이었다. 그동안 대인관계에서, 스포츠나 음악, 내 삶의 모든 부분에서 하나님을 무시했던 일들이 머릿속에 쭉 스쳐갔다. 순탄할 때는 하나님을 무시했고 힘들 때는 하나님을 원망했다. 하지만 그 어떤 행동도 나를 그리스도의 사랑에서 끊지 못했다. "우리가 아직 죄인 되었을 때에 그리스도께서 우리를 위하여 죽으심으로 하나님께서 우리에 대한 자기의 사랑을 확증하셨느니라"롬 5:8. 전혀 자격이 없는 내가 세상에서 가장 큰 선물인 영생을 받았다. 나를 향한 하나님의 사랑과 은혜 때문이었다.

나에게는 아빠의 사랑이 있다. 육신의 아버지는 나를 향한 사랑이 내 행동 때문이 아님을 평범한 웹사이트를 통하여 보여 주었다. 아빠는 내가 딸이라서 사랑하는 것이다. 내가 무시할 때도 아빠의 사랑은 나를 떠나지 않았다. 나에게 이것은 나를 향한 하늘 아버지의 사랑을 보여 주는 작은 그림이었다. 내 마음은 너무도 흉하여 사랑스럽지 못할 때가 많은데, 어찌 내가 그런 큰 사랑을 받을 수 있는지 영영 다 알지 못하리라. 하지만 그래서 은혜란 놀라운 것이 아닐까.

나의 두 가지 기도 제목 – 에밀리와 육신의 아버지와의 관계, 에밀리와 하늘 아버지와의 관계 – 은 밀접하게 연결되어 있었다. 하나가 뚫리자 다른 하나도 뚫렸다. 하나님의 이야기들이 전개되는 것을 보며 나는 그분의 작고 멋진 필치, 그분의 시를 주시했다.

나는 또한 에밀리를 위한 우리의 기도에 5년이나 응답을 연기하신 하나님의 지혜에도 감동했다. 에밀리는 고아들과 친해지고 그들을 돌보면서 마음이 점차 부드러워졌고, 그때부터 인생의 목표가 달라졌다. 그래서 대학도 바꾸고 직업도 바꾸었다. 인생의 방향 전체가 바뀐 것이다. 하나님은 에밀리를 원하시는 모습으로 변화시키신 후에야 비로소 그 눈에서 비늘을 벗겨 주셨다.

에밀리가 이 세상의 것들을 사랑하지 않게 해달라고 기도하던 때만 해도 그 아이는 남자친구, 친구, 외모, 스포츠, 옷차림 등 현대 미국의 사춘기 아이들의 우상이 지배하는 벌판 한복판에 홀로 서 있는 것 같았다. 예수님은 어린 시절의 희미한 추억일 뿐이었다. 아이를 위한 나의 기도는 한없이 약하고 무력해 보였다. 그런데 아이의 마음에 들려온 세미한 말씀이 이전의 막강하던 이미지들을 쓸어내 버렸다. 인기를 좇던 마음은 사랑으로, 자기에게 갚을 것이 전혀 없는 사람들 곁에 있고픈 열망으로 대체되었다.

기도가 이겼다. 사도 바울처럼 나도 "하나님께서 … 세상의 약한 것들을 택하사 강한 것들을 부끄럽게 하려 하시며 하나님께서 세상의 천한 것들과 멸시 받는 것들과 없는 것들을 택하사 있는 것들을 폐하려 하시나니"고전 1:27~28라고 간증할 수 있다.

하나님의 깨어진 형상들

하지만 육신의 아버지가 당신의 기대를 저버렸다면 어떨까? 아버지라는 말만 들어도 진저리가 쳐지는 사람들도 있다. 아버지가 소원했거나 부재했거나 가혹했다면 어떻게 하나님을 아버지로 볼 수 있겠는가?

그러나 기쁜 소식은 우리의 하늘 아버지께서 육신의 아버지들의 실패를 이기신다는 것이다. 대표적인 전도자요 변증자인 라비 재커라이어스의 이야기를 들어보라.

> 저는 열일곱 살 때 피폐하고 절망적인 모습으로 자살을 기도했다가 그리스도를 알게 되었습니다. 아버지한테서 제가 인생의 완전한 실패자라는 말을 들은 직후였지요. 아버지는 제가 나면서부터 실패자라고 했습니다. 누군가 제 머리맡에 성경책을 가져다 주었습니다. 하늘 아버지께 너무도 감사한 것은, 저의 아버지가 비교적 일찍 돌아가시긴 했지만 그래도 생전에 편지를 통하여 저에게 "내가 한 말들을 용서해 주겠니?"라고 말씀하셨다는 것입니다. 영혼의 어둠 속에서도 저는 하늘

아버지가 그 어느 때보다도 가깝게 느껴졌습니다.[1]

우리가 타락한 세상에 살고 있기에 하나님은 아버지들과 같은, 자신의 깨어진 형상들을 사용하실 수밖에 없다. 사실 하나님이 성경에 보여 주신 그분의 모든 형상들은 흠이 있다. 왕이나 군주들을 생각해 보라. 당신은 훌륭한 정치가를 몇 명이나 알고 있는가? 초대 교회에게 시저는 달가운 인물이 아니었지만, 그래도 시저의 호칭인 '주'를 예수님께 가져와 '주 예수'라고 불렀다.

에밀리가 이 세상의 것들을 사랑하지 않게 해달라고 기도하던 때만 해도 그 아이는 남자친구, 친구, 외모, 스포츠, 옷차림 등 현대 미국의 사춘기 아이들의 우상이 지배하는 벌판 한복판에 홀로 서 있는 것 같았다. 예수님은 어린 시절의 희미한 추억일 뿐이었다. 아이를 위한 나의 기도는 한없이 약하고 무력해 보였다.

우리가 이 세상의 왕이나 아버지에게 흠이 있음을 아는 것은 바꾸어 말해 어떤 아버지가 좋은 아버지인지도 안다는 뜻이다. 우리는 삼위일체 하나님의 형상대로 지음 받았기에, 아버지라면 마땅히 어떻게 사랑해야 하는지를 본능적으로 안다. 어떤 아버지가 좋은 아버지인지 모른다면 자기 아버지를 비판할 수 없다.[2] 현대 심리학은 본의 아니게 우리를 과거에 가둘 수 있다. 이는 하나님이 우리 삶 속에 짜고 계신 이야기를 볼 수 없도록 우리를 무력하게 만드는 또 다른 형태의 운명론이다.

에밀리는 내 약점을 얼마든지 열거할 수 있다. 그 목록 1위는 씹는 소리가 너무 요란하다는 것이다! 그 아이가 늘상 하는 부탁 중의 하나는 내가 자기랑 같은 방에서 당근이나 과자를 먹지 않는 것이다. 하나님은 아버지들을 비롯한 세상의 약한 것들을 통하여 그분의 이야기들을 짜신다.

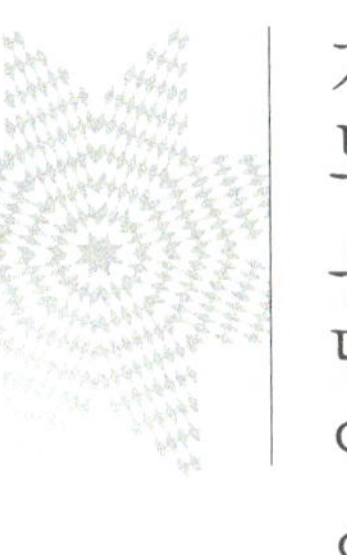

기도 응답이 없을 때

21

킴을 임신했을 때 아내는 시편 121편으로 기도하면서 하나님께서 아기를 지켜 모든 환난을 면하게 해달라고 구했다. 아내는 그 시편 옆에 기도를 시작한 날짜1981년 8월를 써놓았다.

그러나 킴이 태어나던 날, 모든 일이 틀어졌다. 의사는 아내에게 피토신이라는 진통 유도제를 과량 투입하고는 아내를 돌보지 않고 방치했다. 이미 세 아이를 자연 분만하는 것을 봤지만 이번에는 달랐다. 아내는 몹시 괴로워했다. 의사는 끝내 분만실에 다시 나타나지 않았다. 그러다 킴이 태어났는데 몸이 시퍼렇고 첫 아프가 수치심장박동과 호흡 등 신생아 건강 지수_옮긴이가 낮았다. 내가 보기에도 보통 신생아와 달랐다. 나는 병원의 공중전화로 아내의 부모님께 전화를 걸었다. "아기가 좀 이상합니다." 그 말끝에 눈물이 터졌다.

뭐가 어떻게 잘못된 건지 확실한 진단 없이 킴이 열아홉 살이 될 때까지 그 상태가 계속되었다. 그래서 우리도 장애아를 둔 대다수 부모들처럼 어둠 속에 살았다. 킴이 분만 과정에서 다친 것인지, 아니면 모종의 장애가 있는 것인지 우리는 몰랐다. 보험 담당자에게 의사의 처신에 대해서 말했더니 그는 "예, 좋은 의사가 아니군요"라고 말했다. 그래서 의사에게 말했더니 그는 가만히 있지 않으면 우리를 고소하겠다고 협박했다. 그때 우리는 어리고 헷갈리고 두려웠다.

아내는 점점 아기의 정상적인 발육 단계를 보여 주는 도표들이 두려워졌다. 킴이 아무 문제 없다며 우리를 격려해 주는 의사들도 있었고 그렇지 않은 의사들도 있었다. 어느 대형 병원의 한 신경과 전문의는 아내가 킴을 때린 게 아닌지 의심했다.

킴에게 나타나는 수많은 문제에 우리는 정신을 차릴 수가 없었다. 계속 새로운 문제가 터졌다. 킴은 근육이 흐늘흐늘하고, 눈동자에 초점이 없고, 폐렴이 있었다. 숨을 잘 쉬지 못했고, 특히 겨울철에 공기 난방기를 틀면 몸이 축 늘어졌다. 호흡 문제가 하도 심해서 우리는 가진 돈을 다 털어 열전도식 전기 난방으로 바꾸기도 했다. 그 후로 20년 동안 우리는 월급 날만 고대하며 살았다.

몹시 괴로웠다. 특히 아내는 더했다. 하나님께서 아기를 지켜 모든 환난을 면하게 해달라고 기도했는데 우리가 안고 있는 아기가 환난당한 아기였다. 한 번은 아내에게 "그냥 킴을 하나님께 맡기지 그래요"라고 했더니 아내는 "폴, 난 날마다 킴을 안고 십자가 밑에까지 갔다가 도로 돌아서서 내려와요"라고 했다. 모든 환난을 면하게 해달라는 기도라도 하지 않았다면 그보다 쉬웠을 것이다. 하나님께 드린 기도가 오히려 마음을 더 힘들게 했다. 희망이 상처가 되었다.

희망과 현실 사이

다음은 우리가 살고 있는 세상을 도표로 표현한 것이다. 희망 선은 정상아를 바라는 우리의 마음을 나타낸다. 시편 121편으로 드린 우리의 기도가 그 바람을 더욱 부추겼다. 아래쪽의 선은 환난당한 아기라는 현실이다. 우리는 그 중간인 광야에 살고 있었다. 어떻게든 아기가 정상이 될 수 있다는 희망에 매달리면서도 또한 장애라는 현실을 직시해야 했다. 참 살기 힘든 세상이다.

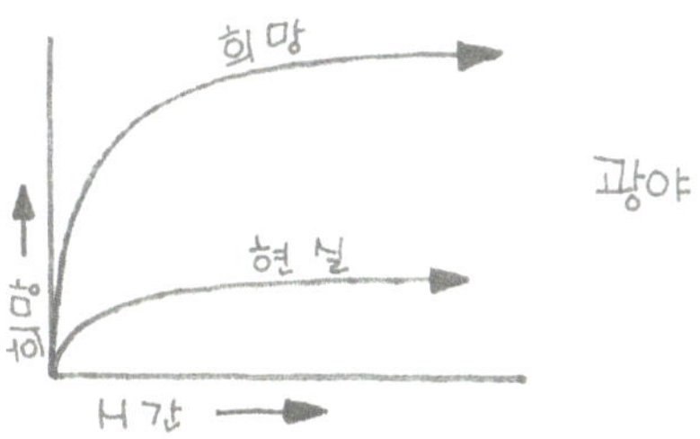

우리는 어떻게 해서라도 희망과 현실 사이의 간극을 메우고 싶어 한다. 광야에 살지 않을 수만 있다면 못할 일이 없다. 처음에 아내는 킴의 장애를 직시하기가 힘들었다. 문제의 원인에 대한 진단이 없었기에 그렇기도 했지만, 현실을 직시하기가 힘들었던 것이다.

다음 도표는 고난을 부정하는 접근을 보여 준다. 희망으로 가득 차 있지만 현실을 직시하지 않는다. 예컨대, 어떤 그리스도인들은 하나님이 치유해 주셨다고 우기며 고난을 비켜가려 하지만 결국은 암으로 죽는다.

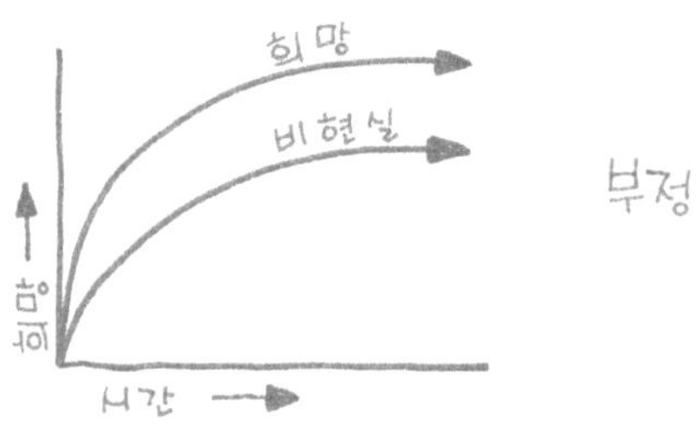

고난에 대한 초기의 충격이 가시면, 대개 고통의 원인이 무엇이든 그것을 반드시 해결하겠다는 의지가 싹튼다. 전에도 엄청난 장애물들에 부딪쳐 이겨냈으니 이번에도 똑같이 할 것이다. 모든 수단을 다 동원한다. 돈은 아무 것도 아니다. 어딘가에 해결 방법을 아는 사람이 있다고 확신하며 순전히 의지력으로 그리고 기도를 동원하여 당신은 해내고야 말 것이다.

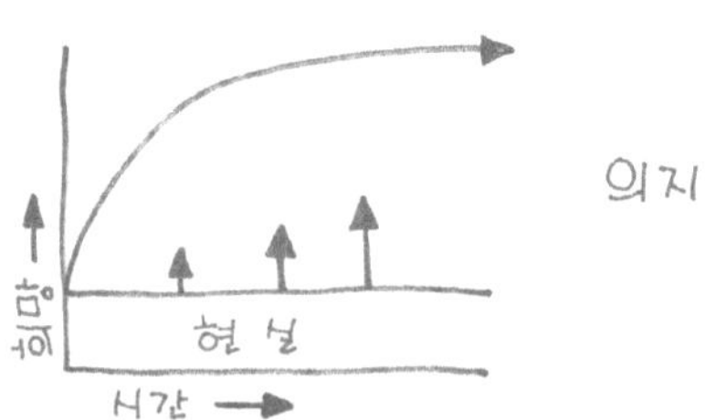

희망과 현실의 간극을 메우려는 그런 여러 시도를 도표로 나타내면 다음과 같다. 흔히 이런 의지는 이미 당하고 있는 고난을 설상가상으로 키워줄 뿐이다.

의지에서 절망으로 떨어지는 건 잠깐이다. 무슨 수를 써도 상황이 달라지지 않으리라는 걸 깨달으면 절망이 찾아온다. 실패가 되풀이되면 희망이 상처가 된다. 그래서 당신은 더 상처받지 않으려고 희망을 포기한다. 아내는 현실을 부정하느라고 힘들었고, 나는 희망이 생기지 않아 고생했다. 나는 우리가 그냥 현실을 직시해야 한다고 생각했다. 그러나 아내는 희망 때문에, 킴을 향한 사랑 때문에, 이것저것 새로운 방법을 시도했다. 아내는 나를 믿음 없는 사람이라고 부르기까지 했다. 내가 킴을 믿게 되는 데는 거의 15년이 걸렸다.

다음 도표를 보면, 희망과 현실 사이의 긴장을 절망이 걷어낸다. 절망은 이상하게 위안이 될 수도 있지만, 그 사촌뻘인 냉소와 함께 영혼을 죽일 수도 있다.

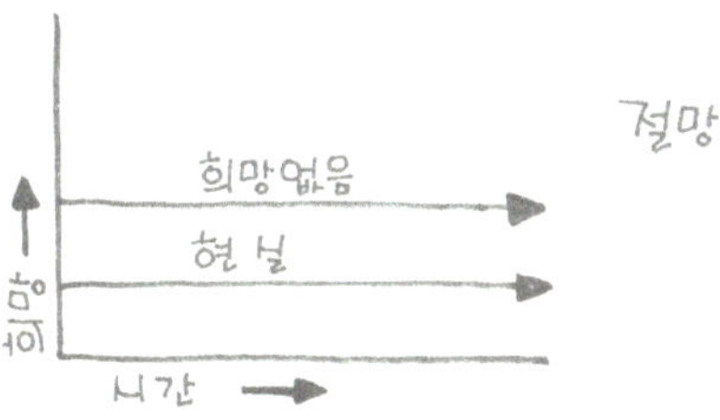

반대로, 믿음의 사람들은 광야에서 살아간다. 아브라함처럼 현실 상황을 인식하면서도 희망을 굳게 붙든다. 바울은 "아브라함이 바랄 수 없는 중에 바라고 믿었으니"롬 4:18라고 했다. 사라가 불임에다가 노령이 되었는데도 아브라함은 여전히 희망을 품었다.

> 그가 백 세나 되어 자기 몸이 죽은 것 같고 사라의 태가 죽은 것 같음을 알고도 믿음이 약하여지지 아니하고 믿음이 없어 하나님의 약속을 의심하지 않고 믿음으로 견고하여져서 하나님께 영광을 돌리며롬 4:19~20.

아브라함은 희망 선에 인생을 걸지만 현실 선에서도 결코 눈을 떼지 않는다. 하지만 그에게도 의심의 순간들이 있었다. 그는 광야에서 벗어나려고 하나님께 자신의 종 엘리에셀을 양자로 삼겠다고 한다창 15장 참조. 사라는 희망과 현실의 간극을 메우려고 아브라함에게 여종 하갈과 동침하라고 한다창 16장 참조. 마침내 하나님이 아브라함에게 1년 후에 사라가 아기를 낳을 것이라고 말씀하시자 사라는 장막 문 뒤에서 웃는다창 18장 참조. 희망을 포기하여 간극을 메운 것이다. 1년 후에 이삭이 태어나자 사라는 하나님이 자신의 냉소를 기쁨으로 바꾸어 주셨음을 깨닫는다. 사라는 아들에게 '웃음'이라는 뜻의 이름을 붙여 자신의 냉소를 비웃는다창 21장 참조.

누구에게나 광야가 있다

광야 생활에서 가장 힘든 점은 출구가 없다는 것이다. 언제 끝날지 모르고, 벗어날 길도 보이지 않는다.

무엇이든 광야가 될 수 있다. 빗나간 자식일 수도 있고, 까다로운 상사일 수도 있고, 자신의 죄나 어리석음일 수도 있다. 어쩌면 당신은 광야와 결혼했는지도 모른다.

하나님은 광야를 우리 각자에게 맞춤형으로 주신다. 요셉에게 광야는 이집트의 감옥에서 배신당하고 잊혀지는 것이었다. 모세는 40년간 유랑자로 미디안 광야에서 살았고, 이스라엘 백성도 40년간 광야에서 살아야 했다. 다윗은 광야에서 사울을 피하여 도망 다닌다. 이들은 모두 하나님 말씀의 희망을 붙들면서도 현실 상황을 직시한다.

성경에는 광야의 주제가 정말 강하다. 예수님도 사역을 시작하실 때 광야 여정을 재현하셨다. 즉 광야에서 40일간 금식하시며 사탄의 유혹에 맞서신 것이다. 부활의 희망을 품고 사셨지만 예수님께는 십자가에서 아버지께 외면당하는 그 현실을 직시하시는 것이 바로 광야였다.

하늘 아버지께서 당신을 외면하시는 것이야말로 광야 경험의 절정이다. 끝이다. 더 이상 아무런 의미가 없다. 자살할 마음까지는 없더라도 죽음이 해방으로 느껴진다. 광야에서 살아남기 위하여 사탄이 주는 원망의 빵을 받아먹고 싶은 것이 솔깃한 심정이다. 즉 계속 삐딱하고 냉소적인 자세로 삶에 무관심해지고, 아직 희망을 품고 살아가는 사람들을 비웃으며 병적인 쾌감을 맛보고 싶어진다.

광야가 최고의 희망이 된다

하나님은 자신이 사랑하시는 사람마다 광야로 데리고 가셔서 그곳을 지나가게 하신다. 이는 새로운 에덴동산을 찾아 끊임없이 방황하는 우리의 마음을 고치시려는 그분의 해결책이다. 그 원리는 이렇다.

제일 먼저, 우리가 서서히 싸움을 포기한다. 현실 상황 앞에서 의지가 꺾인다. 우리에게 삶을 가져다 주던 것들이 점차 죽는다. 우리의 우상들이 양식이 없어 죽어버린다. 그것이 과테말라에서 에밀리에게 있었던 일이고, 킴과 관련하여 아내에게 있었던 일이다.

광야의 텁텁하고 건조한 공기는 무력감을 자아낸다. 그러나 무력감은 기도의 정신에 절대적으로 필요한 것이다. 당신은 자신의 무능함에 정면으로 부딪친다. 스스로 살아갈 수 없고, 기쁨을 얻을 수도 없으며, 영원히 가치 있는 일은 아무 것도 할 수 없다. 삶이 당신을 바스러뜨리고 있다.

고난은 냉소나 교만, 정욕이 만들어낸 거짓 자아들을 태워버려서 더 이상 남들이 나를 어떻게 생각하든 신경 쓰지 않게 된다. 광야는 진정한 자아를 창조하시기 위한 하나님의 최고의 희망이다.

광야 생활은 당신을 거룩하게 만든다. 변화는 자신도 모르게 일어난다. 한동안 광야에 있다 보면 자신이 달라져 있음을 알 뿐이다. 한때 중요하던 것들이 더 이상 중요하지 않다. 한 예로, 킴이 태어나기 전에 우리는 아이들에게 거실 양탄자 술 장식을 완벽하게 빗질하게 했다. 이제 그 빗으로 우리 머리를 빗게 되었으니 잘됐다.

얼마 후 당신은 진짜 목마름을 경험하게 된다. 다윗은 광야에서 이렇게 고백했다.

> 하나님이여 주는 나의 하나님이시라 내가 간절히 주를 찾되
> 물이 없어 마르고 황폐한 땅에서
> 내 영혼이 주를 갈망하며
> 내 육체가 주를 앙모하나이다시 63:1.

광야는 하나님의 마음으로 향해 열린 창이다. 마침내 하나님이 당신의 관심을 얻으신다. 의지할 이가 그분밖에 없기 때문이다.

하도 오랫동안 자주 하나님께 부르짖으니 당신과 하나님 사이에 통로가 열리기 시작한다. 운전할 때는 그저 하나님과 함께 하려고 라디오를 끄고, 밤에 자면서도 기도 속을 드나든다. 자신도 모르게 이미 쉬지 않고 기도하는 법을 익힌 것이다. 광야에서 만난 하나님의 임재라는 맑고 시원한 물이 당신의 마음속에 샘이 된다.

광야에서 경험하는 가장 귀한 선물은 하나님의 임재다. 시편 23편에서 그것을 볼 수 있다. 시의 첫머리에는 목자가 내 앞에 계신다. "그가 나를 … 쉴 만한 물 가로 인도하시는도다"2절. 맨 끝에 가면 목자가 내 뒤에 계신다. "선하심과 인자하심이 반드시 나를 따르리니"6절.[1] 그런데 중간, 즉 내가 "사망의 음침한 골짜기"를 지나는 동안에는 목자가 바로 내 곁에 계신다. "해를 두려워하지 않을 것은 주께서 나와 함께 하심이라"4절. 그렇게 목자의 보호와 사랑이 나에게 내면의 여정에

부딪칠 용기를 준다.

광야에서 꽃이 피다

아주 일찍부터 우리 부부는 킴 때문에 하나님이 우리를 낮추시며 예수님을 더 닮아가게 하고 계심을 알았다. 킴은 나부터 시작해서 우리 가정을 구해 주었다. 하나님은 킴을 통하여 나를 영적으로 깨우셨다. 당시 나는 도심 학교에서 교사와 교장을 겸임하고 있었는데, 세금 보고 사업을 확장하려고 학교를 그만둘 생각이었다. 이미 사무실을 하나 더 내두었고, 돈도 확실히 벌 수 있었다. 그게 잘못된 일은 아니지만, 동시에 내 마음이 하나님과 멀어지는 쪽으로 기울고 있었다. 그런데 킴이 태어나면서 모든 것이 무산되었다. 6개월 후에 나는 내 육신의 아버지와 동역하며 선교 사역 준비를 도울 수 있게 해달라고 기도했다. 가을에 아버지가 아내에게 전화하여 도움을 청했고 나도 자원했다. 그리하여 1983년 겨울에 우리는 함께 세계 추수 선교회World Harvest Mission를 출범시켰다. 킴이라는 선물이 아니었다면 그 선교회는 존재하지 않았을 것이다.

킴의 자폐증은 광범위한 발달장애다. 이런 아이를 기르려면 부담감에 엄두가 나지 않는다. 그 중압감이 다른 여러 좌절까지 어우러져 1991년에 아내는 자기를 사랑하느냐고 내게 따져 물었다. 그것을 계기로 예수님의 삶 속으로 들어가는 나의 여정이 시작되었다. 「우리 사이를 거닐던 사랑」CUP, 성경공부 교재 The Person of Jesus Study예수님의 인격 연구, seeJesus.net 사역이 모두 그 여정의 산물이다.

아내와 딸 애슐리가 특수 교사가 된 것도 킴 때문이다. 이제 우리는 여름 휴가를 성인 장애인들을 위한 캠프인 "조니와 친구들"Joni and Friends, 장애인 조니 에릭슨 타다가 설립한 선교기관_옮긴이에서 보내곤 한다. 예수님은 그분이 계신 낮은 곳으로 우리를 끌어내리고 계셨다.

환난을 면한 우리

앞서 말했듯이 킴은 겨울철에 호흡 문제가 있었다. 우리 집 가스보일러가 잘못 설치되어 있었다는 것을 10년 후에 집을 팔 때에야 알았다. 몸이 약해서 킴이 집 안 가득한 일산화탄소에 유난히 더 민감했던 것이다. 킴은 광부들이 유독 가스를 탐지할 때 쓰는 카나리아와 같았다. 킴이 우리를 지켜 환난을 면하게 했다.

세월이 흘러 킴이 스무 살쯤 되었을 때, 나는 식탁에 앉아 우리 소그룹에서 사용할 시편 121편의 성경공부를 쓰고 있었다. 아내의 시편 121편 기도를 나는 까맣게 잊고 있었다.

내가 식탁에서 고개를 들고 말했다.

"여보, 그러고 보니 하나님이 하셨어요. 시편 121편 말씀대로 우리를 지켜 모든 환난을 면하게 하셨던 것 같아요."

우리는 장애인 딸이 환난인 줄 알았지만, 그것은 교만하고 고집 센 부모의 위험에 비하면 아무 것도 아니었다. 킴이 말을 못하기 때문에 아내와 나는 듣는 법을 배웠다. 딸의 무력함이 우리를 가르쳐 우리도 무력해지게 했다.

킴이 우리 집에 예수님을 모셔왔다. 아내와 나는 더 이상 스스로 인생을 살아갈 수 없었다. 하루의 시작부터 끝까지 예수님이 필요했다. 우리가 빵 한 덩이를 구했을 때 아버지께서는 돌을 주시기는커녕 광야에서 우리 앞에 잔치를 차려 주셨다.

"예수님, 킴을 주셔서 감사합니다."

하도 오랫동안 자주 하나님께 부르짖으니 당신과 하나님 사이에 통로가 열리기 시작한다.

우리가 기도하거나 바라던 것을 받지 못할 때, 그것은 하나님이 우리를 위하여 일하고 계시지 않는다는 뜻이 아니다. 오히려 하나님은 이야기를 짜고 계신다. 바울은 우리에게 "기도를 계속하고 기도에 감사함으로 깨어 있으라"골 4:2라고 말한다.

감사할 때 우리는 은혜 중심이 되어 삶 전체를 선물로 보게 된다. 감사하면 하나님이 과거에 주신 복들이 나의 삶에 어떤 영향을 미치고 있는지 보인다. 깨어 있으면 현재 전개되는 드라마를 놓치지 않으며, 하나님이 현재 하시는 일이 장래의 은혜[2] 속에서 전개될 것을 기대한다.

하나님이 당신의 삶 속에 짜고 계신 이야기를 잘 보라. 광야를 떠나지 말라. 코리 텐 붐의 아버지는 딸에게 "가장 좋은 것은 아직 남아 있단다"[3]라고 상기시키곤 했다.

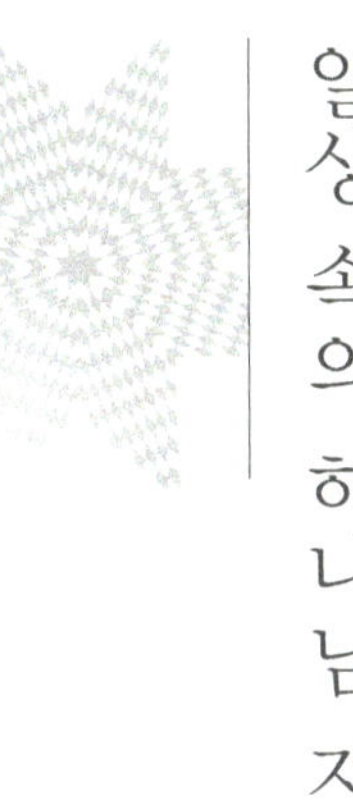

일상 속의 하나님 자리

22

광야 한복판에 있으면 하나님이 안 계신 것처럼 느껴진다. 우리는 하나님이 자신을 확실히 보여 주시고 문제의 의미를 밝혀 주시기를 간절히 바란다.

욥처럼 하나님께 "주께서 어찌하여 얼굴을 가리시고 나를 주의 원수로 여기시나이까"욥 13:24라고 하소연한다. 그 대답으로, 예수님이 다음 세 명의 여자들을 대하실 때 어느 자리에 서시는지 살펴보자. 세 사람 다 무의미해 보이는 이야기 속에서 고통당하고 있었다.

가나안 여자와 어려운 딸

마태복음에는 가나안의 이방 여인이 예수님과 제자들에게 막무가 내로 조르는 이야기가 나온다. 딸이 귀신들려 도움이 필요했기 때문이다. 처음에는 예수께서 아무 말씀이 없으시다. 여자를 돌려보내지도 않으시고 받아 주지도 않으신다. 일부러 모호한 태도를 취하며 그냥 듣고만 계신다.

제자들은 그 상황이 거북하여 예수님께 해결을 청한다.

"그 여자가 우리 뒤에서 소리를 지르오니 그를 보내소서"마 15:23.

제자들은 이세벨이라는 또 다른 가나안 여인이 이스라엘에 귀신숭배를 들여 놓은 사실을 아마 알고 있었을 것이다. 이세벨은 응분의 대가를 받았다.

그런데 예수님은 제자들의 말을 무시하신다. 여자를 돌려보내지 않으시고 오히려 혼란을 지속시키신다. 여자에게 말씀은 건네시면서 동시에 다음과 같이 민족 간의 장벽을 언급하여 벽을 치신 것이다. "나는 이스라엘 집의 잃어버린 양 외에는 다른 데로 보내심을 받지 아니하였노라"마 15:24.

여자는 기회가 왔다 싶어 그분의 발밑에 엎드려 "주여 저를 도우소서"마 15:25라고 간청한다. 예수님 말씀의 내용은 무시하고, 그분이 마침내 자신에게 대꾸를 하셨다는 사실에 매달린 것이다. 그분의 행동이 말씀보다 더 크게 말했다.

그런데 예수님은 화를 돋구는 대답을 하신다. 모호한 태도를 이어가시며 또 한 번 벽을 치신 것이다.

"자녀의 떡을 취하여 개들에게 던짐이 마땅하지 아니하니라"마 15:26.

하지만 동시에 그분은 대화를 하심으로써 여자에게 한 걸음 더 다가가신다. 여자는 그분의 엄포를 무시한 채 승부수를 던진다.

"주여 옳소이다마는 개들도 제 주인의 상에서 떨어지는 부스러기를 먹나이다"마 15:27. 그야말로 으뜸 패다. 그분을 제압한 것이다. 그것을 여자도 알고 그분도 아신다. 사람을 따뜻이 맞아 주시는 예수께서 어떻게 이런 철저히 연약한 모습을 물리치실 수 있겠는가? 예수님은 여자의 믿음에 놀라시며 믿음의 대상大賞을 주신다.

"여자여, 네 믿음이 크도다 네 소원대로 되리라"마 15:28.

예수께서 기도의 요술방망이라면 여자의 딸을 즉시 고쳐 주셨을 것이고, 우리는 여자의 저돌적이고 창의적인 정신을 알 수 없었을 것이다. 마찬가지로, 우리를 향한 예수님의 모호한 태도는 그분과 우리 양쪽 모두의 모습이 드러날 여지를 만들어낸다. 기적이 너무 빨리 오면 발견과 관계의 여지가 없어진다. 이 여자의 경우나 우리의 경우나 예수님은 거룩한 로맨스에 들어가 우리에게 구애를 하신다.

영적 공백 상태에서 끝까지 견디고 모호한 기간을 잘 버티면, 하나님을 알아가게 된다.

기다림은 믿음의 정수이며, 하나님과의 관계 속으로 들어가게 한다. 믿음과 관계는 한 데 얽힌 춤이다. 요즘은 누구나 다 기도가 관계라고들 말하는데, 흔히 그 말은 하나님께 대한 푸근한 감상을 뜻한다. 푸근한 감상이 잘못은 아니지만, 관계는 그보다 훨씬 깊고 복잡하다.

또 다른 여자와 어려운 딸

나는 예수께서 또 다른 여자와 어려운 딸에게도 똑같이 하시는 것을 보았다. 지난 25년 동안 아내는 킴을 두고 하나님과 씨름했다. 매주 가족들이 모여 기도할 때마다 아내는 힘과 믿음을 달라고 기도하곤 했다. 하루를 끝까지 버틸 힘, 그리고 포기하지 않는 믿음이었다. 얼마 지나지 않아 다른 가족들은 굳이 아내의 기도 제목이 무엇인지 물어볼 필요도 없게 되었다. 이미 뻔한 거였다.

믿음을 달라는 아내의 기도의 배후를 다음 글에서 엿볼 수 있다. 여섯째 아이 에밀리를 임신했다는 것을 안 직후에 아내가 쓴 일기다. 그때 킴은 다섯 살이었다.

> 내 나이 어언 서른둘. 맙소사! 올해는 또 어떤 해가 될까? 킴이 말을 하게 될까? 킴에게 별로 진전이 보이지 않아 그동안 아주 힘들었다. 킴은 지금 필라델피아 아동병원에서 다시 평가를 받는 중이다. 킴이 못하는 일이 무엇이고 그냥 안 하는 일이 무엇인지 가리기가 참 어렵다. 모든 게 참 어렵다. … 이런 걸 보면서도 여전히, 예수님이 킴과 나를 사랑하시며 킴의 지속적인 치유를 위한 내 간구를 들어 주신다는 것을 믿기가 어렵다. 정말 믿음이 걸린 문제다. 고난은 정말 곁가지일 뿐이다. 나한테 필요한 것을 예수님께 아뢰고 맡기는 것만으로도 큰 싸움이다. 특히나 날마다 고생하는 킴을 보면 그렇다. 정말 내 마음이 찢어진다.

아동병원에 다녀온 지 이틀 후에 아내는 이렇게 썼다. "주님께 맡길 수 있는 믿음을 주세요. 제발 킴이 말을 하게 해 주세요." 그리고는 일기가 끊어진다. 아내가 기도 일기에 다시 일기를 쓸 믿음과 기력이 생긴 것은 10년이 지나서였다. 킴이 말을 하기 시작한 것은 20년이 지나서였다. 그때 킴의 나이 스물다섯이었다. 하나님은 아내의 믿음을 키우시고 그분과 더 잘 소통할 수 있게 하시려고 아내를 혼란 속에 두셨다. 아이처럼 되기 위해서 아내는 다시 약해져야만 했다.

예수님이 아내에게나 가나안 여자에게나 모호한 반응을 보이신 것은 기도에 관한 단기 강좌였다. 하나님은 두 여자의 삶에 어려운 상황을 허락하시고는 언저리에 머무셨다. 복판이 아니라 언저리였다. 그분이 복판에 계셨다면, 하나님이 평소처럼 잘 보였다면, 그들은 그분과 생생한 관계를 누릴 만큼 믿음이 자라지 못했을 것이다. 하나님은 친구와 연인이 아니라 기도의 요술방망이가 되셨을 것이다.

하나님이 침묵하시는 것 같고 기도가 응답되지 않을 때면, 이야기를 떠나고 싶은 걷잡을 수 없는 유혹이 든다. 광야를 벗어나 그냥 평범하게 살고 싶은 것이다. 하지만 영적 공백 상태에서 끝까지 견디고 모호한 기간을 잘 버티면, 하나님을 알아가게 된다. 사실, 모든 가까운 관계에서 친밀함이란 본래 그렇게 깊어지는 법이다.

막달라 마리아와 작은 광야

부활의 아침에 막달라 마리아를 만나셨을 때도 예수님은 그녀를 비슷하게 대하신다. 무덤 밖에서 그녀에게 처음 인사하실 때 그분은 일부러 자신의 정체를 감추신다. 그리고는 이런 질문으로 그녀의 속을 끌어내신다. "여자여 어찌하여 울며 누구를 찾느냐"요 20:15. 진실한 물음에 살짝 꾸중이 섞여 있는 전형적인 예수님다운 모습이다. 그분이 살아 계시니 마리아는 울 필요가 없었다. 예수님은 이야기의 언저리에 서 계신다. 마리아의 모습이 더 선명하고 충분하게 나타날 수 있도록 일부러 그녀를 압도하지 않으신다. 예수라는 인격체가 마리아라는 인격체를 만나실 수 있도록 잠시 그녀의 고통이 지속되게 두신다.

마리아는 그분이 동산지기인 줄 알고 "주여 당신이 옮겼거든 어디 두었는지 내게 이르소서 그리하면 내가 가져가리이다"요 20:15라고 대답한다. 물론 마리아는 너무 작아서 그분을 '가져갈' 수 없다. 그 말의 속뜻은 종들이나 시킬 만한 사람들이 자기한테 있다는 것이다. 그녀는 일 처리 방법을 알고 있다. 재물과 자원과 배짱이 있다. 누가는 마리아가 다른 여자들과 함께 "자기들의 소유로 그들예수님과 제자들을 섬기더라"눅 8:2~3라고 말했다. 만일 예수께서 자신을 즉각 나타내셨다면 우리는 이 '주관자' 마리아를 알 수 없었을 것이다. 새 아담 예수님은 온유하신 동산지기시다.

예수님은 "마리아야" 하고 이름만 불러서 자신의 임재를 알리신다. 다시 말해서, "마리아야, 네 서두름과 계획을 그만두어라. 나는 늘 여기, 이야기의 언저리에 있었다. 너한테는 나만 있으면 된다." 이렇게 간단하고 절묘하게 자신을 밝히시는 것까지도 꼭 그분다우시다. 순전히 시詩다.

하나님이 더 잘 보였으면 좋겠다는 사람들이 우리 중에 많이 있다. 우리 생각에는 그분이 더 잘 보이거나 상황이 어떻게 돌아가는지 알면, 믿기가 더 쉬워질 것 같다. 하지만 만일 예수께서 공간을 장악하여 우리의 시야를 압도하신다면, 우리는 감히 그분을 상대할 수 없다. 성경에서 하나님을 똑똑히 본 사람들은 다 죽은 자처럼 엎드러졌다. 순수한 빛을 상대하기란 어려운 법이다.

예수께서 부활하신 지 백년 후에 기록된 허위 베드로복음에 부활이 어떻게 기술되어 있는지 보라.

> "[무덤을 지키던 군사들이] 보니 무덤에서 세 사람이 나오는데 둘이 하나를 부축했고 그 뒤에는 십자가가 따르더라. 또 보니 둘의 머리는 하늘에 닿았으나 그들이 이끄는 [예수]의 머리는 하늘 위로 솟았더라."
>
> 1)

너무 '딴 세상' 얘기 같아서 영지주의 허위 복음의 하나임을 금방 알 수 있다. 앞서 보았듯이, 영지주의는 물질적 세계를 좋아하지 않았기에 신묘한 예수를 만들어내려고 했다. 위 이야기 속의 예수님은 머리가 말 그대로 하늘 위에 있다. 그분은 너무 커서 두 천사가 부축해야만 한다. 이런 방대한 규모는 전혀 관계의 여지를 남기지 않는다. 그런 그분은 우리가 상대할 수 없는 존재다. 이러한 예수님 상은 전혀 믿음의 여지를 남기지 않는다.

고난당할 때 우리는 하나님이 확실히 말씀해 주시고, 이야기의 결말을 알려 주시고, 무엇보다 그분 자신을 보여 주시기를 간절히 원한다. 하지만 그분이 즉시 자신을 다 보여 주신다면, 모든 의문에 답해 주신다면, 우리는 결코 자라지 못할 것이다. 끝까지 유아 상태로 남아 영영 번데기고치에서 나오지 못할 것이다. 아내는 20년을 기다리는 동안 깊숙이 변화되었다. 만일 하나님이 즉시 아내에게 모든 것을 설명해 주시고 킴을 고쳐 주셨다면 그런 변화는 일어나지 않았을 것이다. 누구도 그분처럼 일하지 못한다. 그분은 참으로 영혼들을 사랑하시는 분이다.

이야기가 빠진 기도

23

당신의 삶이 하늘 아버지께서 들려 주시는 이야기로 느껴지지 않을 때는 어떻게 될까? 필립 얀시의 책에 나오는 조앤의 이야기를 들어 보라.

> 초신자 때 나더러 기도를 믿느냐고 물었다면 얼른 그렇다고 했을 것이다. 눈길에서 차가 빙빙 돌았는데도 다치지 않았던 일, 집 열쇠를 차 안에 두고 몇 시간이나 찾지 못하다가 기도해서 찾았던 일을 말해 줄 것이다. 혹시 하나님이 초신자들은 돌보시는지도 모르겠다. 하지만 오래된 신자들은 돌보시지 않는 것 같다.
> 응답받지 못한 기도를 꼽자면 아마 백 가지는 될 것이다. 이기적인 기도가 아니라 중요한 기도들이었는데 말이다. "하나님, 우리 아이들을

안전하게 지켜 주세요. 나쁜 친구들과 어울리지 않게 해 주세요." 하지만 세 아이 모두 마약과 알코올 남용으로 법의 처벌을 받고야 말았다. 과부가 재판관에게 계속 끈질기게 졸랐다는 예수님의 이야기도 다 부질없다고 말하고 싶다. 암에 걸린 그리스도인 지도자를 위하여 수많은 사람들이 기도해도 그 사람은 죽을 수 있다. 예수님은 무슨 뜻으로 그 비유를 말씀하신 것일까? 되지도 않을 일에 계속 매달리라고?

벌써 몇 년째 내 삶은 구렁텅이를 맴돌고 있다. 물론 하나님과 친하던 때, 하나님의 임재가 느껴지던 때도 있었고 지금도 그런 기억 하나로 버티고 있다. 하나님의 음성을 들은 적도 두세 번 있었다. 한 번은 그 음성이 거의 귀에 들릴 듯했다. 대학을 막 졸업한 젊은 나이에 백혈병 진단을 받고 병원으로 차를 몰고 가던 중에 이사야서 말씀이 뚜렷이 떠올랐다. "놀라지 말라 나는 네 하나님이 됨이라 내가 너를 굳세게 하리라 참으로 너를 도와주리라 참으로 나의 의로운 오른손으로 너를 붙들리라."사 41:10 그런 몇 안 되는 기억에 매달려보지만, 그밖에는 더 얻는 게 없다. 하나님이 듣고 계시다는 새로운 표징이 없다.

바라던 것과 비슷하게라도 응답이 있는 경우는 내 기도의 20퍼센트밖에 안 되는 것 같다. 시간이 갈수록 포기한다. 그리고 어차피 될 법한 일들을 위해서만 기도한다. 아니면 기도하지 않는다. 내 일기장을 보면 하나님이 하시는 일이 점점 줄어든다. 화가 난다. 아이처럼 나도 말문을 닫는다. 하나님께 은근히 대든다. 그분을 일단 제쳐둔다. 하더라도 나중에 하지 뭐.

멘토를 찾아가 속을 쏟아내며 내 건강과 특히 아이들과 관련하여 지난 몇 년간 겪어온 일들을 시시콜콜 털어놓았다. 그리고 물었다. "이제 난 어떻게 하지요?"

그는 하염없이 앉아 있다가 "나도 모르겠네요, 조앤" 하고는 한숨을 내쉬었다. 지혜의 말을 기다렸는데, 아무 것도 얻지 못했다. 기도가 꼭 그렇다.[1)]

조앤을 생각하니 내 가슴이 미어진다. 그녀는 많은 시련을 겪었다. 대학 때 백혈병에 걸렸고, 세 자녀 때문에 힘들었고, 하나님께 깊이 실망했다. 조앤의 울부짖는 마음이 시편 도처에 그대로 표현되어 있다. "내 하나님이여 내 하나님이여 어찌 나를 버리셨나이까"시 22:1. 예수님 자신도 십자가 위에서 조앤의 괴로운 절규를 되풀이하신다.

하나님께 버림받는 심정이 어떤지 나도 조금은 안다. 유독 괴로웠던 한 해가 있었다. 단 한 주도 울음이 터지지 않고 지나간 적이 없었다. 그 해가 다할 무렵에는 내가 하나님을 잘못 알았나 하는 의문마저 들었다. 그분의 마음은 은혜롭다던데, 혹시 내 눈이 삐었던 것일까? 그동안 내가 그분의 은혜를 너무 크게 보았던 것일까?

우리는 기도 응답이 없는 답답한 상황을 좋아하지 않는다. 응답이 내가 구하던 것과 다를 때도 마찬가지다. 조앤처럼 심란한 마음은 우리를 불안하게 하고, 그녀의 이야기는 기도가 지리멸렬함을 우리에게 보여 준다.

이야기를 돌아본다

내가 조앤의 멘토라면 먼저 그녀의 이야기를 알고 싶다. 위에서 한 말은 빙산의 일각일 거라는 생각이 든다. 다른 사람이 조앤에게 지은 죄는 무엇일까? 교회나 남편이 그녀를 저버렸을까? 그녀는 편모일까? 거꾸로, 조앤 자신은 어떤 죄를 지었을까? 그녀가 내린 선택들이 자녀들의 문제에 한 몫 했을까? 처음 문제의 조짐이 보였을 때 그녀는 자녀들을 어떻게 대했을까? 그렇다고 부모 노릇만 잘하면 하나님이 우리 자녀들을 보호해 주신다고 말하려는 건 아니다. 하나님도 자녀들 때문에 힘들어 하신다. 다만 조앤의 이야기에는 한 쪽 부분만 있다. 즉 다른 사람이 조앤에게 지은 죄는 있지만 조앤이 죄인이라는 부분은 없다. 위에서 말한 것만 보면 하나님만 악역이다.

조앤에게 물어 봐도 된다면 기도를 어떻게 보느냐고 묻고 싶다. 많은 그리스도인들처럼 조앤도 기도를 나머지 삶과 떼어서 말하고 있다. 마치 기도가 지구 둘레를 도는 위성처럼 진공 상태에 존재한다는 듯이 말이다. 조앤의 기도가 삶의 다른 부분들과 어떻게 맞물려 있는지를 보여 주는 이야기는 가닥이 보이지 않는다. 기도하는 삶은 순종, 사랑, 기다림, 고난과 떼어놓을 수 없다.

조앤은 기도에 대한 좋은 기억도 있다. 그래서 "하나님의 임재가 느껴지던 때도 있었고 지금도 그런 기억 하나로 버티고 있다"라고 했다. 이런 기억은 우리에게 힘이 될 수도 있지만, 체험 자체가 목적이 되면 하나님이 내 즐거움의 도구가 된다. 그러니 20퍼센트밖에 응답하지 않으실 것은 당연하다.

조앤에게 가장 지적하기 어려운 부분은 그녀의 원망이다. 거의 말끝마다 냉소 섞인 절망이 묻어나고 있다. 기도에 대한 잘못된 가르침, 기도를 삶과 단절시키는 가르침이 그녀를 원망으로 몰고 간 것일까? 조앤의 원망이 자녀들의 문제에 영향을 주었을까? 조앤은 자녀들이 하나님과 멀어졌다고 했고 자신도 그렇게 되었다고 인정했다.

조앤은 무죄하게 무의미한 고난을 당하는 현대판 욥일 수도 있다. 하지만 욥은 원망하지 않는다. 결코 자신의 마음을 닫지 않으며, 그의 굳센 믿음은 자신이 무죄하다는 우렁찬 선언으로 표현된다. 내 잘못이라고 보는 절친한 세 친구 앞에서 내 무죄를 주장하려면 믿음이 필요하다. 욥은 계속 하나님께 자신을 해명해 달라고 부르짖는다. 욥은 하나님의 면전에 있다. 그러나 조앤은 본인도 인정하듯 꽁무니를 뺐다. 하나는 순전한 믿음이고, 하나는 그렇지 못하다. 하나는 하나님이 더 큰 이야기를 짜고 계심을 신뢰하고 있고, 하나는 그렇지 못하다.

실망 앞에서 하나님께 열성을 내지 않으면 냉소가 스며들고 마음

이야기가 없을 때	이야기가 있을 때
원망한다	기다린다
분노한다	깨어 있는다
목적이 없다	경이를 느낀다
냉소적이다	기도한다
통제하려 든다	순복한다
절망한다	희망을 품는다
감사하지 않는다	감사한다
탓한다	회개한다

이 점차 굳어진다. 비참한 삶이 시작되는 것이다.

다음 도표는 기도하는 삶에 대한 두 가지 접근을 요약한 것이다.

하나님이 짜시는 다른 이야기

킴이 말을 하게 해달라는 우리의 기도에 하나님은 25년 만에 응답하셨다. 그 이야기를 조앤에게 꼭 들려 주고 싶다. 우리의 기도와, 킴이 의사소통 방식을 하나씩 천천히 익혀 나가던 과정, 그 둘 사이의 숨은 노력, 기도, 실수, 좌절, 더 많은 노력, 더 많은 기도, 돌파구, 노력, 기도의 연속이었다. 우리는 하나님의 공급을 수없이 보았다. 하나님의 공급하심은 대개는 막판에 왔으며, 그때마다 그분은 꼭 우리를 낮추셨다.

1993년에 아내는 우리 학교를 통해 받은 보조금으로 킴에게 말하는 컴퓨터를 구해 주었다. 그런데 처음 열정이 시들해지자 컴퓨터는 선반에 고이 모셔지는 신세가 되었다. 128개 키의 아이콘과 3천 개 단어로 된 그 컴퓨터의 언어를 배우는 일에 킴도 우리도 기가 질렸다. 설사 그 언어를 배운다 해도 킴에게는 조리 있게 문장을 구성할 능력이 없었다. 과연 그런 날이 올지 막막했다.

1996년 봄에 킴은 학교에서 수화 통역관과 함께 잘 해내고 있었다. 나는 짬을 내서 예수님과 그분의 사랑에 관한 책을 쓰고 싶었다. 그 문제로 기도하던 중 이런 생각이 떠올랐다. "폴, 킴이 말을 못하는데 네가 어떻게 나에 대하여 말할 수 있겠느냐?" 표리부동해서는 안 된다는 이 단순한 도전에서 하나님이 느껴졌다. 하나님은 내 숨은 가정생활과 겉으로 드러나는 사역을 일치시키실 작정이셨다. 하나님은 사랑에 중점을 둔 공적인 사역만 든든히 서고저술, 사적인 사역은 흐지부지한 상태말하지 못하는 킴를 원하지 않으셨다. 외부생활이 내면생활보다 커 보이기를 원하지 않으셨던 것이다. 그분은 분열된 자아를 원하지 않으셨다.

그래서 나는 책을 쓰려던 계획을 미루고 킴에게 말하는 컴퓨터로 말을 가르칠 방법을 궁리했다. 기도한 지 얼마 되지 않아 어떤 소식지를 받았는데, 그 분야의 개척자 중 한 명이 운영하는 말하는 컴퓨터 캠프에 관한 내용이었다. 우리 부부는 캠프에서 일주일을 보내며 말하는 컴퓨터에 푹 빠졌다. 다른 아이들이 사용하는 것을 보니 전자 목소리에 대한 거부감이 좀 사라졌다. 가을에 개학하면서 우리는 학교 측에 킴의 개인지도 프로그램을 다시 시작하여, 말하는 컴퓨터의 언어를 배우는 특별 수업을 받게 해 줄 것을 요청했다.

우리는 킴에게 식사기도 등 컴퓨터로 말할 기회를 최대한 많이 주었다. 음량이 아주 높게 설정되어 있는 것도 모르고 외식을 나간 적도 더러 있었다. 컴퓨터가 큰소리로 "예수님, 이 음식을 주셔서 감사합니다"라고 말하면, 우리 집 사춘기 아이들은 남의 눈에 띄지 않으려고 의자 밑으로 기어들려 했지만 허사였다. 한 번은 앤드류가 동생 에밀리를 옆으로 불러다 말했다. "포기하는 게 좋을걸. 킴 누나가 옆에 있는 한 넌 멋있어 보일 수 없거든."

킴이 말하는 문장들이 아주 천천히 조금씩 더 분명해졌다. 드디어 전자 목소리로 '말을 하기' 시작한 것이다. 전자 목소리를 조작하면 킴의 목소리를 '덩치 큰 해리' 나 '억센 리타' 같은 다른 인물들로 바꿀 수 있어 재미있다.

집필 계획을 미룬 지 1년 후에, 그런 내 마음을 전혀 모르는 친구 린다가 뜻밖에 전화를 했다. "폴, 내 친구 중에 뛰어난 작가가 있는데 글쓰기 강좌를 열고 싶답니다. 관심 있으세요?"

우연의 일치 같은 일들이 꼬리를 물었다. 우울증으로 고생하는 아내를 둔 어느 목사를 방문했는데, 그가 어느 유수한 복음적인 출판사와 개인적으로 친분이 있음을 알게 되었다. 어느 수련회에 강사로 갔을 때는 옥스퍼드에서 수학한 한 인도인 작가와 친해졌다. 내가 쓰려는 책의 편집을 맡아 준다면 나도 그녀에게 제자 훈련을 해주기로 했다. 그러다 내가 신학교에 들어갈 문이 열렸고, 거기서 예수님의 삶에 관한 책을 쓰기 시작했다. 하나님이 내 집필을 막으신 지 3년 후에 계약이 성사되어 쓴 책이 「우리 사이를 거닐던 사랑」CUP이다. 그리고 6개월 후에는 좋은 친구들의 후한 헌금 덕택에 글쓰기에만 전념할 수 있게 되었다.

나의 경우, 하나님 나라를 먼저 구한다는 것은 공적으로 예수님에 관한 책을 쓰지 않고 숨은 사랑의 수고를 한다는 뜻이었다. 책을 쓰기 전에 열린 문마다 거의 매번 표리부동해서는 안 된다는 작은 시험이 딸려왔다. 하늘 아버지께서는 킴의 언어 능력을 향상시켜 주시려고 아들 예수님의 아름다움에 관한 책을 일부러 뒤로 미루셨다. 아들 예수님의 영광보다 킴을 앞세우신 것이다. 나로서는 이해할 수 없는 차원의 사랑이다. 십자가란 그런 것이 아닐까 싶다.

제목만 따로 떼어놓고 하는 기도와 하나님이 짜고 계신 이야기의 정황 속에서 하는 기도의 차이를 알겠는가? 하나님은 킴이 말을 하게 해달라는 우리의 기도에 응답하셨지만, 그 응답은 회개하고 섬기고 애쓰고 기다리는 것과 분리될 수 없었다. 대부분의 기도는 하나님이 짜고 계신 전체 이야기의 정황 속에서 응답된다.

아버지의 이야기 속에 살기

하늘 아버지의 이야기 속에서 사는 것은 긴장 속에 산다는 뜻이다. 즉 책을 쓰게 될까? 문장 구조도 모르는 킴이 어떻게 말을 할 수 있을까? 그런 긴장이 있다. 그러나 결국 긴장과 감당 못할 장애물들이야말로 좋은 이야기의 구성 요소가 아니던가! 기도가 요술처럼 통한다면 삶은 얼마나 권태로울까. 하나님과의 관계도 없을 것이고, 악의 작은 아성들을 이기는 승리도 없을 것이다.

아버지의 이야기 속에서 살려면 다음 세 가지를 잊지 말라.

1. 이야기가 당신 뜻대로 되어야 한다고 고집하지 말라. 다시 말해 완전히 순복하라.
2. 이야기꾼이신 그분을 찾으라. 일하시는 그분의 손길을 찾아 거기 보이는 것에 비추어 기도하라. 예수님을 보는 눈을 기르라.
3. 끝까지 이야기 속에 남아 있으라. 이야기가 엉뚱한 방향으로 가도

중간에 포기하지 말라.

마지막 세 번째, 즉 끝까지 이야기 속에 남아 있는 것이 특히 어려울 수 있다. 이야기가 당신 뜻대로 되지 않거든 이렇게 자문해 보라. "하나님은 지금 무엇을 하고 계실까?" 그리고 뜻밖의 선물들을 잘 살피라. 하나님은 포대기에 싸여 구유에 누워 있는 아기들로 우리를 놀라게 하시기를 좋아하신다.

우리는 "하나님이 침묵하신다"라고 말할 때가 있는데, 실제로는 하나님이 이야기를 우리가 원하는 방식대로 하지 않으신 것뿐이다. 이야기는 내가 지어내고 하나님께는 빈 칸만 채우시라고 한다면 침묵하실 것이다. 하지만 그분 자신의 이야기라면 침묵하시는 법이 거의 없다. 우리는 바로 그 이야기 속에 살고 있다.

그 말이 무슨 뜻인지 보여 주는 짤막한 일화가 있다. 내가 강연 중이던 장애인 캠프에서 부모의 비판이 억울하게 느껴진다는 한 자원봉사자를 만났다. 그녀의 말을 듣고 나서 내가 밝은 얼굴로 말했다. "드디어 부모님 대신 예수님을 섬기실 기회가 왔군요." 나도 비슷한 상황에 처해 보았기에 그녀에게 그런 기회가 온 것이 진심으로 기뻤다. 내가 옳다는 자세를 가장 확실히 없애 주는 것은 나를 비판하는 사람을 섬기는 것이다.

이야기꾼이신 하나님을 보려면 내면생활을 늦추고 깨어 있어야 한다. 말씀 속에 침잠해야 이야기꾼의 생각을 경험하고 그분의 음색을 가려낼 수 있다. 우리는 이야기에 깨어 있어야 하고, 우리들의 사소한 삶속에서 말씀하시는 이야기꾼의 음성에 깨어 있어야 한다. 하나님이 짜시는 이야기는 이상하지도 않고 가볍지도 않다. 그 이야기는 언제나 우리 삶의 단편들을 가지고 그분의 위엄 앞에 엎드리게 한다.

예술가 하나님께 깨어 있으라

하나님이 요셉의 삶 속에 짜고 계셨던 이야기를 잠시 살펴보면 그 말이 무슨 뜻인지 알 수 있다.

조앤처럼 요셉의 삶도 실망으로 점철되었다. 형들이 시기심에 그를 은 이십에 팔았고 채색 옷을 벗겨 그가 죽었다는 '증거물'로 삼았다. 얼마 후 삶이 좋은 쪽으로 반전되는가 싶었는데, 바로 그때 주인의 부인이 그의 옷을 벗겨, 그가 강간하려 했다는 '증거물'로 삼았다. 결국 요셉은 혼자 감옥에 갇혀 잊혀졌다창 37장, 39~40장 참조.

하지만 하나님이 짜고 계신 이야기를 보라. 요셉은 두 차례나 옷을 잃고 낮아졌는데, 그때마다 옷은 배신의 증거물로 이용된다. 그러나 하나님이 그를 높이시자 그는 두 차례나 바로에게서 새 옷을 얻는다. 요셉은 하나님이 옷과 은으로 이야기를 짜고 계심을 깨달았다. 형들이 왔을 때 각자에게 옷과 은을 주는 것을 보면 그렇다. 그는 형들이 자기에게서 빼앗아간 바로 그 품목들을 가지고 형들을 축복하여 자기 인생의 이야기를 마무리한다창 41~45장 참조. 요셉은 원망과 냉소에 굴하지 않았고, 오히려 하나님의 은혜로운 마음을 터득한다. 그리고 자기를 해친 사람들에게 그 은혜를 베푼다. 용서가 흘러나왔다.

형들에게 옷을 줌으로써 요셉은 예술가가 되었다. 그는 하나님이 자신의 삶에 사용하신 주제들을 보고 그것을 계속 이어나갔다. 하나님의 붓을 받아 그림을 완성시킨 것이다. 요셉은 하늘 아버지의 리듬을 배운 사람이다.

이야기가 당신 뜻대로 되지 않거든 이렇게 자문해 보라. "하나님은 지금 무엇을 하고 계실까?" 그리고 뜻밖의 선물들을 잘 살피라.

컴퓨터를 배우는 킴의 이야기에서 예술성을 보라. "킴이 말하지 못하는데 네가 어찌 나에 대하여 말할 수 있겠느냐?"라는 생각은 "말하다"라는 단어의 두 가지 의미를 가지고 내 마음의 단면을 드러냈다. 첫 번째 '말하다'는 말 그대로 입으로 하는 말이고, 두 번째 '말하다'는 글로 써서 선포한다는 의미다. 이는 시의 한 소절이다. "내가 하나님의 마음에 힘을 쏟자킴이 말하도록 돕는 일 하나님은 나의 마음에 힘을 쏟으셨다내가 책을 쓰도록 도우시는 일." 그 속에 있는 하나님의 예술성을 보라. 나는 하나님이 이야기를 짜시는 방식을 지켜보는 것이 참 좋다.

우리가 삶 속에서 하나님의 예술성을 의식하는 것을 잃어버린 이유는 계몽주의가 예술과 시와 문학을 종교와 같은 범주에 두었기 때문이다. 계몽주의는 그런 것들을 '실체가 아닌 것'으로 정의했다. 그래서 역사책이나 생물학 책에 시가 허용되지 않는다. 물론 이것은 잘못된 분리다. 아무 생물학 책이나 펴보라. 당장 눈앞에 굉장한 예술가 겸 설계자의 작품이 펼쳐질 것이다.

끝없는 고난이나 그냥 작은 문제에라도 부딪치면, 우리는 거장이신 하나님의 손에 집중하지 않고 본능적으로 나에게 없는 것에 집중한다. 요셉의 이야기의 경우, 잃어버린 옷과 배신 같은 것들이다. 그러나 대개 만사가 틀어졌다고 생각될 때는 당신이 이야기의 한복판에 있는 것뿐이다. 하나님이 당신의 삶 속에 짜고 계신 이야기들을 잘 보면 요셉처럼 무늬를 보게 될 것이다. 당신도 아버지의 음성에 민감한 시인이 될 것이다.

이야기의 결말은 희망

24

희망은 역사에 있어 새로운 개념이며 기독교 특유의 시각이다. 우리는 희망을 당연시하는데, 이는 예수 그리스도의 사상이 현대 사상을 아주 폭넓게 형성하고 있기 때문이다. 그러나 원래부터 늘 그랬던 것은 아니다. 고대 그리스인들에게는 희극과 비극 두 종류의 이야기가 있었다. 희극은 재미있지만 현실이 아니다. 비극은 현실이지만 재미가 없다. 인생을 잘 보면 슬프다. 무시하면 재미있다. 그런 그들의 철학이 연극에 그대로 반영되었다. 그래서 스토아 철학자들은 무의미한 세상에서 도덕적이 되려고 애썼다. 그들에게 삶은 비극이었다. 그들은 그것을 견뎌냈다. 반면 에피쿠로스 철학자들은 재미밖에 몰랐다. 삶은 희극이었다. 그들은 "내일 죽을 테니 먹고 마시고 즐거워하자"라는 말을 만들어냈다.

복음은 기쁜 소식이다. 하나님이 십자가에서 악의 권세를 깨뜨리셨으므로 우리도 사라처럼 자신의 냉소를 쳐다보며 웃을 수 있다. 예수님의 첫 번째 기적이 좋은 잔치가 최고의 잔치가 되도록 560리터 가량의 고급 포도주를 만드신 것이란 사실은 놀랄 일이 아니다요 2장 참조. 끝은 비극이 아니다. 하나님은 가장 좋은 것을 마지막까지 남겨 두셨다.

어떤 작가들은 하나님의 관심이 우리가 그분을 알아가는 데에만 있는 것처럼 말한다. 그러나 이는 또 다른 형태의 절망 도표다239쪽 참조. 하나님은 우리의 상황에도 관심이 있으시다. 킴이 말을 못하는 것에도 관심을 갖고 계신다. 킴이 말을 하게 해달라는 애슐리의 가슴 아픈 기도가 그분의 마음을 울린다. 그분은 삶의 사소한 부분들에서 킴을 위하시며, 킴이 형통하기를 원하신다. 어디까지나 그분은 희망의 하나님이시다.

이들 작가들은 희망을 영적으로 해석함으로써 희망을 버린다. 하지만 아브라함과 사라는 아들을 얻었다. 요셉의 형들은 요셉 앞에서 절했다. 다윗은 왕국을 얻었고, 예수님은 죽은 자들 가운데서 살아나셨다. 킴은 말하는 컴퓨터로 말하기를 배웠고, 이제 정말 자신의 육성을 내기 시작했다.

무한하신 하나님이 인격적으로 우리를 만져 주신다. 바울도 그런 뜻에서 "우리 가운데서 역사하시는 능력대로 우리가 구하거나 생각하는 모든 것에 더 넘치도록 능히 하실 이에게"엡 3:20라고 말했다. 하나님이 크신 분이므로 우리도 큰 꿈을 품을 수 있다.

당신이 기다리면 하늘 아버지께서 당신을 안고 캄캄한 밤 속으로 나가 당신의 삶을 빛나게 해 주실 것이다. 하나님은 자신의 경이로운 사랑으로 당신을 놀라게 해 주시기를 원하신다.

킴을 위한 큰 꿈

희망에 관한 이야기를 하나 더 나누고 싶다. 킴이 취직한 이야기인데, 희극이 된 비극이다.[1]

킴이 열여섯 살 때 우리 부부에게 조금씩 공포가 시작되었다. 스물두 살에 대학을 졸업하고 나면 킴이 무엇을 할 것인가 하는 문제였다. 중복 장애가 이렇게 많은데 어떻게 취직을 할 수 있겠는가? 우리는 하나님이 장차 킴에게 일자리를 주시도록 날마다 기도하기 시작했다.

우리는 시도해 보지 않은 일이 없다. 양로원에서 자원봉사 자리를 얻었는데, 킴은 토끼에게 먹이를 주는 일은 좋아했지만 식당에 식탁을 차리는 일은 싫어했다. 도우미가 거들어 주는데도 킴에게는 그 기관이 너무 벅차게 느껴졌다. 아내는 킴에게 식탁 차리는 법을 가르치려고 매직펜으로 식탁 깔개에 접시, 컵, 포크 등을 놓는 자리를 표시해 주었다. 그런데도 킴이 차린 식탁은 꼭 작은 태풍이 지나간 자리 같았다.

킴은 책을 좋아했으므로 도서관에 잔심부름꾼으로 자원했다. 하지만 그것은 알코올 중독자에게 주류 판매점에 술을 진열하라고 하는 것과 비슷했다. 책을 두어 권 치우다 말고 독서에 빠져들곤 했기 때문이다. 책을 서가에 꽂을 수 있도록 미리 알파벳 순으로 정리하는 일은 특히 더 어려웠다.

뿐만 아니라 킴은 고집을 부릴 때도 있다. 한 번은 킴이 바보 행세를 하며 도우미를 괴롭혀서 도우미가 울면서 아내에게 전화를 했다. 아내는 킴이 장애를 이용하여 남을 조종하는 것을 질색한다. 아내는 차를 몰고 도서관으로 가서 자신의 도서관 카드로 책을 몇 권이나 대출할 수 있느냐고 물었다. 50권이라는 답을 듣고 아내는 다른 카드 세 개를 빌려 책 2백 권을 대출했다. 그리고 도서관 카트 두 개를 빌려 몽땅 차에 싣고 킴을 집으로 데려왔다. 아내는 킴에게 2백 권의 책을 순서대로 배열하게 했다. 다 끝나면 다시 다 섞어놓고 다시 배열하게 했다. 그러기를 이틀을 했다. "킴, 도우미의 말을 듣지 않으면 이렇게 네 삶이 고달파지는 거야"라고 말해 준 셈이다. 그 뒤로 킴은 다시는 도우미를 괴롭히지 않았다.

킴이 최초로 돈을 받고 한 일은 비디오 가게에서 영화를 선반에 정돈하는 일이었다. 영화라면 사족을 못 쓰는 터라 이것 역시 알코올 중독자가 술집에서 일하는 것과 같았다. 하루는 버스가 김을 비디오 가게 앞에 내려 주었는데 아직 도우미가 나타나지 않은 상황이었다. 자폐증이 있는 사람에게는 딱 짜인 스케줄이 필요하다. 그게 바뀌면 당황할 수 있다. 킴도 눈이 많이 와서 학교가 두 시간쯤 지연되는 날이면 당황하곤 했다. 그래서 도우미가 오지 않자 킴은 한바탕 성질을 부리며 난리를 쳤다. 우리야 거기에 익숙하지만 블록버스터비디오 가게 이름_옮긴이는 그렇지 않았다. 이틀 만에 킴은 다시 일자리를 구해야 하는 신세가 되었다.

킴이 개를 아주 좋아해서 우리는 가축 병원이나 애견 보호소에 일자리를 알아보았다. 자원봉사 일은 있었지만 정식 일자리는 없었다. 우리는 세워둔 복안에 따라 킴을 몇 군데 보호 작업장장애인 직업 재활 시설_옮긴이에 데려가 보았지만 싫어했다. 졸업이 5개월 남았는데 취직은 아직도 요원했다. 취업 여건이 어두워 보여서 킴과 함께 또 다른 보호 작업장을 둘러보았다. 우리 부부는 마음에 들었으나 견학 10분 만에 킴의 눈에 눈물이 솟았다. 킴은 그곳에 있는 것을 싫어했다. 아내와 나는 눈짓을 교환한 뒤에 밖으로 나가 의견을 나누었다. 우리는 킴이 정식 일자리를 얻을 수 있도록 무슨 일이 있어도 도우미에게 들어갈 돈을 감당하기로 했다. 하지만 그것도 먼저 장애인을 고용할 고용주를 찾은 다음의 얘기였다.

아내는 배짱도 좋게 모르는 사람들에게까지 킴의 취직을 위하여 기도를 부탁했다. 성경에 나오는 끈질긴 과부는 저리 가라였다.

졸업을 6주 앞둔 4월말에도 상황은 똑같았다. 그런데 아내가 우연히 우리가 아는 인쇄업자에게 들렀을 때, 그가 "킴의 직장은 구했습니까?"라고 물었다. 아내가 아니라고 하자 애견 보호소 사장인 자기 친구에게 전화를 걸어 주었고, 그 친구는 도우미가 함께 오는 조건 하에 킴을 개를 산책시키는 사람으로 고용하겠다고 했다. 함께 애견 보호소에 갔을 때 킴은 키 183센티미터에 몸무게 113킬로그램인 해군 출신의 현 도우미 스킵이 개 우리에 들어가기를 무서워하는 걸 보며 재미있어 했다. 킴은 전혀 겁이 없었다.

취직은 되었지만 도우미에게 임금을 지불할 길을 찾아야 했다. 카운티에서 재정 지원을 거부했었기 때문이다. 그런데 졸업 2주 전에 킴의 사회복지 담당자가 전화를 해왔다. "폴, 이번 주에 주 정부에서 감사를 나왔는데 재정 지출에 좀 더 창의력을 발휘하라고 하더군요. 그래서 제가 우리가 자금을 대서 킴에게 도우미를 붙여 주면 어떻겠느냐고 했더니 승인이 났습니다. 도우미 비용은 우리가 대겠습니다."

첫 두 주는 무사했는데, 새 도우미가 지각을 하자 킴이 주차장에서 또 난리를 쳤다. 아찔한 전화가 걸려왔다. "아무래도 어렵겠습니다." 나는 애원했다. 간청했다. 약속했다. 내 영혼을 팔다시피 했다. 애견보호소는 킴에게 다시 한 번 기회를 주기로 했다.

킴은 2003년부터 개를 산책시키고 있는데 그 일을 아주 좋아한다. 일의 75퍼센트는 자기가 직접 하고 나머지 25퍼센트만 도우미가 한다. 살을 에일 듯한 겨울날이나 푹푹 찌는 여름날에도 빠지는 법이 없다. 그리고 해마다 겨울이면 자기가 모은 돈으로 FL말하는 컴퓨터로 플로리다주를 그렇게 부른다에 가서 디즈니 성지에서 예배한다.

가끔씩 도우미를 구할 수 없을 때는 아내나 내가 대신 킴을 거든다. 평소에 겸손을 구하는 기도를 해왔는데, 하나님이 그 기도에 응답하고 계심을 퍼뜩 깨달았다. 겸손이 요술처럼 임했다면 나로서는 더 좋았을 것이다. 하지만 하나님은 낮은 곳에서 겸손을 가르치신다. 그분은 막 집회에서 강사로 다녀온 나에게 개똥을 치우게 하심으로 정신을 차리게 하신다. 나는 그게 돌인 줄 알았으나 사실은 빵이었다.

킴의 취직을 통하여 하나님은 가히 경이감을 자아내셨다. 킴 정도의 장애를 지닌 성인들의 실업률은 아마 99퍼센트에 가까울 것이다. 킴의 취직을 위하여 기도하면서 때로는 그것이 파란색 하늘이 분홍색으로 바뀌게 해달라는 기도처럼 느껴지기도 했다. 하지만 천사는 마리아에게 "대저 하나님의 모든 말씀은 능하지 못하심이 없느니라"눅 1:37라고 했다.

우리의 기도는 삶 위에 붕 떠 있지 않았다. 우리 가정은 현실 선과 희망 선 둘 다에 초점을 맞추었다. 기도는 노력하고, 계획하고, 구식

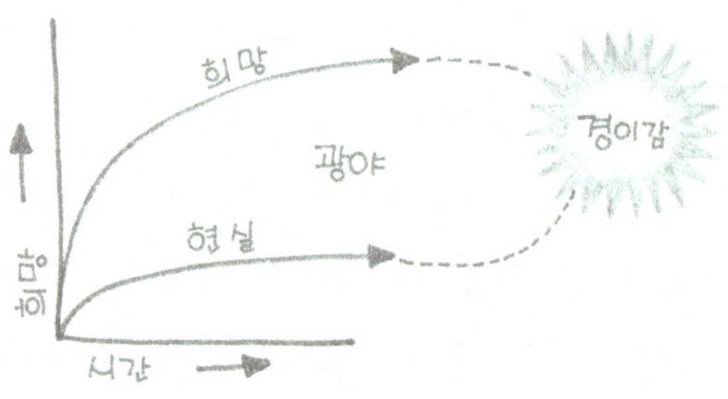

일지라도 좋은 방식으로 간청하는 것과 별개가 아니었다.

하나님이 짜시는 이야기는 경이롭다

우리가 기다리며 기도하면 하나님은 그분의 이야기를 짜시고 경이감을 자아내신다. 우리는 희극부정과 비극현실 사이를 떠도는 것이 아니라 살아 계신 하나님과의 관계를 누린다. 그분은 우리 세상의 사소한

일들에 자상히 개입하시는 분이다. 우리는 하나님의 이야기가 펼쳐질 때 깨어 있는 법, 경이를 기다리는 법을 배운다.

아이들이 어렸을 때 우리는 일주일간 기독교 캠프에서 강연을 하는 것으로 휴가를 저렴하게 때우곤 했다. 한 번은 캠프에서 칠흑같이 캄캄한 밤에 네 살 된 딸 코트니를 안고 바깥을 걸으면서 하늘을 보여 주던 일이 기억난다. 아이에게 오리온자리, 카시오피아자리, 북두칠성을 보여 주었다. 색색의 별들과 은하수도 보여 주었다. 아이는 하나님이 지으신 세계를 보며 경이에 젖었다. 당신이 기다리면 하늘 아버지께서 당신을 안고 캄캄한 밤 속으로 나가 당신의 삶을 빛나게 해 주실 것이다. 그분은 자신의 경이로운 사랑으로 당신을 놀라게 해 주시기를 원하신다.

그러나 아버지께서 하고 계신 경이로운 이야기들을 보려면 어린아이처럼 되어야 한다. 그것이 C. S. 루이스가 이야기꾼이 된 비결이다. 루이스의 친한 친구 루스 피터는 이런 말을 했다. "영광과 악몽에 대한 남달리 집요한 아이의 마음, 그것이 루이스의 삶 전체에 방향과 동기를 부여했다."[2)] 「나니아 사람」The Narnian의 저자 앨런 제이콥스는 루이스에 대하여 이렇게 말했다.

> 루이스의 사고의 특징은 무엇보다도 기꺼이 매혹당하는 자세였다. 매혹에 열려 있는 그 마음이야말로 그의 삶의 다양한 가닥웃음을 좋아한 것, 선하신 사랑의 하나님이 만드신 세상을 기꺼이 받아들인 것, (어떤 면에서 무엇보다도) 경이로운 이야기의 매력에 기꺼이 넘어간 것 등을 하나로 묶어 주는 요소였다.[3)]

나는 하나님이 킴의 삶 안팎에 짜시는 이야기들에 매혹되어 있다.

그냥 직장이 아닌 소명을 구하다

답답한 구직의 와중에 아내와 나는 킴을 위하여 더 큰 기도를 시작했다. 그냥 직장이 아닌 소명을 달라고, 킴이 자신의 일 속에서 하나님의 기뻐하심을 느끼고 사람들을 섬기게 해달라고 기도한 것이다. '에이 모르겠다! 이왕 구하는 것, 대망을 품어서 나쁠 거야 없겠지!' 그런 생각에서였다.

하나님이 킴의 소명을 어떻게 하실까? 나도 모른다. 하지만 깨어 있어 기도하는 것이 재미있다. 지난해에 킴은 집회나 세미나에 여러 번 연사로 섰다. 대개는 내가 생활 속의 이런저런 사건에 대해서 킴을 인터뷰한다. 그동안 우리가 했던 이야기의 하나가 다음 장에 나온다. 킴이 처음으로 나를 따라 세미나에 간 이야기다. "조니와 친구들" 집회에서 함께 그 이야기를 하는데, 킴은 뭔가 웃길 때마다 자기 머리를 탁탁 쳤다. 청중은 포복절도를 했다. 비극이 희극이 된 것이다.

복음의 이야기 속에 살아가라

25

2001년 봄에 우리 부부는 헨리 나우웬이 사제로 섬겼던 장애인 공동체 라르쉬에서 주최하는 기도의 날에 참석했다. 우연히 나우웬의 여행 동지였던 장애인 빌 곁에 앉게 되었다. 빌을 만나면서 떠오른 아이디어가 있다. 다음 번 세미나에 킴을 데리고 가면 어떨까? 그러면 아내는 요긴한 휴가를 갖게 될 것이다. 게다가 나는 킴과 함께 시간을 보내는 것을 아주 좋아한다.

5월의 어느 금요일, 킴과 나는 플로리다로 향했다. 필라델피아 공항 장기 주차장에서 셔틀버스를 기다리는 동안 킴은 아내가 기내에서 읽을 책을 챙겨 주지 않았다는 것을 알게 되었다. 내가 여행 가방 두 개와 빨간 글씨로 크게 seeJesus라고 쓴 대형 상자를 끌며 서 있는데, 킴이 손톱으로 칠판을 할퀴는 것처럼 귀에 거슬리게 저음으로 징징거렸다. 여행객들이 우리를 쳐다보았다. 정말이지 킴의 목이라도 조르고 싶었다. seeJesus라고 쓰인 글씨가 보이지 않게 상자를 돌려놓을까도 잠시 생각했다.

결국 킴이 징징거리던 것을 그만두었는데, 그나마 내가 버스 운전기사에게 소리를 질렀기 때문이었다. 킴이 계단을 오르도록 돕고 있는데 기사가 내가 낀 줄 모르고 뒷문을 닫아버린 것이다.

급히 청사로 가보니 수하물을 검색하는 줄이 끝도 없이 길었다. 이륙 시간이 30분밖에 남지 않아서 나는 갈수록 더 눈에 띄는 상자를 위층의 금속 탐지기 앞으로 끌고 갔다. 우리가 줄을 서자마자 두 금속 탐지기 중 하나가 폐쇄되면서 두 줄이 하나로 합해졌다. 킴은 다시 징징거리기 시작했다.

우리 차례가 되자 킴은 말하는 컴퓨터를 검색대에 올려놓지 않으려 했고, 말하는 컴퓨터에 "이건 내 목소리예요"라고 치면서 보안 요원과 싸우기 시작했다. 나는 킴의 손에서 컴퓨터를 홱 빼앗아 일단 킴을 통과시켰다. 물론 나의 seeJesus 상자는 규격이 맞지 않아 유난히 까다로운 요원이 따로 검색해야 했다.

탑승구까지 갈 시간이 20분밖에 남지 않았는데, 알고 보니 다른 터미널로 이동해야 했다. 짐 가방을 들고 킴과 함께 뛸까 생각하고 있는데 전기 카트가 보여서 태워달라고 부탁했다. 카트가 탑승구 쪽으로 휙휙 달리자 킴은 좋아서 웃었다. 2인용 롤러코스터를 탄 것 같았다. 내 어깨에서 긴장이 풀리려는데, 어떤 사람이 휴대폰으로 통화를 하느라 카트의 경적 소리에도 아랑곳없이 길을 막고 있었다. 킴은 그게 재미있는 모양이었지만 나는 아니었다. 겨우 몇 분 남겨놓고 탑승구에 도착했다.

킴이 막 좌석에 앉아 CD를 듣고 있는데 인터폰으로 기장의 목소리가 나왔다.

"모든 전기 제품을 꺼주시기 바랍니다."

CD플레이어는 물론 말하는 컴퓨터까지 꺼야 했다. 승무원과 싸우다가 지자 킴은 또 징징거리기 시작했다. 예의 그 저음으로 징징거렸다. 우리의 이륙 순서가 열두 번째라는 기장의 말이 있고 10분쯤 지나자 킴은 쌓이고 쌓인 게 폭발해 버렸다. 스케줄도 바뀌었지, 책도 없지, 거기다 기다리기까지 해야 했던 것이다. 이제 킴은 징징거리는 정도가 아니라 난리를 쳤다.[1)]

킴이 옆에서 난리를 쳤지만 나는 기진맥진하여 거기 앉아 이런 생각을 했다. '내가 실수한 거다. 다시는 데리고 다니지 말아야지.' 하지만 나는 하나님 나라가 임했다는 것을 모르고 있었다. 하나님 나라는 늘 그런 식이다. 아주 이상하고 아주 낮다. 잘 눈에 띄지 않는다. 실수처럼 보인다.

나중에 그 주말과 하나님의 방식을 되돌아보다가 내가 하나님의 이야기의 한복판에 있음을 깨달았다. 토요일에 강연을 했는데, 그들은 나를 존중했고 내 말을 하나도 빼놓지 않고 들을 정도로 집중했다. 강사로 가면 아무리 그러지 않으려고 해도 강사가 중심이 된다. 그날처럼 주제가 예수님이고 사람들을 향한 그분의 사랑이라 해도, 내 강연을 내 공으로 돌리고 싶은 유혹이 든다.

하지만 금요일에 나는 무력하고 당혹스런 모습으로 각기 다른 세 무리 앞에 있었다셔틀버스 정류장에서, 검색대 줄에서, 기내에서. 나는 부족해 보였고, 부족하게 느껴졌고, 실제로 부족했다. 하나님은 나에게 내 실체가 무엇인지를 일깨워 주고 계셨다. 토요일에 사람들의 칭찬에 헷갈리지 않도록 금요일에 내 마음을 준비시켜 주신 것이다. 나는 성공을 원했지만 그분은 진실함을 원하셨다.

아버지께서는 아들 예수님을 데려가셨던 그 동일한 하향 길로 나를 데려가고 계셨다. 바울은 빌립보 교인들에게 "근본 하나님의 본체시나 하나님과 동등됨을 취할 것으로 여기지 아니하시고 오히려 자기를 비워 종의 형체를 가지사 사람들과 같이 되신"빌 2:6~7 예수님을 본받으라고 권면했다. 그 하향 길이 복음의 이야기다.

복음의 이야기들

복음이란 아버지께서 선물로 주셔서 우리 대신 죽게 하신 그분의 아들이다. 이 복음은 너무나 놀라운 것이어서 예수께서 죽으신 뒤로 여태껏 아무도 그보다 더 좋은 이야기를 하지 못했다. 정말 좋은 이야기를 하고 싶다면 복음 이야기를 해야 한다.

얀 마텔의 베스트셀러 「파이 이야기」작가정신에 보면, 파이라는 힌두교 소년이 마틴이라는 천주교 신부를 만난다. 신부가 파이에게 복음 이야기를 들려 주자 파이는 더 해달라고 한다.

나는 또 다른 이야기, 더 재미있을지도 모를 이야기를 청했다. 종교에는 원래 이야기가 많은 법이니까 틀림없이 이 종교도 주머니에 이야기가 하나만 있지는 않을 것이다. 그런데 마틴 신부가 나에게 깨우쳐 주었다. … 자기네 종교에는 이야기가 하나뿐이라서 자꾸만 그 이야기로 돌아가고 또 돌아간다는 것이었다. 자기네는 그 이야기 하나로 충분하다고 했다.[2)]

킴과의 동행은 하나의 복음 이야기였다. 나는 아내를 위하여 내 삶의 한 부분을 포기했다. 일요일에 킴과 함께 부시 가든Busch Gardens, 아프리카를 주제로 한 테마 공원으로 플로리다 주 탬파에 있다_옮긴이의 나이로비 기차역에서 기다리던 중에킴은 기차를 놓쳤다고 또 징징거리고 있었다! 가족들에게 전화를 걸었다. 애슐리가 받았다. 어머니날을 맞아 엄마와 함께 외식 중이라면서 이렇게 말했다.

"엄마가 15분마다 한 번씩 하는 말이 있어요. '정말 좋구나. 어쩜 이렇게 조용할 수가 있니.'"

예수님은 내 죄를 담당하셨고 나는 그분의 의를 얻었다. 이것이 복음이다. 복음 이야기들의 원리도 마찬가지다. 아내는 안식의 주말을 얻고 나는 스트레스의 주말을 얻는다. 사랑할 때마다 우리는 예수님의 죽음을 재현하는 것이다.

그래서 복음의 이야기들 속에는 늘 고난이 있다. 그러나 미국의 기독교는 복음에서 이 부분에 알레르기 반응을 보인다. 하나님이 나를 사랑하신다는 말은 듣기 좋아하지만, 고난은 우리의 '행복 추구권'과

어울리지 않는다고 생각한다. 그래서 우리는 복음 이야기를 피하려고 기도한다. 사실은 그것이 아버지께서 우리에게 주실 수 있는 최고의 선물인데도 말이다. 내가 기내에 앉아 '모든 것이 틀어졌구나' 라고 생각하던 그때, 바로 그때야말로 모든 것이 제대로 되고 있던 시점이었다. 사랑이란 그런 것이다.

내가 기내에 앉아 '모든 것이 틀어졌구나' 라고 생각하던 그때, 바로 그때야말로 모든 것이 제대로 되고 있던 시점이었다. 사랑이란 그런 것이다.

아버지는 아들 예수님의 이야기 속으로 우리를 끌어들이고 싶어하신다. 그분께는 그보다 더 좋은 이야기가 없다. 그래서 우리 삶 속에서 계속 그 이야기를 하고 또 하신다. 복음을 재현할 때 우리는 신기한 교제 속으로 끌려들어간다. 그리스도의 맛이 하도 좋아 바울은 빌립보 교인들에게 "내가 [그리스도의] 고난에 참여함을 알고자" 한다고 했다빌 3:10. 그것이 바울의 기도였다.

복음의 이야기 속에 살면 우리의 우상들과 잘못된 사랑의 출처들이 드러난다. 그 금요일에 내 삶의 무엇이 정체를 드러냈는지 보라. 아내와 딸을 사랑하려고 하는 동안 사람들의 인정, 효율성, 질서 등의 내 우상들이 다 노출되었다. 자신의 우상들이 드러나면 흔히 우리는 절망 중에 포기한다. 상대 쪽의 죄와 내 쪽의 죄 둘 다에 눌려버리는 것이다. 하지만 부질없어 보일지라도 그냥 이야기 속에 남아 계속 삶에 임하면 하나님 나라가 임한다. 가난한 심령은 더 이상 하나의 신념이 아니라 내 것이 된다. 나의 정체가 된다.

회개하면 이상하게 후련해진다. C. S. 루이스의 「새벽 출정호의 항해」시공사에 보면 탐욕에 찌든 유스터스가 용으로 변한다. 아슬란이 큰 발을 놀려 용 가죽을 벗겨 주자 유스터스는 그것을 어린 시절 상처의 딱지를 떼던 일에 빗댄다. "아파 죽겠지만 떨어져나가는 걸 보니 참 재미있네요."[3] 우리도 거짓 자아들을 벗으면 회개가 진실을 만들어낸다. 우리는 사랑의 참 출처이신 하늘 아버지께로 다시 돌아간다. 진실해지는 것이다.

하나님의 이야기를 즐긴다

싸움을 그만두고 하나님이 우리 삶 속에 짜고 계신 복음 이야기를 받아들이면 우리는 기쁨을 얻는다. 바울은 두 로마 병사 사이에서 사슬에 묶인 채 빌립보서를 쓰면서 기쁨을 주체하지 못한다. 기도도 기쁨으로 한다. "간구할 때마다 너희 무리를 위하여 기쁨으로 항상 간구함은"빌 1:4. 기쁨은 직접 얻으려 하면 잡히지 않고 날아나 버린다. 그러나 예수님으로부터 출발하여 사랑하기를 배우면 결국 우리는 기쁨에 이른다.

콩고 강 급류 타기부시 가든의 래프팅_옮긴이를 할 때나 동물원에서 기린들에게 먹이를 줄 때의 킴의 미소를 당신도 보았어야 한다. 때로 힘들 수 있는 사람에게 스스로 매이면, 거기가 곧 하나님과 또한 기쁨을 발견할 수 있는 자리다.

이것은 플로리다에 킴을 데려가는 것에 대한 나의 시각을 어떻게 바꾸어 줄까? 이제 나는 킴을 플로리다에 **마지못해** 데려가는 것이 아니라 **좋아서** 같이 간다. 그것은 나의 특권이고 기쁨이다.

고난에는 의미가 있다

아브라함 링컨보다 더 많은 고난과 싸운 사람도 드물다. 암살되기 불과 6주 전 재선 취임 연설에서 링컨은 양쪽이 싸우면서 저마다 자기네가 이기게 해달라고 기도하는 어이없는 상황을 지적했다. 전쟁에 대하여 그는 이렇게 말했다.

"양쪽 다 똑같은 성경책을 읽고 똑같은 하나님께 기도합니다. 저마다 하나님이 자기편이 되어 상대편을 쳐달라고 구하는 겁니다."

링컨은 상대주의자가 아니었다.

"양쪽의 기도가 모두 응답될 수는 없습니다. 어느 쪽의 기도도 다 응답될 수는 없습니다."

그것은 뭔가 더 깊은 일이 진행되고 있음을 암시했다. 하나님께서 더 큰 이야기를 사실은 복음 이야기를 짜서 피를 통하여 구속救贖을 이루고 계셨다. "채찍으로 흘린 핏방울마다 검으로 흘린 핏방울로 보상받게"[4] 하신 것이다.

요셉도 구속사, 즉 고난을 통하여 은혜를 이루시는 하나님에 대한 똑같은 의식이 있었다. 그가 형들에게 당한 배신은 복음의 반대였다.

요셉의 형들은 자유를 얻으려고, 아버지의 편애로부터 자유로워지려고 요셉의 목숨을 버렸다. 20년 후에 형 유다가 나서서 요셉에게, 요셉이 종으로 잡아두겠다고 한 동생 베냐민의 목숨을 자기 목숨으로 대신하겠다고 말했다창 44:33 참조. 동생을 살리려고 기꺼이 자기 목숨을 버리려 한 유다의 모습은 이전의 배신을 뒤집은 복음 이야기였다.

요셉과 링컨의 복음 이야기에 대한 의식 밑에는 하나님의 주권에 대한 깊은 인식이 깔려 있다. 바로 하나님이 이야기를 짜시는 분이라는 인식이다. 재선 취임 연설에서 링컨은 "전능하신 하나님께는 그분 자신의 목적이 있습니다"라고 말했다. 후에 그 연설을 돌아보며 링컨은 친구에게 이렇게 썼다. "전능하신 하나님과 인간들은 서로 목적이 다르건만, 그렇게 말해 주면 인간들은 좋아하지 않는다네."[5] 요셉도 비슷한 말을 했다. 형들이 와서 요셉의 복수를 두려워할 때 그가 형들에게 한 말이다. "두려워하지 마소서 내가 하나님을 대신하리이까 당신들은 나를 해하려 하였으나 하나님은 그것을 선으로 바꾸사 오늘과 같이 많은 백성의 생명을 구원하게 하시려 하셨나니 당신들은 두려워하지 마소서"창 50:19~21. 우리의 삶 속에서 이런 기본적인 설계 구조를 볼 줄 알면 큰 기쁨과 자유를 얻는다.

보이지 않는 연결 고리들을 찾는다

복음 이야기를 보려면 서로 상관없어 보이는 조각들이 어떻게 맞춰져 가는지를 잘 생각해야 한다. 설계자 하나님의 보이지 않는 연결 고리들을 가장 잘 짚어낼 수 있는 곳은 킴과 동행했던 여행처럼, 실망과 긴장 속에서다. 나를 낮추어 준 비행기 여행과 청중 앞에서 자칫 교만해질 수 있는 나, 그 둘 사이에 숨은 연결 고리가 보였다. 내 압박감과 아내의 안도감 사이의 연결 고리도 보였다. 킴이 말하는 컴퓨터로 말을 배우던 23장의 상황에서는, 회개"폴아, 킴이 말을 못하는데 네가 어찌 나에 대하여 말할 수 있겠느냐?"와 은혜"폴, 글쓰기 강좌를 들어볼 마음이 있으세요?" 사이에 보이지 않는 연결 고리가 보였다. 보이지 않는다는 말은 가시적인 인과관계가 없다는 뜻이다. 우리의 이야기를 하나님의 관점에서 보면 막후에서 이것과 저것을 연결시키시는 그분의 손길을 볼 수 있다.

현대 지성은 결코 삶 전체를 한 데 묶는 보이지 않는 고리들을 찾으라고 말하지 않는다. 우리는 자신이 사랑의 아버지의 임재 안에 살고 있다는 의식, 자신의 모든 행동에 책임을 져야 한다는 의식이 없다. "베이거스에서 벌어진 일은 베이거스에 남는다"라는 라스베이거스의 마케팅 구호에 이 세상의 인생관이 잘 나타나 있다. 라스베이거스에 와서 몰래 섹스를 즐기고 아무 일도 없었다는 듯이 배우자에게 돌아가면 된다는 것이다. 라스베이거스와 당신의 나머지 삶은 아무런 상관이 없다. 무제한의 자유로 자기 기분만 채우면 된다는 것이다.

터무니없는 소리다. 이 세상은 우리 아버지의 세상이다. 당신이 라스베이거스에서 하는 모든 일이 당신의 나머지 삶과 연결되어 있다. 당신이 하는 모든 일은 당신이라는 존재와 연결되어 있고, 그것은 다시 지금 진행 중인 당신의 존재를 만들어낸다. 당신의 모든 행위는 당신이 사랑하는 사람들에게 영향을 미친다. 삶 전체가 언약이다.

삶 전체는 우리를 하나로 묶어 주는 보이지 않는 끈들 내지 언약들을 중심으로 이루어지며, 기도라는 개념 속에는 풍부하게 짜인 세계관이 배어 있다. 우리는 고정불변의 세상이 아니라 아버지의 세상에 살고 있는 것이다. 우리 아버지의 세상은 사람과 사람 사이에 신성한 관계를 맺도록 지어진 곳이며, 기쁜 소식 덕분에 비극이 희극이 되고 희망이 태동하는 곳이다.

5부

일상 속에서 기도하라

A Praying Life

기도 도구들을 활용하라

26

기도 세미나에서 나는 전자 일정표를 사용하는 사람들이 얼마나 되는지 손을 들어보게 한다. 대개 3분의 1쯤 손을 든다. 그 다음에는 작은 휴대용이나 벽에 거는 일정표 등 손으로 쓰는 것을 사용하는 사람들이 얼마나 되는지 묻는다. 그쯤 되면 손을 든 사람이 95퍼센트쯤 된다. 아직까지 19세기 방식대로 일정표 없이 살아가는 사람은 얼마 되지 않는다. 재미 있는 것은 자기 아내를 일정표로 이용하는 남자들도 더러 있다! 이어서 기도를 꾸준히 기록하는 시스템을 활용하는 사람들이 얼마나 되느냐고 물어보면 대개 5퍼센트쯤 되는 소수의 사람들만이 손을 든다.

일정을 기록하는 사람은 95퍼센트인데 기도 제목을 기록하는 사람은 왜 5퍼센트밖에 되지 않느냐고 물으면, 대개는 이런 대답을 한다.

"약속한 걸 깜빡 잊어버리면 대가를 치러야 되거든요." 이는 명백히 기도는 잊어버려도 '대가를 치르지' 않는다는 암시가 깔려 있다. 내가 기도하지 않아도 아무도 모른다! 대답 중에 압권은 이것이다. "일정표는 사람들과 관계된 겁니다. 그래서 기록하는 겁니다." 그럼 기도는 사람들과 관계된 것이 아니란 말인가? 우리는 다시 계몽주의가 현대 세계에 미친 영향으로 돌아와 있다. 즉 기도는 주관적인 가치와 의견의 범주에 속한다. 기도와 삶은 상관이 없다.

그러나 우리가 기도 제목을 기록하지 않는 진짜 이유는 기도를 진지하게 대하지 않기 때문이다. 기도가 소용없다고 생각하는 것이다.

기록의 도움이 필요하다

서신서에서 바울의 기도 생활을 보면, 그가 수많은 사람들을 위하여 꾸준히 기도했음을 분명히 알 수 있다. 신약학자 제임스 던은 이렇게 썼다. "바울은 틀림없이 기도 목록이 아주 길었을 것이고, 아마 날마다 꽤 많은 시간을 들여 하나님 앞에서 자신의 모든 교회들, 동료들, 후원자들의 이름을 불러가며 기도했을 것이다. '모든 성도'와 믿음을 나누어 가졌다는 의식을 그렇게 지키고 굳혔을 것이다."[1]

데살로니가전서 같은 서신들에서 바울이 쏟아내는 사랑을 보면, 성도들을 위해 늘 기도하고 있었음이 분명하다. 그는 사탄이 데살로니가 교인들을 공격하고 있다고 보고, 그들의 믿음이 떨어질까 봐 우려한다. 그래서 그들의 믿음에 대해 보고받을 때면 감사를 주체하지 못한다. 그의 마음속에 그들이 있었다.

나는 원래 사람 중심적인 유형은 아니지만, 기록 시스템을 활용하여 사람들을 위해 기도하면 내 마음의 주파수가 그들에게 맞추어진다. 이미 그들이 내 마음속에 있기 때문에 그들에게 더 담대히 근황을 묻게 된다.

우리가 지금 정상아로서 기도를 배우고 있는 것이 아님을 잊지 말라. 킴처럼 우리도 인류의 타락으로 장애를 입었고, 그 장애가 하나님과 대화하는 우리의 능력을 손상시켰다. 킴이 의사소통을 위해서 말하는 컴퓨터가 필요하듯이 우리도 하나님과 의사소통을 하려면 기록의 도움이 필요하다.

미국의 정신에는 에머슨과 루소로부터 기원한 1960년대의 낭만주의 사상이 깊이 박혀 있다. 무엇이든 자연스럽게 느껴지지 않으면 진짜가 아니라는 사상이다. 그래서 영적인 일들도 – 제대로만 한다면 – 저절로 흘러나와야 한다고 생각한다. 하지만 장애가 있으면 아무 것도 저절로 흘러나오지 않는 법이다. 처음일수록 더욱 그렇다.

킴이 생후 6개월이었을 때 어느 날 아침에 아내가 나를 불렀다. 거실에서 킴이 엎드린 자세에서 뒤집기를 하려고 용을 쓰고 있었다. 한쪽 어깨를 한껏 치켜들고 조그만 엉덩이를 비틀어 홱 돌려고 했지만, 거의 넘어갈 것 같다가도 다시 앞으로 돌아가곤 했다. 아내와 내가 지켜보는 가운데 아기의 시도는 계속되었다.

우리는 킴을 도와줄 수 없었다. 도와준다면 아이는 결코 배우지 못할 것이다. 어떻게 해야 하는지는 아기도 알고 있었다. 그대로 해내기만 하면 되는 거였다. 결국 수백 번의 시도 끝에 30분 만에 킴은 조그만 어깨를 한껏 쳐들어 뒤집기에 성공했다.

뒤집기를 하는 데 킴의 수고가 필요했던 것처럼 우리도 기도가 자연스럽게 느껴지지 않을 때 끈질기게 계속해야 한다. 뒤집기가 좀처럼 되지 않는 때처럼 배우는 단계 중에는 특히 더하다.

삶이란 손을 잡으면서 바닥도 닦는 것임을 잊지 말라.
삶은 존재와 행위 둘 다다.

기도 도구라면 여러 가지가 많이 있지만 이 책에서는 기도 일기와 기도 카드 두 가지만 살펴보고자 한다. 그전에 먼저, 기도에 사용하는 도구들과 시스템에 대한 주의사항부터 짚어두자.

시스템을 주의하라

그동안 많은 사람들에게 도움이 된 기도 시스템으로 ACTS경배, 자백, 감사, 간구라는 것이 있다. 하지만 시스템은 자칫 틀에 박힌 수법이 되어 하나님이라는 인격에 둔해지게 할 수 있다. 기도 중에 아무 생각도 없거나 목석처럼 될 수도 있다.

퇴근하면 나는 먼저 몇 분 동안 아내를 흠모하고, 쓰레기를 내놓지 않은 잘못을 고백하고, 저녁식사를 마련해 준 것을 감사하고, 끝으로 요구 사항을 말하는 식으로 아내를 대하지 않는다. 아내는 필라델피아 사람이다. 자기네 스포츠 팀에도 야유를 보내는 이들이 필라델피아 사람들이다. 행여 한 번쯤은 내가 ACTS 대화를 시도할 수 있겠지만, 그러면 아내는 눈을 부라리며 내게 자폐증 증세가 있느냐고 물을 것이다. 그럴 만도 하다. 자폐증이 있는 사람은 사회성이 부족하다. 자신의 세계에 너무 갇혀 있어 상대방의 메시지를 놓친다. 로봇 취급을 당하고 싶은 사람은 아무도 없을 것이다. 하나님도 마찬가지다. 어디까지나 그분도 인격이시다.

이미 이런 주의사항을 알고 있어서 시스템이라면 무조건 의심하는 사람들도 많다. 그들에게는 시스템이 성령을 말살하는 것처럼 느껴지고, 우리가 배운 어린 아이 같은 기도에 반대되는 듯 보인다. 하지만 우리는 자신에게 중요한 일들에는 시스템을 만들어낸다. 삶이란 손을 잡으면서 바닥도 닦는 것임을 잊지 말라. 삶은 존재와 행위 둘 다다. 기도 일기나 기도 카드는 그 삶의 양면 중에서 '바닥을 닦는' 쪽이고, 아이처럼 기도하는 것은 '손을 잡는' 쪽이다. 우리에게는 그 두 가지가 다 필요하다.

기도 카드—이야기 기록하기

27

기도 목록 대신 기도 카드를 사용해야겠다는 생각이 어느 날 기도하려고 거실 소파에 앉아 있을 때 떠올랐다. 그전 몇 달 동안 내 삶은 거의 감당할 수 없을 지경으로 힘들었고, 나는 그 속에서 꼼짝도 못하고 있었다.

영적으로 무기력한 상태로 그렇게 앉아 있는데 갑자기 "말씀을 주장하자"는 생각이 떠올랐다. 가로 5인치 세로 3인치의 카드들을 구해서 카드마다 가족의 이름을 하나씩 쓰고, 그 사람을 위한 기도의 방향을 잡아 줄 성경구절도 함께 적었다. 그때부터 나는 사랑하는 사람들과 친구들, 관계를 형성 중인 비그리스도인들, 우리 교회와 지도자들, 선교사들, 나의 사역과 동역자들, 나 자신의 성품의 변화, 내 꿈들을 위하여 계속 기도 카드를 만들어 가면서 삶 속에서 기도했다.

나의 경우, 기도 카드를 만드는 전반적인 지침은 이렇다.

1. 카드의 역할은 그 사람의 삶의 스냅사진 같은 것이다. 따라서 기도하고 싶은 내용을 짤막한 문구로 적어둔다.
2. 내 기도는 대개 카드 한 장에 몇 초 이상 걸리지 않는다. 한두 가지 요긴한 부분만 뽑아서 기도한다.
3. 특정한 사람이나 상황에 대한 나의 바람이 표현된 성경구절을 카드에 적는다. 그런 식으로 말씀을 주장한다.
4. 카드 내용은 크게 바뀌지 않는다. 1년에 한 줄이나 추가될까 하는 정도다. 내가 기도하고 있는 제목들은 그 사람의 삶에 장기적으로 지속되는 부분들이다.
5. 대개 응답은 기록하지 않는다. 카드를 거의 매일 보기 때문에 응답이 명백히 내 눈에 보인다.
6. 어떤 때는 '2007년 8월' 처럼 기도 제목에 날짜를 표시해 둔다.

기도 카드는 기도 목록에 비하여 몇 가지 이점이 있다. 흔히 목록은 기도 제목을 뒤죽박죽 모아놓은 것이지만, 기도 카드는 삶의 한 부분이나 한 사람에게 집중한다. 따라서 그 사람이나 상황을 다양한 관점에서 볼 수 있다. 시간이 가면서 하나님이 당신의 기도에 어떻게 답하고 계신지 돌아볼 수 있다. 서서히 틀이 보이고 이야기가 전개되면서 당신도 거기로 빨려든다. 반면에 목록은 좀 더 기계적인 경향이 있다. 기도해야 할 것들이 너무 많아서 지레 질릴 수도 있고, 기도 제목들이 너무 이것저것 섞여 있어서 기도 훈련을 지속하기가 힘들다. 나는 기도할 때 한 번에 카드 한 장만 앞에 놓고 한다. 그러면 그 사람이나 필요에 더 잘 집중할 수 있다.

하루를 잡으려 하면 결국 상처만 돌아올 것이다. 대신 그분의 옷자락을 잡고 그분이 복을 주실 때까지 놓지 말라. 그러면 그분이 하루를 바꾸어 주실 것이다.

가족들을 위한 기도 카드

아내와 에밀리를 위한 카드는 앞에서 이미 보았다. 이번에는 우리 아들 앤드류를 위한 기도 카드다.

2002/6 : 하나님 나라의 영향력있는 사람이 되도록

앤드류

에밀리와의 관계에서 – "그러므로 그리스도께서 우리를 받아 하나님께 영광을 돌리심과 같이 너희도 서로 받으라" 로마서 15:7
어떻게 내가 앤드류에게 제자훈련을 할 것인가?
수학 + 읽기 + 과학 + 주일학교 + 성경!
정직성 "모든 기만을 버리고" – 읽기를 좋아하도록
농구, 육상, 탁구
친구들 – 예수님을 사랑하는 좋은 친구들
시편 51:6 "주께서는 중심이 진실함을 원하시오니"
예수님을 알고 그분과 동행하도록 2003/1 에베소서 4:2 "모든 겸손으로 하고"

잘 보면, 각 문구마다 아들의 삶에서 내가 기도하고 있는 부분을 보여 준다. 순서는 중요하지 않다. 아이의 교우 관계, 성품, 대인관계, 마음, 사고가 모두 나의 기도 제목이다. 너무 시시한 것이란 없다. 앤드류가 중학교 2학년이 되어 자신에게 맞는 스포츠를 알아내려 하던 때는 농구와 육상 등 몇 가지 스포츠를 써놓고 기도했다. 결국 앤드류는 육상을 좋아하게 되었다.

성경구절을 기록한 것은 말씀을 주장하기 위해서였다. 우리 부부는 "중심이 진실"한시 51:6 앤드류가 되게 해달라는 기도에 하나님이 거듭 응답하시는 것을 보았다. 아들의 삶 속에 이 기도가 응답되는 과정을 지켜보는 사이 일이 발전되어 결국 아들과 나는 함께 상담을 받게 되었다. 그 덕에 우리 사이에 영원한 우정이 싹텄다. 하나님은 나를 나 자신의 기도 제목 속으로 끌어들이셨다.

시간이 가면서 이 카드의 거의 모든 문구는 우여곡절을 거쳐 응답으로 나아가는 작은 이야기가 되었다. 처음 만든 지 몇 년 후에 아내에게 그 카드를 보여 주었더니 아내는 탄성만 발할 뿐이었다.

다음은 킴을 위한 기도 카드다.

킴의 카드도 전체적으로 앤드류의 카드와 같은 방식이고 똑같이 두서없어 보인다. 킴의 기도 카드에는 내가 백여 년 전 중국 남서부 리수족族을 섬긴 중국 내지 선교회China Inland Mission 소속 J. O. 프레이저 선교사에게 배운 기도 방식이 숨어 있다. 저항심이 강한 리수족을 회심시키는 불가능한 일 앞에서 그는 큰 기도와 작은 기도라는 두 종류의 기도를 배웠다.[1] 희망-현실 도표를 다시 생각해 보면237~239쪽 참조,

김벌리　갈라디아서 5:22-23 "오직 성령의 열매는… 절제니"
에베소서 6:1 "자녀들아, 주 안에서 너희 부모에게 순종하라"

"모든 은혜의 하나님 곧 그리스도 안에서 너희를 부르사 자기의 영원한 영광에 들어가게 하신이가 잠깐 고난을 당한 너희를 친히 온전하게 하시며 굳건하게 하시며 강하게 하시며 터를 견고하게 하시리라"
베드로전서 5:10

"오래 참음으로" 에베소서 4:2
"사랑하는 자여, 네 영혼이 잘 됨 같이 네가 범사에 잘되고 강건하기를 내가 간구하노라" 요한삼서 2절
- 컴퓨터 마우스 - 더 좋은 Liberator - 청소 - 좋은 도우미
- 소프트 웨어 - 아침식사 해결 - 사람들 앞에서의 매너 - 말(馬)
일: 아나운서, 도서관, 자료입력 - 소명, 남을 돕는 일

큰 기도는 희망 선에 집중하고 작은 기도는 현실 선에 집중한다. 우리도 두 종류의 기도가 모두 필요하다.

킴을 위한 나의 큰 기도는 베드로전서, 에베소서, 요한삼서 말씀들에 나타나 있다. 킴의 인생이 쭉 힘들었기에 나는 축복 기도를 한다. 이런 기도를 자주 한다. "모든 은혜의 하나님[이] … 잠깐 고난을 당한 너희를 친히 온전하게 하시며"벧전 5:10.

카드 아래쪽에는 킴의 삶의 자잘한 이슈들에 대한 실제적이고 일상적인 기도가 나열되어 있다. 컴퓨터 마우스를 찾는 일은 2년이나 우리를 괴롭혔다. 킴이 쉽게 조작할 수 있는 커다란 트랙볼손가락으로 볼을 움직여서 작동하는 마우스의 일종_옮긴이을 결국은 찾아냈다. '더 좋은 Liberator'란 말하는 컴퓨터를 위한 기도다. 이 제목은 킴이 말하는 컴퓨터 캠프에 갔던 여름에 기록한 것이다. '말馬'은 킴이 늘 말을 원해서 썼다. 최근

에는 소로 바뀌었다. 동생 앤드류가 랭커스터의 낙농가의 딸과 결혼하게 되었으니 일이 잘될지도 모르겠다.

큰 기도는 킴을 "굳건하게 하시며 강하게 하시며 터를 견고하게"벧전 5:10 해달라는 기도처럼 거창하고 불가능한 기도였다. 그 말씀을 처음 기록할 때, 마치 있지도 않은 문을 여는 것처럼 이상하게 느껴지던 기억이 난다. 그때 우리는 완전히 생존 자체에 매달려 있느라, 킴이 승승장구하는 모습은 상상이 안 되었다. 큰 기도는 불가능한 꿈을 꾸게 해 주고 더 큰 생각을 갖게 해 준다.

그 큰 기도 제목들을 쓴 지 11년이 지난 지금, 하나님의 응답이 서서히 보인다. '견고하게' 같은 단순한 것을 생각해 보라. 내가 그 카드를 쓸 때 킴은 견고함과는 거리가 멀었고 신체적으로는 더 말할 것도 없었다. 하지만 개를 산책시키려면 호스들을 넘어가야 하고, 개 우리 안에서 몸을 구부려야 하고, 개가 산책로를 벗어나지 않게 해야 한다. 말 그대로 킴은 전보다 견고해진 것이다.

고난당하는 사람들을 위한 기도 카드

교회는 병명이 분명하고 끝이 보이는 고난을 당하는 사람들을 위하여 기도한다. 하지만 병명이 불확실하거나 끝이 없으면 교회는 질리는 경향이 있다. 다시 말해 진짜 고난 앞에서는 기도하지 않는다!

"계속 기도해 주겠다"라는 말은 정중히 손을 떼는 가장 쉬운 방법이다. 그것을 대략 옮겨보면 이런 뜻이다. "마음 같아서는 정말 기도해 주고 싶지만 기록해 두지 않았기 때문에 아마 한 번도 기도해 주지 못할 것 같다. 그래도 이 말을 하는 이유는 이 순간 정말 걱정하는 마음이 있어서고, 또 아무 말도 안 하는 것은 어색하게 느껴져서다." 이것은 21세기 판으로 "덥게 하라, 배부르게 하라"약 2:16다.

그러나 고통 중에 있는 사람들을 위한 기도 카드가 있으면, 시간이 가면서 하나님이 하시는 일을 볼 수 있기 때문에 고난에 대해서 진지해질 수 있다. 다음 카드를 보면, 병이나 어려운 상황으로 고생 중인 사람들의 이름을 이사야서 말씀을 중심으로 빙 둘러 적어 놓았다. 그들을 위해서 꾸준히 기도하면 내 마음의 주파수가 그들의 고생에 맞추어진다. 이미 그 사람들을 마음에 품었기 때문에 안부를 묻기가 쉬워지고 진실해진다. 위선처럼 느껴지지 않는다.

비그리스도인들을 위한 기도 카드

비그리스도인들을 위한 카드도 몇 장 있었다. 첫 번째 카드는 내가 전에 인도했던 전도 성경공부 멤버들을 위한 것이었다. 카드를 만들기 전에도 공부는 괜찮았지만 내 메시지가 사람들의 마음속에 파고들지 못했다. 6개월 후에 나는 기도 카드를 써서 날마다 각 사람을 위하여 기도하기로 했다. 거의 즉시 모두의 삶에 일이 벌어졌다. 제인의 세 자녀가 모두 힘들어하기 시작했고, 그녀의 남편 브래드는 제인에게 나약한 사람들이나 하는 거라며 공부를 그만두었다. 나중에 몇 달 동안 다시 공부에 나왔다가 제인에게 똑같이 말하며 다시 그만두었

데이비드 그레이 주니어, 둘 다 고생중, 로드니와 새라리
밥과 아네트 윈터 / 존

엄마 / 수 / 찰린

암
제리
로비타

이사야 61:1상, 2하-3상
"주 여호와의 영이 내게 내리셨으니 이는 여호와께서 내게 기름을 부으사... 모든 슬픈 자를 위로하되 무릇 시온에서 슬퍼하는 자에게 화관을 주어 재를 대신하며 기쁨의 기름으로 그 슬픔을 대신하며 찬송의 옷으로 근심을 대신하시고"

결혼을 원하는 독신 여성들
캐럴
제인

결혼 생활이 힘든 사람들
로비타와 조지 캐터

다. 그런데 하나님이 은혜를 베푸시고 그의 삶에 암을 허락하셔서 그를 약하게 만드셨다. 아직 믿음이 어리긴 하지만 브래드는 지금 그리스도를 믿는 믿음을 고백하고 있다.

친구들을 위한 기도 카드

성경 공부

브래드, "나는 그리스도인이 되고 있는 중이다!"
제인, "우리는 어느 교회에 나가야 하나?"
1. 제인 - 예수님만이 유일한 길임을 믿고 순복하도록.
   이 문제를 언제 어떻게 언급해야 할지 나에게 지혜를 주도록.
2. 브래드와 제인 - 계속 믿도록 - 믿음이 더 깊어지도록.
3. 좋은 교회에 나가도록. 뭐라고 말해야 할지 지혜를 주시도록.
4. 톰과 샌드라 - 하나님의 말씀으로 인도해 주시도록.

내 주변의 다른 남자들을 위해서는 기도 카드가 아니었다면 꾸준히 기도하지 못했을 것이다. 대개 우리는 당연해 보이는 것들을 위해서는 기도하지 않는다. 문제가 터지면 그제야 기도를 시작한다.

남자들

샘 - 수동적이 되지 않도록. 자신의 안락과 프라이버시가 아니라 ○○○와 친해지고 가까워지기를 원하도록.

"이제 내가 사람들에게 좋게 하랴. 사람들에게 기쁨을 구하랴. 내가 지금까지 사람들의 기쁨을 구하였다면 그리스도의 종이 아니니라"
갈라디아서 1:10

로버트 - 심장, 눈

랠프 - ○○○, ○○○를 용서하도록.

제임스 - ○○○+○○○의 ○○○ 연합, 글쓰기, 건강

더그 - 예수님으로 충만하도록. 사업에 큰 수익을 얻도록.

카드 세트의 예

당신이 평생 동안 기도할 수 있는 기도 카드 세트의 예는 대충 다음과 같다. 나는 어떤 카드는 매일 기도하고 어떤 카드는 하루에 한두 개씩 돌아가면서 한다. 각 분야별로 카드를 몇 장이나 만들 것인지는 당신의 삶의 특성에 따라 달라진다. 전적으로 당신에게 달려 있다.

- 가족 카드 4~10장 – 식구별로 한 장씩
- 고난당하는 사람 카드 1~3장

- 친구 카드 1장
- 비그리스도인 카드 1장
- 교회 지도자 카드 1장
- 소그룹 카드 1장
- 선교사와 사역기관 카드 1장
- 세계적 또는 문화적 이슈 카드 1~3장
- 직장 카드 3장
- 직장 동료 카드 1장
- 회개 카드 3~5장 – 내가 회개해야 할 것들
- 큰 꿈이나 희망 카드 3~5장

카드를 쓸 시간이 없거든 기도 시간에 쓰라. 일주일에 하루씩, 아침에 기도하는 대신 카드를 한 분야씩 작성하라. 처음부터 카드 한 장이 다 완성되지 않아도 좋다. 나도 처음에는 그랬다. 예를 들면, 카드에 성경구절 하나와 고난당하는 사람 두엇의 이름만 쓰고는 일단 그 상태로 두라.

기도 카드 작성에서 힘든 부분은 시간이 아니라 우리의 불신이다. 불신이 직접 느껴지는 경우는 드물다. 기도 카드를 쓰기 시작하면 "너무 감상적이다", "갑갑하다", "무슨 소용인가?" 등의 여러 감정들이 표면에 떠오르는데, 그런 감정들 뒤에는 불신이 도사리고 있다. 삼천포로 빠져 율법주의로 가는 것처럼 생각될 수도 있고, 기도 카드가 어린 아이 같이 자연스러운 기도를 앗아가지 않을까 걱정될 수도 있다.

손에 때를 묻히라

기도는 하나님께 성육신해 주시기를, 당신의 삶 속에서 그분의 손에 때를 묻히시기를 구하는 것이다. 그렇다. 영원하신 하나님께서 바닥을 닦으신다. 우리는 발을 씻어 주시는 그분을 분명히 알고 있다. 그러니 예수님의 말씀을 그대로 믿으라. 그분께 구하라. 당신이 원하는 것을 그분께 아뢰라. 손에 때를 묻히라. 기도 제목을 기록하라. 바쁜 삶이라는 마취제에 취하여 생각 없이 삶 속을 부유하지 말라. 하루를 잡으려고 하면 결국 상처만 돌아올 것이다. 대신 그분의 옷자락을 잡고 그분이 복을 주실 때까지 놓지 말라. 그러면 그분이 하루를 바꾸어 주실 것이다.

기도한 대로 행하라

28

밥은 나를 별로 좋아하지 않았다. 꽤 여러 해 동안 그랬다. 내 생김새도, 옷차림도, 말투도 좋아하지 않았다. 그런데 그건 시작에 불과했다. 두어 해 단위로 나에게 분노를 폭발했지만, 대체로 그냥 나를 종 취급했다. 웬만한 관계 같으면 마음이 좀 누그러지면서 받아줄 만도 하지만, 우리 사이에는 세월이 가도 그런 일이 없었다. 사실 밥은 갈수록 더 나를 못마땅해 했다.

그동안 내가 밥을 용납했고 사랑하기는 했지만 그를 위하여 꾸준히 기도하지 않았다는 생각이 나중에야 퍼뜩 들었다. 나를 향한 그의 태도가 파란 하늘처럼 내 삶의 변하지 않는 배경인 줄 알았던 것이다. 그런 부분들이 나의 삶에서 계속 발견되고 있다. 그래서 나는 밥을 위한 기도 카드를 만들고 베드로전서 3장 4절을 휘갈겨 쓴 다음, 그의 비판적인 마음이 온유해지게 해달라고 날마다 하나님께 기도했다. 그리고 기다렸다.

> 밥
>
> "온유하고 안정한 심령" 베드로전서 3:4
>
> ㅡ그가 예수 그리스도를 통하여 하나님을 알게 되도록
>
> ㅡ온전한 치유

1년도 안 되어 밥은 고난을 겪었고 나는 그를 섬길 수 있었다. 몇 년 후에는 더 심한 고난을 겪었고, 내게 다시 그를 섬길 기회가 주어졌다. 이번에는 고난이 하도 심하여 그도 자기를 향한 나의 사랑과 관심을 느낄 수밖에 없었다. 우리 관계에 있어서 처음으로 나를 향한 그의 태도가 몰라보게 부드러워졌다.

내가 기도로 다른 사람의 삶 속에 그리스도를 들여 놓으면 하나님은 대개 그 사람의 삶에 고난을 허락하신다. 사탄의 기본 작전이 교만이라면 하나님의 기본 작전은 겸손이다. 사탄은 우리를 자신의 오만한 삶 속으로 끌어들이지만 하나님은 아들 예수님의 삶 속으로 끌어들이신다. 우리에게 주실 것으로 아들 예수님보다 더 좋은 것을 생각하실 수 없다. 고난은 우리를 예수님의 삶과 죽음과 부활에 참여하게 해 준다. 그것을 알고 나면 고난이 더 이상 이상하지 않다. 베드로는 이렇게 썼다.

"사랑하는 자들아, 너희를 연단하려고 오는 불 시험을 이상한 일

당하는 것 같이 이상히 여기지 말고 오히려 너희가 그리스도의 고난에 참여하는 것으로 즐거워하라"벧전 4:12~13.

기도한 대로 행하라

밥을 위한 나의 기도는 익숙한 3중 구조로 되어 있다. 우선, 기도를 기록했다. 그 다음에는 기도하면서 하나님이 하시는 일에 깨어 있었다. 끝으로, 하나님께서 나에게 기도 제목대로 '행할' 기회를 주셨다. 행했다는 말은 하나님이 나를 나 자신의 기도에 동참시키셨다는 뜻이다. 그것은 주로 신체적인 일을 통하여 이루어졌고, 나를 겸손하게 해 주었다.

이 구조가 예수께서 말씀하신 하나님 나라의 원리와 얼마나 비슷한지 보라.

> 하나님의 나라는 사람이 씨를 땅에 뿌림과 같으니 그가 밤낮 자고 깨고 하는 중에 씨가 나서 자라되 어떻게 그리 되는지를 알지 못하느니라 땅이 스스로 열매를 맺되 처음에는 싹이요 다음에는 이삭이요 그 다음에는 이삭에 충실한 곡식이라 열매가 익으면 곧 낫을 대나니 이는 추수 때가 이르렀음이라막 4:26~29.

3중 구조를 잘 보라. 뿌리고, 기다리고, 그 다음에 추수 때에 다시 일한다. 예수께서 말씀하신 하나님 나라의 원리는 우리 많은 사람들이 기도하는 방식과는 다르다. 첫째, 우리는 사려 깊은 기도의 씨를 뿌려야겠다는 생각이 좀처럼 들지 않는다. 밥 같은 사람들은 바뀌지 않는다고 생각하기 때문이다. 또는 기도가 거의 책임 회피 수단처럼 그냥 너무 쉽게 느껴져서다.

둘째, 기도를 한다 해도 우리는 깨어 기다리지 않는다. 당장 응답을 원한다. 하나님이 가장 큰 일을 막 하시려는 그 찰나에 불평한다. 밥에게 고난이 닥치면 우리는 드디어 업보가 임했다고 생각한다. 밥은 응분의 대가를 받는 것이다. 선뜻 인정하지 않겠지만, 우리는 그의 고난을 은근히 즐기고 싶다. 게다가 밥 같은 사람들은 고난당할 때 조용하지 않다.

끝으로, 우리는 추수 때가 와도 그것을 알아보지 못한다. 농경 사회로부터 워낙 단절되어 있다 보니 예수님의 수확 이미지가 고된 수고임을 잊어버린다. 구하고[파종], 깨어 있고[성장], 행하는[수확] 하나님 나라의 구조를 뒤집고 하나님과 협력하여 일하기는커녕 오히려 문제를 키운다. 밥에게 그가 눈엣가시라고 말해 준다. 그리고는 관계가 파국으로 치닫는 것을 지켜본다. 끝내 아무 것도 통하지 않으면 그제야 혹시 기도를 할지도 모른다. 하지만 그때쯤이면 이미 우리가, 밥은 구제 불능이고 하나님은 무력하시다고 결론을 내린 후다. 그래서 우리는 기도도 통하지 않는다고 단정한다.

하지만 정말 통하지 않는 건 우리다. 우선 우리는 스스로 상황을 망쳐놓은 후에야 기도한다. 또한 막판에 가서야 기도함으로써, 하나님께 그분의 이야기를 짜실 시간을 드리지 않는다. 내심 우리는 하나님이 기도 응답으로 상대방의 영혼에 요술이라도 부려 주시기를 원한다. "기도가 통하지 않는다"라는 우리의 말은 흔히 "하나님이 내 때에 내 방식대로 내 뜻을 이루어 주지 않으셨다"라는 뜻이다.

다시 밥에게로

하나님은 하나님의 나라에서 이상하게 연결을 짓곤 하신다. 그런데 그것은 깨어 있어야만 알 수 있다. 하나님은 밥이 온유해지게 해달라는 나의 기도를, 밥이 장기간 고난을 겪는 동안 나로 하여금 그를 섬기게 하심으로써 응답하셨다. 밥의 고난이 나의 삶 속으로 흘러넘쳤다. 바울에 따르면 사역이란 본래 그런 것이다. "그리스도의 고난이 우리에게 넘친 것 같이 우리가 받는 위로도 그리스도로 말미암아 넘치는도다"고후 1:5. 고난을 통하여 사랑의 길이 열린다. 고난은 진정한 변화라는 수확을 이룬다.

밥은 여전히 밥이지만 나를 대하는 태도가 한결 온유해졌다. 나 또한 그에 대한 사랑이 새로워졌다. 고난 중에 있는 사람을 돌보다 보면 그 사람과 정이 든다. 다음은 최근에 우리가 나눈 대화다.

"폴, 자네 대화법에 관한 훈련을 받아본 적이 있나?"

"있지. 신학교에서."

"강연을 자주 하나?"

"응."

"나한테 말할 때 '어' 소리를 자주 하더군. 자네가 '어' 소리를 자주 한다는 걸 알고 있나?"

"응, 나쁜 버릇이지."

"듣기 안 좋네."

"응, 맞네. 듣기 안 좋지. 노력해야지."

"'어' 소리 대신 그냥 조용히 있으면 도움이 될 걸세."

"그렇지. 내가 '어' 소리를 할 때마다 자네가 지적해 주겠는가?"

"응, 그러지."

밥은 내 삶의 문제를 지적해 줌으로써 진실로 나를 도우려 하고 있다. 밥은 사람들을 상대할 때 비판으로 상대하는 사람이다. 그것을 아는 것이 나에게 도움이 된다. 밥 같은 사람들은 우주에 도덕적 질서를 회복시켜야 양이 찰 것이다.

밥과 그의 삶을 생각하다가 나는 우리 둘에게 모두 똑같은 죄의 습성들이 있는 걸 보고 놀랐다. 우리 둘 다 예수님이 필요하다. 나도 밥과 같을 수 있음을 깨달은 것, 그것이야말로 최고의 수확일 것이다.

사탄의 기본 작전이 교만이라면 하나님의 기본 작전은 겸손이다. 사탄은 우리를 자신의 오만한 삶 속으로 끌어들이지만 하나님은 아들 예수님의 삶 속으로 끌어들이신다.

하나님의 음성을 들으라

29

여러 해 전에 새해 목표를 찾아 기도하려고 12월에 일일 기도 시간을 낸 적이 있다. 그렇게 장시간 기도할 때면 나는 성경 말씀들을 묵상하고 그 내용을 가지고 기도한다. 어떤 때는 그냥 하나님 앞에 가만히 있기도 한다. 내 삶과 마음의 방향을 더 잘 알기 위하여 속도를 늦추는 것이다. 그러면서 이런 질문을 해 본다. '지금 하나님이 어떻게 내 삶 속에 말씀하고 계신가? 지금 하나님이 무엇을 하고 계신가?'

다가오는 새해를 생각하면서 나는 기도 일기에 이렇게 썼다.

"제가 무엇에 초점을 맞추기를 원하십니까? 어떻게 초점을 맞추어야 할까요?"

그때 이 책장의 글씨만큼이나 또렷하게 이런 생각이 떠올랐다.

"이번 한 해는 아무런 목표도 세우지 말라. 내가 너의 성품에 일하고자 한다."

나는 깜짝 놀라서 물었다.

"성품의 문제라면 어떤 것들인지요?"

이번에도 또렷하게 생각이 났다.

"너도 알고 있다."

정말 나도 알고 있었다. 거의 즉시 일곱 가지 항목이 떠올랐고, 나는 그것을 일일이 기도 일기에 적었다.

제가 무엇에 초점을 맞추기를 원하십니까?
어떻게 초점을 맞추어야 할까요?

1. 기다림과 기도
2. 경청, 사람들에 대한 인내
3. 편안한 대인관계
4. 겸손 훈련
5. 하나님 앞에서 잠잠한 마음
6. 진중함, 품위
7. 전도 - 예수님을 부끄러워하지 않음

그 기도의 날에 하나님이 나에게 말씀하신 것일까, 아니면 그냥 내 생각을 적은 것일까? 이 질문에 답하려면 나머지 이야기를 해야 한다. 그러고 나서 하나님의 음성을 듣는 일의 유익과 위험을 함께 살펴볼 것이다.

그날 하루를 내가 기도하며 보내지 않고 그냥 목표를 세웠다면, 말짱 헛수고가 되었을 것이다. 정말 하나님은 그해에 내 성품에 일하시는 것 말고는 아무 것도 하지 않으셨다. 그 일곱 가지 부분 하나하나가 하나님이 고난을 통하여 빚으신 작은 이야기가 되었다. 맨 마지막의 "전도 – 예수님을 부끄러워하지 않음"을 가지고 설명해 보자.

일일 기도에 들어가기 전에 나는 내 육신의 아버지께 내 일이 어떻게 더 나아졌으면 좋겠느냐고 물었다. 아버지는 "너에게 잃어버린 영혼들에 대한 부담감이 더 많아졌으면 좋겠다"라고 말씀하셨다. 나는 속으로 발끈했다. 13년 동안 아버지와 나는 나란히 함께 일하며 우리 선교회를 90명의 선교사를 파송한 기관으로 키웠다. 잃어버린 영혼들을 위해서 나보다 일을 많이 한 사람도 드물었다. 하지만 나는 아버지의 말이 그런 뜻이 아님을 알았다. 아버지는 내가 예수님을 모르는 사람들에게 개인적으로 더 많은 관심을 갖기를 원했다. 그런데 나는 그게 겁이 났다. 기독교 가정에서 자라고 기독교 학교들에 다녔기에 비그리스도인들에게 익숙하지 않았다. '폴, 네가 너무 교만해서 아버지 말이 옳다는 걸 인정하지 못하는 것이냐?' 하는 생각이 들었다. 그래서 그때부터 나는 비그리스도인들을 사랑하고 즐거워하게 해달라고 하나님께 기도했다.

넉 달이 지난 4월, 나는 스페인에서 지중해 해변을 거닐며 또 기도하고 있었다. 마음이 무거웠다. 아버지가 심장 절개 수술을 했는데 회복되지 않고 있었다. 죽어가고 있던 것이다. 무력하게 부두를 걸으며 비그리스도인들을 향한 아버지의 사랑을 다시 생각했고, 아버지의 마음을 나에게 갑절로 달라고 하나님께 기도했다.

아버지의 장례식 후에 한 친구가 계획 중이던 전도 성경공부의 시작을 연기하고 싶은지 전화로 물어왔다. 나는 "아니, 돌아가신 아버지가 원하셨을 일이거든"이라고 말했다. 6월초에 나는 다양한 배경의 사람들과 함께 긴장 속에서 The Person of Jesus예수님의 인격 그룹 성경공부를 처음 시작했다. 그 작은 씨앗이 차차 배가되어 세월이 흐른 지금은 전 세계에서 그 교재로 구도자들에게 예수님을 소개하는 사람들의 이메일이 끊이지 않고 있다.

정말 하나님이 말씀하신 것일까?

그렇다면 정말 하나님이 말씀하신 것일까? 성령께서 나에게 감화를 주신 것일까, 아니면 그냥 내 직관이었을까? 나는 그 기도의 날에 하나님이 직접 개입하셔서 나에게 일하시고 말씀하셨다고 믿는다. 이유는 이렇다.

첫째, 내 질문과 그에 따른 답이 하나님 말씀의 묵상에 푹 적셔져 있었다. 그것은 성경을 바탕으로 전개되는, 회개 이야기의 한 단계였을 뿐이다. 시편 25편 14절은 "여호와의 친밀하심이 그를 경외하는 자들에게 있음이여 그의 언약을 그들에게 보이시리로다"라고 했다. 그것은 제멋대로 날뛰는 인간의 직관과는 반대였다. 사실은 하나님이 내 직관을 다스리고 계셨다.

둘째, 떠오른 답이 나를 놀라게 했다. 본래 나는 목표에 집착하는 사람이라, 여태껏 그런 생각은 한 번도 해 본 적이 없었다. 하나님의 개입에는 그렇게 우리를 놀라게 하는 특성이 있음을 성경에서도 볼 수 있다. 성육신과 십자가와 부활을 누가 감히 짐작이나 했겠는가? 내가 너무 교만하다는 생각은 하나님의 음성 같았다. 그분 특유의 음성이었고 성경과 일치되었다. 그분은 말씀을 우리 마음속에 기록하시는 분이다.

끝으로, 결국 그대로 되었다. 그해에 하나님은 내 성품에 일하시는 것 말고는 아무 것도 하지 않으셨다. 목표를 세우는 게 무의미했다. 하나님의 나라가 임했고 하나님의 뜻이 이루어졌다. 성경은 어떤 선지자의 예언이 그대로 성취되지 않으면 그로써 거짓 선지자를 분별할 수 있다고 말씀한다신 18:21~22 참조.

그리스도인들이 범하는 두 가지 오류

삶 속에서 하나님의 음성을 듣는 것과 관련하여 그리스도인들이 흔히 범하는 두 가지 오류를 살펴보자. 아울러 하나님이 나에게 말씀하고 계신 때를 정확히 분별할 수 있는 방법도 알아볼 것이다.

1. "말씀만 있을 때"_ 듣지 않는 오류

내 삶 속에 역사하시는 하나님을 찾으면서 하나님의 기록된 말씀에만 초점을 맞추면, 즉 깨어 있어 기도하는 부분이 빠지면 그분이 역사하시는 이야기의 전개를 놓칠 수 있다. 아들 예수님의 성품을 우리 마음에 새기시는 예술가 하나님의 무늬들을 놓치게 된다. 하나님의 찬란

하고 직접적인 임재가 우리 삶에 없어진다.

성령께서는 내 죄를 지적하시며 말씀을 내 마음에 적용시켜 주셨다. "그러므로 하나님의 능하신 손 아래에서 겸손하라"벧전 5:6. 12월의 그 아침에 내가 시간을 내서 기도하며 하나님 앞에 질문을 드리지 않았다면, 그 이듬해에 하나님이 주시려던 풍성한 의미를 상당 부분 잃었을 것이다. 드라마를 놓쳤을 것이다.

'폴, 내가 너의 성품에 일하고자 한다' 라는 그 생각은 "네가 세 번 나를 부인하리라"마 26:34고 하신 예수님의 말씀이 베드로에게 미친 것과 동일한 영향을 내게 끼쳤다. 베드로는 넘어진 뒤에 예수님의 경고를 되돌아보면서 더 깊이 회개도 했겠지만 또한 희망도 얻었을 것이다. 어쩌면 그것이 그의 자살을 막아 주었을 수도 있다. 베드로는 이렇게 말했을 것이다. "예수님은 내가 이렇게 될 걸 미리 아시면서도 나를 사랑하셨고 내가 절망에 빠지지 않도록 기도해 주셨다." 이듬해에 내 삶에 고난이 닥쳤을 때, 그 뜻밖의 생각이 고난에 의미와 목적을 부여해 주었고 나에게 희망을 주었다.

성경이 일반 대중에게만 적용된다고 믿으면, 말씀을 친밀하게 각 개인에게 적용시켜 주시는 하나님을 놓칠 수 있다. 그렇게 되면 우리는 하나님을 내 삶에서 제외시키는 이신론자가 될 수 있다. 하지만 우리 개개인에게 말씀하시며, 순종하고 사랑하도록 감화를 주시는 하나님을 우리는 성경 도처에서 볼 수 있다.

성령께서는 수시로 말씀을 나 개인의 삶에 적용시켜 주셨다. (1)아버지에게 내가 어떻게 더 나아질 수 있겠느냐고 물었을 때, (2)아버지가 나에게 잃어버린 영혼들을 향한 부담감이 더 많아졌으면 좋겠다고 했을 때, (3)그저 내가 교만하다는 것을 깨달았을 때, (4)스페인에서 기도했을 때, (5)성경공부를 시작했을 때가 그렇다. 이 모두가 '하나님의 작은 소통'에 해당된다.

나의 상황, 창조 세계, 다른 그리스도인들, 그리고 말씀 속에서 두루 하나님의 손길을 보게 되면 내 생각을 특별한 지위로 끌어올리는 우를 범하지 않게 된다. 하나님은 우리 각자에게 늘 말씀하시지만, 우리의 직관을 통해서만 말씀하시는 것은 아니다. 우리 삶의 사소한 부분들에서 활동하시는 하나님을 보면, 하나님의 말씀을 더 잘 적용하게 된다. 하나님의 음성을 너무 좁게 정의하면 사실상 하나님 말씀의 위력을 약화시키는 것이다.

관건은 목자를 보는 눈을 기르는 것이다. 내 마음과 주변 세상의 소음을 떨치고 아버지의 음성에 주파수를 맞추어야 한다. 아버지의 선한 창조 세계에서 무늬들을 볼 줄 아는 시인의 눈을 길러야 한다. 훌륭한 이야기꾼처럼 나도 이야기꾼 하나님의 보조와 심장박동을 몸에 익혀야 한다.

자신만만했던 우리 두 사람에게 킴이 얼마나 귀한 선물인지 서서히 깨달으면서 아내와 나는 시인이 되어 갔다. 지금까지 내가 한 거의 모든 이야기 속에 시가 들어 있다. 겟세마네에서 예수님은 제자들에게 "깨어 있어 기도하라"막 14:38라는 말씀을 후렴구처럼 반복하셨다. 몽롱한 상태로 기도하지 말라. 눈을 뜨고 기도하라. 하나님이 당신의 삶 속에 짜고 계신 무늬들을 찾으라.

2. "성령만 있을 때"_ 인간의 직관을 끌어올리는 오류

하루는 아침에 에밀리 방에서 기도하고 있는데, 마치 누군가 말을 하고 있는 것처럼 똑똑하게 위에서 이런 음성이 들렸다.

"폴아, 나 하나님이 말하노라. 네 아내에게 새 부엌이 필요하구나."

1분쯤 후에 아내가 웃으며 방 안으로 얼굴을 들이밀고 말했다.

"폴아, 오늘 아침에 너에게 하나님이 특별한 방식으로 말씀하시더냐? 부엌에 대한 말씀이 있으시더냐?"

아내의 엉뚱한 장난이지만, 여기에서 하나님의 음성을 자주 듣는 사람들의 문제점을 볼 수 있다. 자신의 생각이나 느낌을 '하나님의 음성'이라고 말한다면 그것은 자기가 하나님을 통제하는 것이며, 결국 인간의 직관을 하나님의 계시의 지위로 끌어올림으로써 하나님의 말씀을 약화시키는 것이다. 성경이 우리의 직관을 지켜 주고 인도하지 않는 한 우리는 금방 제멋대로 날뛰며 이기적인 욕심을 종교적 언어로 미화할 수 있다"하나님이 나한테 그 여자와 결혼하라고 하셨다. …".

내가 처음 재직했던 도심의 한 기독교 학교는 하나님이 채워 주실 줄 믿고 월급 수표를 '믿음으로' 끊곤 했다. 교사들은 믿음으로 수표를 입금했으나 불행히도 은행은 믿음이 없었고, 수표는 부도가 나서 되돌아왔다. 당연히 그 학교는 파산했다. 재정적 무책임을 종교적 언어로 감추고 있었던 것이다.

만일 내가 12월에 일일 기도를 다녀와서 직원들에게 "하나님이 나에게 올해는 아무런 목표도 세우지 말라고 하셨습니다"라고 말했다면, 그건 내 생각을 성경의 권위 수준으로 끌어올리는 일이다. 사실

나는 그해에 어려운 일이 닥칠 때까지 그때 기도했던 일을 잊고 있었다. 그것은 힘든 시기에 의미와 희망을 얻으라고 하나님이 나에게 주신 개인적인 말씀이었다. 내 삶의 구심점으로 삼아야 할 무엇이 아니라 그냥 하늘 아버지의 자상한 귀띔이었다.

문제는 성령께서 오시는 통로가 세상, 육신, 마귀가 오는 통로와 같다는 것이다. 주님은 과연 감화를 주신다. 다만 우리는 주님을 빙자하여 내 욕심을 차리지 않도록 조심해야 한다. 아무거나 내 생각과 욕심을 '하나님의 음성' 으로 해석하는 일이 잦아지면 이상해진다. 다음 부부가 그런 경우였다.

남편은 사역자였는데 만성 피로와 기타 여러 가지 병으로 고생하고 있었다. 남편이 진통제에 중독되었다는 사실을 알게 된 부인은 하나님을 원망했다. 내가 찾아갔을 때 그녀는 이렇게 말했다. "남편도 나도 누룩을 일체 치워야 한다는 주님의 분명한 말씀을 받았다고 느꼈습니다. 집 안의 누룩이라는 누룩은 다 치웠는데도 남편의 병은 여전합니다." 깜짝 놀란 내 입에서 이런 말이 튀어나왔다. "그건 이단입니다. 당신은 지금 인간의 직관을 하나님 말씀의 수준으로 끌어올리고 있습니다." 성경에서 누룩은 전체에 피지는 소량의 악을 비유한다는 말도 해 주었다. 그리고 남편이 진통제에 의존하는 것이 곧 누룩이 아닐까 싶다고 말했다. 이 부부는 하나님의 음성을 해석하는 방식이 억지스러웠다. 그들은 시인의 눈을 기를 필요가 있었다.

문제는 듣는 행위가 아니라 듣는 마음이다. 나는 하나님께 귀를 기울이고 있는가? 배우려는 유순한 마음이 있는가?

이따금씩 나는 내가 사랑하는 누군가에게 나쁜 일이 벌어질 것 같은 예감이 들 때가 있다. 그럴 때는 내 직관을 거슬러 기도한다. 복과 안전과 장수를 주시도록 기도한다. “사랑하는 자여 네 영혼이 잘됨 같이 네가 범사에 잘되고 강건하기를 내가 간구하노라”요삼 2라는 단순명료한 하나님의 말씀 덕분에 나는 내 감정에 파묻히지 않을 수 있다. 많은 신비가들이 경험하는 ‘영혼의 어두운 밤’ 이 사실은 그냥 자기 마음의 어두움 속에 파묻히는 것은 아닌지 모르겠다.

바울은 골로새 교인들에게 “그 본 것에 의지하여 그 육신의 생각을 따라 헛되이 과장하고 머리를 붙들지 아니하는”골 2:18~19 사람을 조심하라고 경고했다. 그는 하나님의 의사소통을, 거짓되고 교만한 영성을 만들어내는 위험과 연결시키고 있다. 즉 바울은 우리가 시선을 의사소통의 수단에 두지 말고 머리 되신 선한 목자께 두기를 바란 것이다. 사실 그는 소위 큰 사도들이 하나님께 받은 환상을 자랑하며 자신을 공격할 때 고린도후서 10~12장에 한 번 언급한 것 말고는, 하나님이 자신에게 직접 말씀하신 일을 결코 입에 올리지 않는다. 그때도 바울은 차마 자기가 직접 환상을 보았다고 말하지 않고 “내가 … 한 사람을 아노니”고후 12:2라고 한다.

사도행전에도 똑같은 모습이 나타난다. 누가는 바울이 주로 위기 때에 하나님의 구체적인 인도를 받은 일을 몇 번 언급하지만, 바울은 그냥 자신의 의중과 계획을 말할 때가 더 많다.

하나님이 나에게 말씀하고 계신 때를 정확히 분별하려면 말씀과 성령이 함께 있어야 한다.

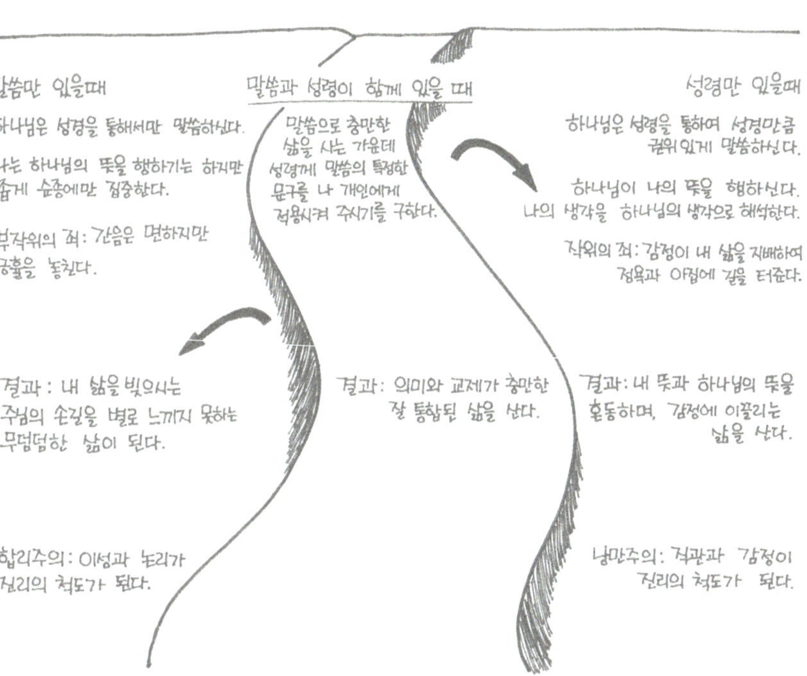

도표 오른쪽의 성령만 있는 사람들은 하나님의 음성을 듣는 일과 하나님 말씀에 순종하는 일을 분리시킬 수 있다. '성령의 인도하심' 이라는 미명 하에 자기가 원하는 일을 하기 쉽다. 하나님께 '들은' 내용은 아집의 가면일 수 있다. 이것은 감정을 절대화하는 주정주의낭만주의의 일종다.

말씀만 있는 사람들도 순종에만 집중하고 경청과 회개의 삶을 경시함으로써 듣기와 순종을 분리시킬 수 있다. 성경적 사고에서는 하나님의 말씀을 듣는 것과 하나님께 순종하는 것이 하나로 얽혀 있다. 그래서 히브리어로는 둘 다 샤마르shamar라는 한 단어를 쓴다. 말씀만 있는 사람들은 말씀에 순종한다는 구실 하에 경직될 수 있다. 그러므로 주정주의 못지않게 합리주의도 경계해야 한다.

말씀의 예리하고 절대적인 특성과 성령의 직관적이고 개인적인 감화가 둘 다 필요하다. 말씀은 골격과 문구를 주고 성령은 그것을 우리 개개인의 삶에 적용시켜 주시기 때문이다. 그래서 말씀과 성령이 둘 다 있으면 하나님을 빙자하여 내 욕심을 채울 위험과, 삶이 하나님과 분리되는 위험을 막아 준다.

듣는 마음을 기르라

하나님과의 교제에 비밀 같은 것은 없다. 교만과 아집을 꺾고 은혜를 간구하며 하나님 앞에서 거룩한 삶을 살면 하나님과의 교제 안에 있게 된다. 정말 그 정도로 간단하다.

듣기는 나의 영혼이 하나님과 소통하는 과정에서 벌어지는 많은 일 중의 하나일 뿐이다. 당신을 향한 하나님의 이야기 속으로 당신을 끌어들이는 것은 순복의 삶이며, 그 삶이 없이는 하나님의 음성을 들을 수 없다. 그리고 그 이야기는 복음의 이야기일 수밖에 없다. 이 말은 당신이 내놓을 것이 자신의 연약함과 죽음이라는 뜻이다. 대신 하나님은 그분의 은혜와 부활을 내놓으신다.

그리스도인들은 '하나님의 음성 듣기'에 흥분하는 경향이 있다. 마치 하나님과 의사소통하는 비법이라도 찾아내 그것을 통하여 기도 생활에 일대 변혁이라도 이룰 것처럼 말이다. 작가들은 흔히 표현은 바로 하겠지만"하나님 말씀에 순종하는 게 중요하다", 사실은 하나님의 음성을 듣는 일을 전면과 중앙에 내세운다. 하나님이 아니라 하나님에 대한 체험을 은근히 끌어올리는 것이다. 자신도 모르게 우리는 자동차 앞 유리 바깥이 아니라 유리 자체를 보고 있다.

하나님과의 의사소통을 이야기할 때 성경은 하나님이 말씀하고 계신 내용을 내가 안다고 전제한다. 문제는 듣는 행위가 아니라 듣는 마음이다. 나는 하나님께 귀를 기울이고 있는가? 배우려는 유순한 마음이 있는가? 그분의 길과 명령을 기억하고 있는가? 시편 25편 15절에 "내 눈이 항상 여호와를 바라봄"이라고 했다. 순복하는 마음이 첫째고 의사소통의 수단은 그 다음이다. 마귀의 소음은 물론 나 자신의 마음과 세상의 소음 속에서 듣는 마음을 기르는 것이 우리의 본분이다.

하나님의 영과 내 영이 상호작용하는 것은 신비다. 다윗은 그 신비를 시편 16:7에 이렇게 표현했다.

"나를 훈계하신 여호와를 송축할지라 밤마다 내 양심이 나를 교훈하도다."

이 구절의 병렬 구조를 보면, '나를 훈계하신 여호와'와 '내 양심직역하면 '내 창자'이 나를 교훈하도다'가 대구를 이룬다. 그렇다면 어찌된 일인가? 다윗의 마음이 말한 것인가, 하나님이 훈계를 주신 것인가? 둘은 떼려야 뗄 수 없다.

아버지의 음성에 주파수를 맞추는 일은 뭐라고 딱 꼬집어 말하기는 어렵지만 실재實在의 속성을 띤다. 우리는 다만 그것을 경험하고 일부 특성을 볼 수 있을 뿐이다. 우리에게 이 상호작용을 분석할 능력은 없다. 하나님이 다윗에게 주신 훈계는 다윗이 하나님을 힘써 추구한 것과 떼어놓을 수 없다.

"내가 여호와를 항상 내 앞에 모심이여"시 16:8.

하나님의 훈계는 점쟁이처럼 작용하는 것이 아니다. 그것은 겸손히 하나님을 구하는 자세와 떼어놓을 수 없다.

기도 일기 쓰기

30

일기 쓰기라는 행위와 나의 인생은 유의미한 이야기라는 개념은 둘 다 기독교에 뿌리를 두고 있다. AD 400년경에 쓴 어거스틴의 자서전 「참회록」은 영혼의 내면 여정을 기술한 것이다. 그것은 최초의 진정한 일기였다. 어거스틴은 자신의 마음의 내적 작용을 인식했던, 그리고 자신의 인생을 관통하는 의미를 기록했던 최초의 사람이다.

옆집 아이가 부르는 쌀박한 노랫소리를 우연히 듣고서 그는 살아 계시며 말씀하시는 하나님을 만났다. 그동안 그는 암브로시우스 주교의 설교를 들으며 죄, 특히 성적인 죄에 큰 가책을 느끼곤 했었다. 그의 글을 보자.

그렇게 뼈저리게 참회하는 심정으로 울며 고백하고 있는데, 옆집에서

> 남자인지 여자인지 모를 아이가 "집어서 읽으라. 집어서 읽으라"라고 자꾸만 반복해서 노래하는 소리가 들렸다. 즉시 내 낯빛이 바뀌었다. … 나는 벌떡 일어났다. 책신약성경을 읽으라는 하나님의 명령으로밖에 달리 해석할 수 없어 무조건 나오는 대로 첫 장을 읽었다. … 들고 펴서 맨 먼저 눈에 닿는 부분을 묵독했다. "방탕하거나 술 취하지 말며 음란하거나 호색하지 말며 다투거나 시기하지 말고 오직 주 예수 그리스도로 옷 입고 정욕을 위하여 육신의 일을 도모하지 말라" … 그 문장이 끝나기가 무섭게 내 마음속으로 … 빛이 비쳐들면서 모든 어두운 의심이 깨끗이 사라졌다.[1)]

성령께서 한 아이를 통해 말씀하셔서 어거스틴의 마음속에 말씀이 살아나게 하셨다. 하나님이 영혼을 만져 주시자 어거스틴은 살아났고 그의 삶은 의미로 충만해졌다.

의미가 생기면 삶은 여정과 영적 모험이 시작된다. 그 모험을 그대로 기록해 나가면 하나님이 내 인생에 짜고 계신 이야기 속에서 내 자리가 어디인지 느껴진다. 그 여정을 인식하는 데 일기 쓰기가 도움이 된다.

우리가 영적 여정 중에 있다는 개념은 기독교 정신 속에 깊이 박혀 있다. 시편 23편에 나오는 모든 여정의 암시를 보라. 선한 목자께서 "나를 … 쉴 만한 물 가로 **인도하시는도다** … 의의 길로 **인도하시는도다** 내가 사망의 음침한 **골짜기로 다닐지라도** … 주께서 나와 함께 하심이라 … **내 평생에** 선하심과 인자하심이 반드시 **나를 따르리니**."

여정 중에 여러 위험이 도사리고 있다. 밖으로는 '사망의 음침한 골짜기'와 '내 원수의 목전'이 위협하고, 안으로는 내 불안한 영혼과 싸워야 한다. 좋은 소설 속의 인물처럼 나도 계속 선택의 기로에 선다. 원수의 목전에서 달아날 것인가, 내게 상을 차려 주실 주님을 기다릴 것인가? 내 삶을 물질로 채울 것인가, '나를 푸른 풀밭에 누이실' 목자를 따라갈 것인가? 삶은 곧 모험이 된다.

영혼의 내면 여정에 대한 이러한 인식은 기독교 역사에 쭉 지속되어 왔다. 그러나 16~17세기 영국 청교도들의 일기 쓰기가 그것을 새로운 차원으로 끌어올렸다. 그들은 하나님이 자신의 인생에서 하고 계신 일을 기록하고자 했다. 청교도들의 일기 쓰기에서부터 존 번연의 「천로역정」과 대니얼 드포의 「로빈슨 크루소」까지는 한 치 건너였다. 둘 다 내면의 모험 이야기이며, 그 이야기가 소설 속의 인물 전개를 이끌어간다. 팔레스타인의 대표적인 학자 에드워드 사이드는 이렇게 지적했다.

"소설은 확실히 기독교적인 저작 양식이다. 소설은 미완의 세계, 구원을 갈구하며 나아가는 세계를 전제한다. 대조적으로 … 이슬람 세계는 폐쇄되고 완성된 세계나."[2]

지금까지 이 책에 말한 이야기들은 작은 모험들이다. 애슐리는 콘택트렌즈를 찾을 것인가? 킴은 말을 할 것인가? 그리고 취직을 할 수 있을까?

하나님과의 동행은 따분하지 않다. 많은 사람들이 하나님이 내 앞에 열어 주시는 순례 길을 별로 의식하지 못한 채 그냥 바쁘게 살아간다. 그간 비극이 닥쳐올 때 하나님의 길을 배워 두지 않았기 때문에 어떻게 반응해야 할지 그 기준이 없다. 그래서 하나님의 손길을 놓친 채 그냥 힘없이 터덜터덜 걸어간다.

그러나 기도 일기를 쓰면 여정 중의 내 현 위치를 파악할 수 있다. 우리 영혼은 시인과 예술가가 될 수 있다. 삶에 반사적으로 반응하지 않고 하나님이 하고 계신 일, 돌보시는 아버지의 무늬들을 돌아볼 수 있다. 삶을 순례로 보면 내 인생이 그렇게 하나의 통합된 전체가 되고 의미가 생기는 것이다. 이야기를 알면 그것이 우리 영혼을 안심시켜 준다. 그러므로 삶이 바쁜 거야 괜찮지만 영혼이 바빠지면 문제다.

여정 중에 자아를 알게 된다

목자와 동행하면 나의 참 자아를 알게 된다. 어거스틴은 자서전에서 소년 시절에 자기 집 과수원의 배가 익었는데도 옆집 과수원에서 익지 않은 배를 훔쳤던 일을 회고한다.[3] 어거스틴은 하나님을 만났기 때문에, 악으로 치닫는 자신의 마음의 불합리한 성향을 볼 수 있었다.

앞서 보았듯이 시편 23편은 '나'라는 단어가 17번이나 나오는 아주 개인적인 시다. 목자를 만나면 자아가 해방된다. 다윗이 자아를 알고 있는 것도 하나님의 사랑을 알았기 때문이다. 하나님의 빛은 우리로 하여금 내면의 여정을 보게 해 준다.

현대인들이 추구하는 자아실현은 기독교의 자아발견이 세속화된 형태다. 목자께서 우리를 인도하여 그분과의 관계 속에서 참 자아를 보여 주지 않으시면, 우리는 길을 잃고 자아에 집착하게 된다. 악으로 치닫는 자신의 성향을 보지 못한 채, 자아에 대해서는 갈수록 까다롭고 과민해지면서 남들에 대해서는 둔감해질 수 있다. 더 이상 자신을 똑똑히 보지 못하는 것이다.

그러나 영적 순례는 그 반대다. 하나님과의 관계 속에서 자아를 발견하면 그것이 회개의 생활 방식으로 이어진다. 예를 들어, 우리는 자신의 조급증을 좀처럼 인식하지 못한다. 오히려 남들이 모두 느리게 느껴진다. 천성적으로 내가 우주의 중심이다 보니 내가 성급하다고 느껴지는 것이 아니라 남들이 방해물로 보이는 것이다. 바로 이 부분에서 기도 일기가 도움이 될 수 있다.

하나님과의 교제 내지 대화는 두 가지 질문으로 구분된다.

1. 나는 어떻게 지내고 있는가? 나를 괴롭히는 것은 무엇인가? 내 기분은 행복, 슬픔, 감사, 낙심, 분노, 좌절 등 어떤 것인가?
2. 하나님은 나에게 뭐라고 말씀하고 계신가? 말씀에 어떻게 나와 있는가?

내 기도 일기에서 이 두 가지 질문을 돌아보면 살아 계신 하나님께서 안개를 걷어내셔서 나의 참 자아가 보인다. 그것은 회개로 이어진다. 당연히 회개는 주기도문에서 중요한 자리를 차지한다. 앞서 보았듯이 "나라가 임하시오며 뜻이 … 이루어지이다"마 6:10라는 기도는 내 나라와 내 아집의 정곡을 찌른다. "우리를 시험에 들게 하지 마시옵고"마 6:13라는 기도는 미리 죄를 짓지 않게 해 주며, "우리 죄를 사하여 주시옵고"마 6:12라는 기도는 이미 지은 죄를 해결해 준다.

목자와 동행하면서 변화되지 않을 수는 없다. 그분이 임재하시기에 우리는 내면을 정직히 들여다볼 수 있다. 그것이 내 삶에는 어떻게 나타나는지 두 가지 관점에서 살펴보려고 한다. 하나는 1년 동안 쓰는 일기이고 또 하나는 기도의 날에 쓰는 일기다.

1년 동안 쓰는 일기

12월에 일일 기도를 하고 난 그 이듬해는 내면의 여정이었다. 2월부터 상황이 어려워지자 나는 일기에 이렇게 썼다. "주께서 저를 위하여 예비하셨을지 모르는 어떤 고난의 잔 앞에서도 뒤로 물러나지 않게 하소서." 나는 두 달 전 일기에 기록했던 일곱 가지 성품의 특성을 떠올리면서 그 하나하나를 기도 제목으로 삼기로 했다. 하나님이 고난을 통하여 내 성품을 계발하시기 원하심을 나는 절감했다.

다음은 3월 말에 나 자신에 대하여 쓴 소감이다.

> 제가 옳다고 생각되면 저는 방어하기에만 급급하고 성육신[이해]하기에는 더딘 경향이 있습니다. 격해지고 비판적이 되고 교만해지기도 합니다. 예수님, 잠잠하고 진중하고 겸손하게 해 주소서. 주님이 하실 때까지 입을 다물게 하소서!

12월에 하나님은 그분께 드려져야 할 내 성품의 일부분들을 보여 주셨다. 이제 기도 일기를 통하여 나는 하나님이 더 큰 이야기 속에서 하고 계신 일을 쫓아갈 수 있었다. 더 큰 이야기란 그분이 나를 그 아들의 형상을 본받게 하시기로 작정하신 이야기다. 달마다 그분은 나에게 일하셨다.

6월에는 하나님이 나를 힘든 상황에서 건져 주시는 데 별로 관심이 없으시다는 것을 알았다. 하나님은 오직 나를 변화시키고 싶어 하셨다. 나는 이렇게 썼다.

"주로 회개에 집중하자는 생각이 지난 4개월 새 처음으로 마음에 와 닿고 있다."

하나님이 나를 곤경에 가두셨음을 알자 차라리 마음이 홀가분했고 부담감이 상당히 줄었다. 그래서 상황을 개선시킬 방도를 찾던 것을 그만두고 나 자신의 회개에 집중했다.

그 달 말에는 하나님이 나와 문제가 있는 사람들의 말을 경청하는 법을 가르치시려는 것을 깨달았다. 다음은 그때 내가 배운 내용을 일기에 쓴 것이다.

||||| 상대방이 나에게 속을 나눈다는 것 자체가 참 힘든 일이다. 그 점에 민감해지자. 상대방에게 이렇게 묻자. "내가 지금 답변해 드리기를 원하십니까, 아니면 그냥 생각만 해보기를 원하십니까?"

||||| 사실이 아닌 것 같더라도 뭔가 내가 잘못한 것을 찾아보자.

||||| 사실에 치중하지 말자. 내가 상대방을 사랑해야 한다는 것, 그게 사

실이다.

- 상대방이 한 말을 되풀이해 말하자.
- 상대방에 대하여 물어보자
- 나 자신에 대한 해명은 기다리자.
- 상대방의 잘못을 말해 주는 일은 정말 기다리자.

다음 달에도 썩 진전이 없어 보였다. 그간의 한 사건에 대하여 나는 이렇게 썼다.

"저는 성내기를 더디 하지 못했습니다. 듣기를 속히 하지 못했습니다. 말하기를 더디 하지 못했습니다."

그런데 그해 말에는 일기 내용이 이런 식으로 바뀌었다.

"이 모든 것이 시작되기 전과 비교했을 때 저는 딴 사람이 되었습니다. 이렇게 쭉 지속되기를 기도합니다. 순종하는 마음을 주소서."

목자를 바라보고 있으면 우리 자신을 알게 된다. 사망의 음침한 골짜기가 비전의 골짜기로 바뀐다. 보다시피, 일기를 쓰면 우리는 하나님이 내 삶 속에 쓰고 계신 이야기를 알 수 있다. 정신없이 쫓기며 살지 않고 멈추어 돌아볼 수 있다.

아침 기도 시간에 쓰는 일기

일기를 쓰면 자신의 마음 상태를 명확히 표현할 수 있다. 지금부터 나의 아침 기도 시간을 쭉 따라가 보자. 내 삶 속에 어려운 일들이 벌어지고 있던 때였다.

내가 어떻게 지내고 있는지 천천히 기도하며 돌아보는 순간, 화가 나 있는 나 자신을 알게 되었다. 기록한 첫 단어는 분노였다. 화난 이유를 쓰고 은혜를 달라고 기도했다. 그리고는 하나님이 내게 주실 말씀을 묵상했다. 시편을 쭉 넘기다가 내 마음 상태가 그대로 표현된 곳을 만났다. 시편 102편이었다.

ⅡⅢ 내가 … 지붕 위의 외로운 참새 같으니이다7절.

ⅡⅢ 주께서 나를 들어서 던지셨나이다10절.

ⅡⅢ 내 날이 기울어지는 그림자 같고 내가 풀의 시들어짐 같으니이다11절.

ⅡⅢ 나의 중년에 나를 데려가지 마옵소서24절.

내 삶의 상태가 그대로 표현된 성경을 묵상하노라니 이상하게 위로가 되었다. 하나님께 이렇게 아뢰었다.

"하나님이 구해 주실 거라는 확신이 제게 없습니다. 물에 빠진 심정입니다." 그리고는 나를 구원해 달라고 기도한 뒤에 떠오르는 생각을 이렇게 적었다.

"하나님이 구원해 주실 때까지 기다릴 수 있는 믿음을 제게 주소서."이어 내 영혼의 상태를 돌아보았다.

"제가 주님을 기다리지 못하는 것은 구원이 제게서 온다는 생각 때문입니다."

그러자 요한계시록에 나오는 모든 환난이 생각났다. 그래서 그곳을 펴서 참고 견딤에 관한 본문들을 찾아보았다.

> ||||| 나 요한은 너희 형제요 예수의 환난과 나라와 참음에 동참하는 자라계 1:9.
>
> ||||| 그들에게 … 이르시되 아직 잠시 동안 쉬되계 6:11.
>
> ||||| 성도들의 인내와 믿음이 여기 있느니라계 13:10.
>
> ||||| 성도들의 인내가 여기 있나니계 14:12.

그리고는 그 근래에 내가 기다리지 못했던 세 가지 상황을 떠올리고 그것을 기록했다. 기도 시간이 끝날 때쯤 이사야 30장 15절을 폈다. 하나님은 이스라엘에게, 구원은 스스로 구원하려고 뛰어다닌다고 오는 것이 아니라 "돌이켜회개 조용히 있어야 … 잠잠하고 신뢰하여야" 온다고 말씀하신다.

기도 시간을 시작할 때는 화가 나고 무력한 상태였지만 끝날 때는 성령께서 성경을 내 마음 상태에 맞게 적용시켜 주셨다. 나도 모르는 사이에 내 기도 시간은 '피해자 폴'에서 '죄인 폴'로 바뀌어 있었다. 결국 아무 것도 하지 말고 하나님을 기다리라는 분명한 방침이 섰다.

내 감정에 솔직해지는 것과 성경 말씀을 마음으로 듣는 것이 관건이었다. 솔직해지니 진짜 내가 말하고 있었다. 나는 착해지려 하지 않았다. 우리의 삶을 성경의 렌즈로 보면 여간해서 길을 잃지 않는다. 진실해질 수 있지만 자신의 감정에 파묻히지는 않는다.

그런 묵상들을 기록하지 않았다면 하나님이 나에게 무엇을 가르치고 계신지 몰랐을 것이다. 기도 시간이 끝났을 때 나는 하나님의 극에서 내 역할이 무엇인지 알았다. 무대에서 내려와 구석에서 기다리는 것이었다. 썩 내키지는 않았지만 아주 분명했다. 성경을 통하여 말씀하시도록 하나님께 내 마음을 열어드렸더니 회개의 문이 열렸다. 내 기도 시간은 그 자체로 하나의 여정이고 작은 소설이었다.

글재주가 좋아야 일기를 쓰는 것도 아니고 또 매일 써야 하는 것도 아니다. 일기란 좀 더 정리되어 있다는 점만 빼고는 어린 아이 같은 기도를 기록한 것에 지나지 않는다. 우선 지금 마음에 있는 것, 신경 쓰이는 문제, 감사한 일부터 쓰라. 하나님 앞에서 진실해지면 나머지는 다 따라 나온다.

자신의 염려와 기쁨과 기도를 기록하면 생각이 산만해지지 않고 집중력이 생긴다. 하지만 제일 좋은 점은 시간이 가면서 당신이 하나님이 하고 계신 일의 무늬들을 보게 되고 이야기의 가닥들을 짚어내게 된다는 것이다.

삶을 순례로 보면 내 인생이 하나의 통합된 전체가 된다. 의미가 생긴다.

일상 생활 속의 기도

31

내가 남편, 아빠, 직장인, 친구로서 내 역할을 제일 잘할 때는 기도할 때다. 내 안에 있는 불신의 잡초들과 다른 사람들의 삶에서 힘든 부분들을 나는 기도 중에 알게 된다. 그리고 성령만이 해결하실 수 있는 이슈들을 보여 주신다.

실제로 나는 매일의 기도 시간을 통하여 내 삶을 꾸려가고 있다. 내 마음, 일, 가족, 사실 나에게 소중한 모든 것을 하늘 아버지와의 교제 속에서 기도를 통하여 빚어 나가고 있다. 내가 그러는 이유는 내 마음과 삶, 주변 사람들의 마음과 삶에 대한 통제권이 나에게 없기 때문이다. 하지만 하나님은 그런 통제권이 있으시다.

그 모두가 어떻게 돌아가는지를 보여 주는 작은 창으로, 어느 하루의 아침 기도 시간을 나누고 싶다.

그날의 아침 기도 시간

아침 기도 시간을 다음과 같이 간추려 적던 그날, 5시 40분에 자명종이 울렸다. 5분을 더 자다가 침대에서 기어 나와 기도하려고 거실 의자에 앉았다. 아내는 이미 아래층에서 기도하고 있었다. 내가 앉자마자 킴이 왔다 갔다 하기 시작했다. 킴에게 도로 자리에 누우라고 했다이때는 킴이 왔다 갔다 하지 않게 해달라고 기도해야겠다는 생각이 들기 전이었다.

지금부터 내 아침 기도 시간으로 들어간다. 나는 어린 아이 같은 기도로 시작하여 전날을 돌아보면서 하나님이 구체적인 방법들로 우리 가정을 목자처럼 돌봐 주신 것에 감사를 드렸다. 전날 우리는 과테말라에 가 있는 열아홉 살 난 딸 에밀리한테서 반가운 전화를 받았다. 우리가 원하는 대학에 기꺼이 가겠노라고 했다. 불과 이틀 전에 에밀리와 전화로 대학 얘기를 할 때만 해도 긴장이 있었다. 아내와 나는 전화를 끊고 나서 그 일로 기도했고, 어쨌든 에밀리가 선택하는 대로 지원하기로 했었다. 그런데 에밀리가 다시 전화하여 그동안 자기도 기도하며 에스더서를 읽었는데 하나님이 자기에게 에스더가 모르드개를 따른 것처럼 자기도 우리를 따라야 한다는 감화를 주셨다고 말한 것이다.

내 마음에 감사가 넘쳐흘렀다. 10년 전에 에밀리를 위한 기도 카드에 "자녀들아 주 안에서 너희 부모에게 순종하라"엡 6:1라는 성경 구절을 썼었다. 그리고는 그 아이가 삶 속에서 이 구절을 만나게 해달라고 하나님께 수없이 기도했다. 그런데 에밀리가 우리가 원하는 대학에 선뜻 가겠다고 한 것은 나에게는 부차적인 것이었고, 더 중요한 것은 마음의 변화였다. 어느덧 전화로 우리를 대하는 아이의 태도가 달라져 있었던 것이다. 나는 기도 일기에 날짜를 적고 짤막한 감사 기도를 써넣었다.

얼마 전에 한밤중에 잠이 깼는데 좀 생뚱맞은 의문이 들었다.
'기도하지 않고 어떻게 사람을 사랑할 수 있을까?'

그 와중에 평소 자주 보던 인터넷 뉴스 사이트가 생각났다. 하루에도 몇 번씩 보는데, 그것이 기분 전환에는 좋지만 나의 삶에 불신을 부추길 수 있겠다는 생각이 들었다. 바로 지난주에 내 믿음을 떨어뜨리는 것이 무엇인지 보여 달라고 기도했었다. 대중매체를 너무 많이 접하는 것이 세상을 보는 내 시각에 은근히 영향을 미치고 있음이 점차 보였다. 그것을 기록했다. 기도라기보다 그냥 생각이었다.

킴이 또 왔다 갔다 하기 시작했다. 도로 자리에 누우라고 했더니 얌전해졌다. 나는 천천히 기도 카드들을 가지고 기도하기 시작했다. 제일 먼저 기도한 것들 중에, 두어 달 전에 기록한 '아내의 짐' 이라는 새로운 카드가 있었다. 아내의 삶에서 아내가 중압감을 느끼고 있는 부분들을 쭉 적은 것이다. 처음에는 4가지뿐이었는데 어언 8가지로 늘어나 있었다.

카드에 쓴 성경 구절대로 아내가 "흠이 없고 순전하여 어그러지고 거스르는 세대 가운데서 하나님의 흠 없는 자녀로 세상에서 그들 가

아내의 집 빌립보서 2:14-16

"모든 일을 원망과 시비가 없이 하라 이는 너희가 흠이 없고 순전하여 어그러지고 거스르는 세대 가운데서 하나님의 흠 없는 자녀로 세상에서 그들 가운데 빛들로 나타내며 생명의 말씀을 밝혀 나의 달음질이 헛되지 아니하고 수고도 헛되지 아니함으로 그리스도의 날에 내가 자랑할 것이 있게 하려 함이라"

-xxxxxxxx　　-xxxxxxxx
-xxxxxxxx　　-xxxxxxxx
-xxxxxxxx　　-xxxxxxxx
-xxxxxxxx　　-xxxxxxxx

운데 빛들로 나타내기"빌 2:15 를 위하여 기도했다.

6시가 막 지나자 다시 쿵쿵 발자국 소리가 났다. 소리치는 방법이 통하지 않자 나는 기도를 멈추고 위층으로 올라가 킴에게 자리에 누워 있으라고 했다. 그러자 킴은 화가 나서 자기 팔을 물어뜯었다. 내가 오늘 영화는 없다고 말하자 킴은 다시 팔을 물어뜯었다. 한숨이 절로 났다. 영화 보는 특권을 빼앗으면 나의 하루가 더 복잡해진다. 킴이 폐렴을 앓아서 아내가 이미 이틀간 휴가를 썼으므로 내가 집에서 일하겠다고 약속한 터였다. 킴은 가라앉았고 나는 다시 기도로 돌아갔다.

기도 카드를 가지고 계속 다른 식구들을 위하여 기도했다. 때에 따라 감사도 드리고 간구도 했다. 사위 이언Ian은 일자리가 필요했고, 아들 존은 그동안 영적으로 성장했고, 아들 앤드류는 교생 실습을 시작했다. '킴의 거처'라는 기도 카드가 나왔을 때도 잠시 감사를 드렸다.

우리는 킴이 따로 독립하되 우리와 가까이 살 수 있도록 2년간 듀플렉스두 가구용 연립주택_옮긴이를 구하고 있었는데, 최근에 하나님이 확실한 길을 열어 주셨던 것이다. 계속해서 친구들, 교회, 직장 등 내 삶의 모든 부분을 위하여 기도 카드를 넘겨가며 기도했다. 그 동안 아내가 위층으로 올라와 침대를 정돈하면서 나에게 말을 걸었다. 나는 하나님과 아내 사이를 왔다 갔다 하면서 아내가 말하지 않을 때 기도했다. 그러다 6시 15분에 멈추었다.

살아 있는 기도 시간

킴의 방해로 그 기도 시간은 현실 생활의 느낌을 띤다. 기도할 때 내가 상대하는 것은 표면상의 문제가 아니라 내 마음 상태와 내가 기도해 주는 사람들의 마음 상태다. 내 기도 시간은 결코 지루하지 않다. 나는 감사하고 회개하고 보호하고 돌본다. 내 기도 시간은 하나님과 함께 살아 있다.

킴에게 소리친 부분만 빼고 그 기도 시간은 기도하는 삶이 어떤 것인지를 보여 주는 창이다. 기도하는 삶은 존재이자 또한 행위다. 나는 하나님과 함께 있으면서 그분의 임재를 느낀다. 그분은 내 삶 속에 말씀하신다. 하지만 우리의 관계는 붕 떠 있지 않다. 나는 하나님을 경험하려고 애쓰는 것이 아니라 내 삶의 경험 속에 하나님을 모셔 들인다. 그분은 내 안에 계시고 나는 그분 안에 있다. 내 현실 생활과 현실적 필요들을 그분께 가져오면 그분이 놀라운 방식들로 활동하신다.

그분이 역사하여 내 삶을 만지시고, 내가 할 수 없는 일들을 해 주신다. 결과는? 감사다. 하나님이 그렇게까지 살아 계시면, 굳이 예배에 애쓸 필요가 없어진다.

그런데 그 기도 시간 바로 이면에 학습된 무력감이 숨어 있다. 절대로 나 스스로는 인생을 살아갈 수 없다. 하나님이 개입해 주지 않으시면 나는 완전히 무력하다. 나는 예수님이 필요하다.

얼마 전에 한밤중에 잠이 깼는데 좀 생뚱맞은 의문이 들었다. '기도하지 않고 어떻게 사람을 사랑할 수 있을까?' 누군가를 사랑하는데 그 사람을 위하여 기도할 수 없다면, 그것이 무엇인가 하는 생각이었다. 나에게는 수수께끼였다. 그것이 무엇일지 감이 잡히지 않았다. 기도해 주지 못하는 사랑은 마치 장갑 낀 손으로 매듭을 묶으려는 것처럼 맥 빠지고 답답하게 느껴진다. 나는 상대방에게 전혀 도움다운 도움을 주지 못하는 무력한 존재가 될 것이다. 인간은 너무나 복잡하고 또 세상은 너무나 악하다. 게다가 나 자신의 마음은 너무나 중심에서 벗어나 있어서 기도하지 않고는 넉넉히 사랑할 수 없다. 나는 예수님이 필요하다.

기도하면 일이 벌어진다

내가 기도하면 일이 벌어진다는 것은 아무리 강조해도 지나치지 않다. 에밀리의 태도가 극적으로 달라졌다. 현재 에밀리는 우리가 원하던 대학에 즐겁게 다니고 있다. 킴의 거처를 찾는 일에도 새로 확실한 길이 열렸다. 또 '세상에서 빛들로 나타내게' 해달라고 아내를 위하여 기도한 지 얼마 되지 않아 직장에서 누군가 아내에게 "당신 때문에 이곳 전체가 환해집니다"라고 말했다. 하나님은 내 사랑하는 사람들의 삶을 그분 자신의 시詩로 만지고 계신다.

하나님이 하시는 일은 이야기라는 친숙한 형태를 띤다. 에밀리로 인한 나의 기쁨은 10년 된 이야기의 절정이었다. 내가 기뻐할 수 있었던 것은 하나님이 짜고 계신 이야기를 잘 알고 있었기 때문이다.

듀플렉스를 찾던 우리에게 확실한 길을 열어 주신 데 대한 감사는 아직 이야기의 중반부였다. 확실한 길은 아내를 통해서 열렸다. 아내가 이런 말을 했다.

"주택 경기가 아주 나빠서 우선 우리 집부터 팔아야 돼요. 집값이 얼마나 될지 모르겠지만, 요즘 매물이 많은 상황이니까 우리한테 제법 유리하겠지요."

나는 이러다 집만 잃는 게 아닌가 싶었지만 아내의 말이 옳았다. 기도한 지 3개월 후에 우리는 집을 팔았다. 대지를 사서 새 집을 지을 작정이었는데지금 돌이켜보면 좋은 생각이 아니었다, 그전에 하루만 더 기다리며 기도하기로 했다. 그런데 이튿날 아침, 듀플렉스로 개조하기에 딱 좋은 집이 매물로 나왔다.

어떤 이야기들은 아직 시작도 하지 않았다. 킴이 왔다 갔다 하는 문제가 그런 경우다. 그때는 내 말로는 안 되겠다는 생각이 아직 들지 않았었다. 나는 말 상대를 하나님으로 바꾸어야 했다.

우리에게 기도하는 삶이 필요한 것은 그것이 의무라서가 아니다.

의무라면 금방 시들해질 것이다. 우리에게 날마다 아버지와 함께하는 시간이 필요한 것은 날마다 우리 마음과 주변 사람들의 마음에 잡초가 우거지기 때문이다. 우리는 삶을 돌아보며 내 영혼의 상태와 하나님이 내 보호에 맡기셨거나 삶에서 마주치게 하시는 영혼들의 상태를 하나님께 가져가야 한다. 타락한 세상에서 이런 일들은 저절로 되지 않는다.

끝나지 않은 이야기들

32

이 책에 말한 이야기들 속에서 우리는 우리 삶에 융단을 짜시는 하나님을 볼 수 있다. 내 경험상 우리가 주님 안에 거하면 대개 주님은 자신이 하고 계신 일을 우리에게 보여 주신다. 하지만 보여 주지 않으실 때도 있다. 욥이 가장 대표적인 예다. 욥은 자기가 고난당하는 이유를 몰랐다.

이번 장에서는 특히 어려운 부류의 이야기들을 살펴보고자 한다. 끝나지 않은 이야기들, 결말이 슬픈 이야기들, 비극처럼 보이는 이야기들이다. 우리가 살아가는 이야기는 비슷한 부분이 많다. 그중 대부분은 우리 이야기보다 크다. 우리가 죽을 때에도 끝나지 않은 이야기들도 있다. 하지만 하나님이 하나님임을 결코 잊어서는 안 된다. 결국 이것은 우리의 이야기가 아니라 그분의 이야기다.

때로 이야기의 참여자들은 결말을 보지 못한다. BC 586년에 바벨론에게 침공당한 후의 이스라엘 자손이 그런 경우였다.

이스라엘의 고통

이스라엘은 고통 중에 있었다.

"우리가 바벨론의 여러 강변 거기에 앉아서 시온을 기억하며 울었도다"시 137:1.

바벨론 사람들이 예루살렘 성을 함락시키고 성벽을 허물고 솔로몬 성전을 무너뜨렸다. 왕이 보는 데서 왕자들을 죽였고, 왕의 눈을 멀게 하여 사슬에 묶어 끌고 갔다. 나라의 미래인 다니엘과 그 친구들 같은 젊은이들은 내시가 되어 바벨론 왕을 섬겨야 했고, 자기들의 이름까지 바꿔야 했다. 이스라엘 왕국도 없어지고 왕도 없어지고 왕권도 없어졌다. 사실상 이스라엘은 더 이상 존재하지 않았다. 그래서 그들은 바벨론의 여러 강변에 앉아서 울었던 것이다.

포로 귀환도 별 도움이 되지 못했다. BC 520년, 함께 급조한 임시 성전의 봉헌식에서 노인들은 솔로몬이 지은 웅장한 건물이 생각나서 울었다. 선지자 학개는 스룹바벨에게 이렇게 말했다.

"너희 가운데에 남아 있는 자 중에서 이 성전의 이전 영광을 본 자가 누구냐 이제 이것이 너희에게 어떻게 보이느냐 이것이 너희 눈에 보잘것없지 아니하냐"학 2:3.

이스라엘의 유일한 희망이라고는 선지자의 몇 마디 말뿐이었다.

그 봉헌식에서 학개는 이렇게 예언했다.

> 조금 있으면 내가 하늘과 땅과 바다와 육지를 진동시킬 것이요 또한 모든 나라를 진동시킬 것이며 모든 나라의 보배가 이르리니 내가 이 성전에 영광이 충만하게 하리라 … 이 성전의 나중 영광이 이전 영광보다 크리라학 2:6~7, 9.

이 말을 들은 모든 사람들이 아무 일도 보지 못하고 죽었다. 사실 그들의 자식들과 손자들도 죽었다. 장장 550년 동안 아무 일도 없었다. 하나님은 임재하셨으나 침묵하셨다.

그럼에도 불구하고 이스라엘 자손은 희망을 잃지 않고 계속 기도했다. 누가복음의 첫 장면은 기도회 장면이다. 사가랴가 성전에 들어가 분향하는 동안 "모든 백성은 … 밖에서 기도"눅 1:10하고 있었다. 그래서 하나님은 어떻게 하셨던가? 하나님은 그들의 기도에 어떻게 응답하셨는가?

힘들지만, 하나님이 다 알고 계신다.

융단을 짜시는 하나님

하나님께 이스라엘의 영광을 회복시켜 달라고 기도하며 바벨론의 여러 강변에서 울던 시인들을 따라가 보자.

성전과 이스라엘의 회복을 위한 그들의 기도에 하나님이 응답하신 것을 보면 정말 놀랍기 그지없다. 이스라엘 나라는 어떻게 되었는가? 그분은 이방인들까지 하나님의 백성으로 편입된 새 이스라엘을 만드셨다. 성전은 어떤가? 그분은 자신의 외아들을 보내셔서 성전이 되게 하셨다. 끝나지 않은 이야기처럼 보이는 바벨론 유수를 통하여 하나님이 어떻게 그 아들의 오심과 교회의 탄생을 준비시키시는지 보라.

1. 하나님은 성전이 파괴되고 이스라엘 백성이 바벨론에 끌려간 일을 통하여 지역 교회의 전신인 회당 제도를 만드셨다. 성전 예배가 중단되지 않고 계속되었다면 초대 교회에 지역 회중의 모델이 없었을 것이다. 그들은 성전 없이 하나님을 예배하는 법을 이미 배웠다.
2. 구약 정경正經이 이 시기에 확립되었다. 고국을 떠나 사실상 영적 광야에 던져진 이스라엘 백성들은 두루마리를 붙들었다. 그래서 초대 교회에 구약성경이라는 개념이 있었고, 거기서 다시 신약성경이 만들어졌다.
3. 하나님은 다른 종교들과 혼합되어 있던 이스라엘을 정화시키셨다.
4. 흩어진 유대 민족은 바울과 그밖의 사람들이 복음을 쉽게 전할 수 있는 근거지가 되었다.
5. 이스라엘은 외면적 우상숭배에서 영원히 정화되었다. 유대 민족은 다시는 우상을 숭배하지 않았다. 일신교는 영원히 이스라엘의 중심축이 되었고, 그것이 기독교 사상과 서구 문명의 기초가 되었다.
6. 유대인들은 독실한 일신교 신자들이었기에 예수께서 하나님을 자

칭하셨을 때 분노했다. 예수님이 하나님의 유일한 아들로 자처하시자 대제사장은 옷을 찢고 그분을 십자가에 못 박도록 내 주었다.

하나님은 이스라엘의 고난을 통하여 어마어마한 융단을 짜고 계셨다. 바벨론 유수가 없었다면 이스라엘도 없고, 십자가도 없고, 기독교도 없고, 서구 문명도 없을 것이다. 학개의 말이 옳았다. 새 성전의 영광이 솔로몬 성전의 영광보다 컸다.

하지만 바벨론의 강변에서 울던 유대 시인은 이야기의 끝을 보지 못했다. 히브리서 11장에 나오는 모든 믿음의 영웅들처럼 그 또한 그의 평생에 이야기가 끝나지 않았다. 그러나 그는 믿음으로 살았다.

당신의 이야기가 아니다

4부에서 조앤은 "암에 걸린 그리스도인 지도자를 위하여 수많은 사람들이 기도하지만 그 사람은 죽는다"라는 말로 또 다른 종류의 끝나지 않은 이야기를 언급했다. 그동안 내가 깨달은 것이 있다. 이야기에서 멀리 있을수록 그만큼 하나님이 하고 계신 일을 덜 알게 된다는 사실이다. 하나님은 내 이야기에 대해서는 나를 도와주시지만 다른 사람의 이야기에 대해서는 아니다.

예수님은 부활하신 후에 갈릴리 해변을 걸으시며 베드로에게 언젠가 그가 예수님을 위하여 죽을 것이라고 말씀하신다. 그러자 베드로는 바로 뒤에 있던 요한을 돌아보며 요한은 어떻게 되겠느냐고 여쭙는다. 예수님은 베드로에게 "내가 올 때까지 그를 머물게 하고자 할지라도 네게 무슨 상관이냐 너는 나를 따르라!"요 21:22라고 하신다. 사실상 이렇게 말씀하신 셈이다.

"베드로야, 내가 네 이야기에 대해서는 너를 도와주겠지만 요한의 이야기에 대해서는 아니다. 사실, 요한의 이야기는 네가 상관할 바가 아니다."

예수님이 그렇게 딱 잘라 말씀하신 것은 베드로가 감히 하나님 입장에 서려 했기 때문이다.

하나님이 다른 사람의 삶 속에서 하고 계신 일이 나에게 보일 때가 있지만, 상대방에게 그것을 말해 주면 그 사람의 심령이 무너져 내릴 것이다. 하나님은 우리가 도저히 감당할 수 없기에 때로 이야기들에 대하여 침묵하시는 것 같다.

"하나님이 다 알고 계신다"

내 친구 하나가 슈퍼마켓에서 어떤 할머니와 그 딸이 하는 얘기를 우연히 들었다. 그 딸의 아들이 사흘 전에 살해당했는데 그 슬픔 가운데서 할머니가 딸에게 말했다.

"애야, 힘들지만 하나님이 다 알고 계신단다."

내 친구는 지금 너무 힘들지만, 하나님이 다 알고 계시고 어련히 알아서 하신다는 걸 자기도 안다고 말했다.

뉴스 해설자이자 백악관 대변인을 지낸 토니 스노는 수술 후에 깨어나 아직 마취 기운이 가시지도 않은 상태에서 충격적인 소식을 들었다. 자기 몸에 암이 있으며 어쩌면 불치일 수 있다는 말을 들은 것이다. 그는 그 순간의 심경을 솔직하게 고백했다. 일단 충격이 가라앉은 후에 토니의 본능적인 반응은 하나님이 '우주의 산타클로스'가 되어 자기를 고쳐 주시기를 바라며 그분께 매달리는 것이었다.

하지만 토니는 하나님이 신비롭게 암을 허락하고 계심을 알았다. 암을 통하여 자기를 그분께로 그리고 자기가 사랑하는 사람들에게로 더 가까이 이끄시며, 인생에 정말 중요한 것이 무엇인지 보여 주신다는 것을 알았다.

토니가 사망의 음침한 골짜기에서 처음 배운 것 중 하나는 기독교란 감상과 거리가 멀다는 것이었다. 사실 고난은 우리를 '무서운 경고조차 없는 세상으로' 끌어들인다. 운하처럼 잔잔하던 삶이 어느새 완전히 통제 불능이지만 모험으로 가득찬 5급 급류로 변해버린 것을 알게 된다. 토니가 배운 대로, "이런 시련을 통하여 하나님은 우리가 선택하게 하신다. 믿을 것인가, 믿지 않을 것인가? 담대히 사랑하고, 용감히 섬기고, 겸손히 복종하고, 당당히 내 한계를 인정할 것인가? 남아 있는 날들을 중요한 것들에 바칠 수 있기 위하여 중요하지 않은 것들에 미련을 버릴 수 있는가?"

함께 암으로 죽어가던 토니의 친구가 그에게 말했다.

"내가 병을 이기려고 하겠지만 혹시 이기지 못하거든 저편에서 만나세."[1)]

1년 후에 토니는 저편에서 친구를 만났다. 이스라엘 백성과 슈퍼마

켓의 그 젊은 엄마처럼 그도 이유를 몰랐다.

"힘들지만, 하나님이 다 알고 계신다."

주 예수여, 속히 오시옵소서

처음 킴을 강연 집회에 데리고 갔을 때 한 어린 소녀가 저녁식사를 거의 마친 우리에게 다가와 킴에게 물었다.

"왜 말을 안 하세요?"

킴은 식탁에 세워둔 말하는 컴퓨터 쪽으로 몸을 기울여 이렇게 입력했다.

"천국에 가면 난 아름다운 목소리를 갖게 될 거야."

그곳을 나서는 우리의 눈에 눈물이 고였다.

어떤 이야기들은 천국에 갈 때까지 완결되지 않는다. 킴 때문에 아내는 천국을 사모한다. 그런 갈망은 아내의 대화에까지 배어 있다.

아내는 "바깥 날씨가 참 아름답네요"라고 말하지 않는다. "예수님이 다시 오시기에 참 좋은 날이네요. 모두에게 잘 보일 테니까요"라고 말한다.

끝나지 않은 하나님의 이야기들 속에 살다 보면 그것이 우리를 하나님의 종막終幕인 예수님의 재림으로 끌어들인다. 그분의 재림을 기다리면서 우리는 말세의 풍조를 쉽게 예측할 수 있다. 요한계시록을 보면 교회는 고난과 죽임을 당하고 창조 세계 자체는 풀어진다. 고난을 통하여 하나님은 결국 교회를 아름답게 하시고 자신의 영광을 보이실 것이다. 우리는 광야에서 그분의 영광을 본다.

말세에 그리스도의 신부는 아름답고 순결해진 모습으로 신랑을 기다릴 것이다. 주 예수여, 속히 오시옵소서.

감사의 말

우리 가족들의 이야기가 없었다면 이 책은 빈 껍데기가 되었을 것이다. 가족들이 기꺼이 자신들의 이야기를 나누어 준 덕에 기도가 실제적이고 구체적이 되었다. 삶의 일부분을 열어 보인 아내 질과 킴과 에밀리에게 특히 감사한다.

좋은 책은 여럿이 함께 만든다. 저자는 책에 너무 빠져 있기 때문에 바른 시각을 얻으려면 좋은 친구들의 솔직한 평이 필요하다. 특히 밥 앨럼스, 지나 코브, 보이드 클라크, 패트리샤 클라크, 줄리 코트니, 린디 데이비슨, 캐시 마틴, 에밀리 밀러, 질 밀러, 코트니 스니드, 데이비드 폴리슨, 글렌 어쿼트, 데이비드 라이스, 애니 월드 같은 친구들이 시간을 내서 원고를 읽고 평해 주었다.

리지 헤이니의 세심한 편집에 깊이 감사한다. 우리가 함께 만든 두 번째 책이다. 그녀는 편집만 한 것이 아니라 이 책의 친구로서 모든 부분을 심사숙고하여 전체적으로 잘 맞아들게 해 주었다.

캐럴 스미스는 내가 휘갈겨 놓은 그림들을 이 책에 실린 모든 도표로 바꾸어내는 힘든 작업을 해 주었다. 키스 올브리튼, 리네트 헐, 제프 오웬, 마이클 시몬, 팀 스트로브리지, 더그 윌리스, 저스틴 윌슨 등 seeJesus 이사회는 계속 지혜와 후원과 격려로 나를 축복해 준다.

이 책을 향한 돈 심슨의 열정과 또한 NavPress 전 직원의 열정이 있었기에 책의 출판이 가능했다.

주

01 기도가 무슨 소용이에요?

1. C. S. Lewis, *The Screwtape Letter* (New York: HarperCollins, 2001), p. 171(「스크루테이프의 편지」, 홍성사).

02 일상기도는 축제다

1. '라자냐' 라고 말하려면 먼저 '사과' 아이콘을 눌러 음식군들이 나오게 한다. 다음에 '트럭' 아이콘을 선택하면 이탈리아 음식으로 좁혀진다. 세 번째 선택하는 아이콘은 '무지개' 다. 층층의 무지개는 층층의 라자냐와 비슷하다. 세 번째 아이콘을 누르면 컴퓨터가 '라자냐' 라고 말한다.
2. Anthony Bloom, *Beginning to Pray* (New York: Paulist Press, 1970), p. 66. (「기도의 체험」, 가톨릭출판사)

03 어린 아이처럼 기도하라

1. 프랑스의 계몽주의 사상가 루소는 아이들이 태어날 때는 선하지만 사람들이 아이들을 더럽힌다고 가르쳤다. 그래서인지 루소는 자신의 다섯 자녀를 모두 고아원에 버렸다. Leo Damrosch, *Jean-Jacques Rousseau: Restless Genius* (New York: Houghton Mifflin, 2005), p. 202.

05 아버지와 함께 시간을 보내라

1. R. Scott Rodin, *Stewards in the Kingdom* (Downers Grove, IL: InterVarsity, 2000), p. 99.
2. 예수님은 동시에 온전히 하나님이시다. 하지만 이 땅에 사시는 동안에는 그분의 신성이 가려져 있었다. 빌립보서 2장 7절의 "자기를 비워" (εκενωσεν, 에케노센)라는 바울의 말이 무슨 뜻인지를 두고 신학자들 사이에 논쟁이 있다. 예수님의 신성이 어떻게, 어느 정도까지 가려졌는지 우리는 모른다. 그것은 신비다. 그분의 신성이 가려지지 않은 상태를

변화산에서 살짝 엿볼 수 있다.

3. Marjorie J. Thompson의 서문, Martin Luther, *A Simple Way to Pray* (London: Westminster John Knox Press, 2000), p. 11.

06 무력해지기를 배우라

1. Ole Hallesby, *Prayer* (Minneapolis: Augsburg, 1994), pp. 18~28. (「기도」, 생명의 말씀사)
2. 다음 책에 인용되어 있다. Mark E. Thibodeaux, *S. J., Armchair Mystic* (Cincinnati, OH: St. Anthony Messager, 2001), ix.
3. John of Landsburg, *A Letter from Jesus Christ* (New York: Crossroad, 1981), pp. 58~59.

07 끊임없이 아바를 부르라

1. St. Augustine, *Confessions* (New York: Oxford University Press, 1998), p. 3. (「참회록」, 생명의 말씀사)
2. *The Philokalia: The Complete Text*, 제4권, St. Nikodimos & St. Makarios 편찬, G. E. H. Palmer, Philip Sherrard, & Kallistos Ware 번역 및 편집 (London: Faber and Faber, 1999), p. 206. (「필로칼리아」, 은성)

08 마음을 아버지께로 향하라

1. David Powlison, " 'Peace Be Still' : Learning Psalm 131 by Heart," *The Journal of Biblical Counseling 18*, no. 3 (2000년 봄): 2.
2. 시편 131장 2절의 히브리어 전치사를 보면 '어머니와 함께 있는 아이' 가 아니라 '어머니 품에 안긴 아이' 다.
3. Archibald A. Hodge, *The Life of Charles Hodge* (Manchester, NH: Ayer, 1979), p. 13.

09 냉소란 무엇인가?

1. R. R. Reno, "Postmodern Irony and Petronian Humanism," *Mars Hill Audio Resource Essay*, 제67권 (2004년 3~4월): 7.
2. 다음 기사에 인용된 말. Joseph Contreras, "Island of Failed Promises," *Time* (2008년 3월 3일): 31.

10 냉소를 버리고 예수님을 따르라

1. Alan Jacobs, *The Narnian: The Life and Imagination of C. S. Lewis* (San Francisco: HarperSanFrancisco, 2005), xxv.
2. C. S. Lewis, *The Abolition of Man* (New York: Macmillan, 1978), p. 81. (「인간 폐지」, 홍성사)
3. Jacobs, p. 158.

12 구하기가 왜 그렇게 어려운가?

1. N. T. Wright, *The Crown and the Fire* (Grand Rapids, MI: Eerdmans, 1992), p. 42.
2. 서구 문화 이외의 한 예로, 일본 천황은 신사에서 2차대전 중에 죽은 일본 장병들의 혼령에게 공적으로 기도한다.
3. Nancy Pearcey, *Total Truth* (Chicago: Crossway, 2004), pp. 101~106(「완전한 진리」, 복있는 사람)
4. Pearcey, p. 106.
5. C. S. Lewis, *Surprised by Joy* (New York: Harcourt, 1955), p. 170. (「예기치 못한 기쁨」, 홍성사)
6. Walter Hooper, *C. S. Lewis: A Complete Guide to His Life & Works* (New York: HarperOne, 1998), p. 583.
7. 대체로 요하네스 케플러의 말로 알려져 있으나 출처 미상이다.
8. "Interview with Peter Jennings," Beliefnet.com, http://www.beliefnet.com/Faiths/2000/06/Interview-With-Peter-Jennings.aspx.
9. Charles Malik, *The Wonder of Being* (Waco, TX: Word, 1974), p. 94.
10. Robertson McQuilkin, "Muriel' s Blessing," *Christianity Today* (1996년 2월 5일): 33.
11. Dana Tierney, "Coveting Luke' s Faith," *The New York Times Magazine* (2004년 1월 11일).
12. Malik, p. 69.
13. Albert Einstein, "Einstein to Phyllis Wright," 1936년 1월 24일, AEA pp. 52~337. 다음 책에 인용되어 있다. Walter Isaacson, *Einstein: His Life and Universe* (New York: Simon & Schuster, 2007), p. 551. (「아인슈타인: 삶과 우주」, 까치)

13 절박함을 배우라

1. Albert Einstein, "Einstein to Phyllis Wright," 1936년 1월 24일, AEA pp. 52~337. 다음 책에 인

용되어 있다. Walter Isaacson, *Einstein: His Life and Universe* (New York: Simon & Schuster, 2007), p. 388.

2. Isaacson, p. 389.
3. Albert Einstein, "Einstein to Herbert S. Goldstein," 1929년 4월 25일, AEA pp. 33~272. 다음 책에 인용되어 있다. Walter Isaacson, *Einstein: His Life and Universe* (New York: Simon & Schuster, 2007), p. 551.

14 하나님은 얼마나 인격적이신가?

1. John Westeroff, *Spiritual Life: The Foundation for Preaching and Teaching* (Louisville: KY: Westminster John Knox, 1994), 63.
2. 다음 책에 인용된 말이다. Donald G. Bloesch, *The Struggle of Prayer* (Colorado Springs, CO: Helmers & Howard, 1988), 75. 또 하나 가능한 버전은 이것이다. "값없이 하나님을 사랑해야 한다. 다른 선물을 구해서는 안 된다. 하나님께 다른 선물을 구하는 사람은 자기가 원하는 그것을 하나님보다 더 귀한 선물로 만드는 것이다. 하나님의 선물은 그분 자신이다" (Augustine, Enarr, in Psalm 72, 32; P. L. 36, 923).
3. James Houston, *The Transforming Power of Prayer* (Colorado Springs, CO: NavPress, 1996), p. 27, 37.
4. Bowen Matthew의 말로 다음 기사에 인용되어 있다. C. Jack Orr, "A First-Time Visit to an Old-Time Place," *DreamSeeker Magazine 2*, no. 4 (2002년 가을): 9.
5. Reinhold Niebuhr, *Human Nature* (New York: Scribner, 1964), p. 201.
6. *The Village*, DVD, M. Night Shyamalan 감독 (Burbank, CA: Touchstone Pictures/Buena Vista Home Entertainment, 2004).
7. Philip Lawler, "A Life of Purity," *The Wall Street Journal* (1997년 9월 8일 월요일): A18.

15 기도에 관한 놀라운 약속

1. Dr. Bob Burrelli, "Questions & Answers," *The Songtime Newsletter*, 1998년 11월, http://www.songtime.com/news
2. Vern Poythress, "Keep on Praying," *Decision* (1998년 10월): 33.
3. Thomas Merton, *No Man Is an Island* (New York: Shambhala, 2005), p. 124.

16 모든 필요를 시시콜콜 구하라_ 일용할 양식을 주시옵고

1. 이에 대한 더 면밀한 논의는 다음 책에 나오는 J. D. G. Dunn, "Prayer" 부분을 참조하라. *Dictionary of Jesus and the Gospels*, Joel Green, Scot McKnight, & I. Howard Marshall 편집 (Chicago: InterVarsity, 1992), p. 622.
2. 다음 기사에 인용된 말이다. George Viereck, "What Life Means to Einstein," *The Saturday Evening Post* (1929년 10월 26일): p. 117.

20 아버지의 사랑

1. Ravi Zacharias, "전국 기도의 날 연설," 2008년 5월 1일.
2. David Powlison, *The Journal of Biblical Counseling 12*, no. 1 (1993년 가을): pp. 2~6.

21 기도 응답이 없을 때

1. 여기 '따르다' 라는 말이 히브리 원어로는 '뒤쫓다' 이다.
2. '장래의 은혜' 는 존 파이퍼(John Piper)의 표현이다.
3. Corrie ten Boom, *In My Father' s House* (Grand Rapids, MI: Revell, 2000), p. 79. (「나의 아버지 집에서」, 바울서신사)

22 일상 속의 하나님 자리

1. 베드로복음(Gospel of Peter) 10:2~3.

23 이야기가 빠진 기도

1. Philip Yancey, *Prayer: Does It Make Any Difference?* (Grand Rapids, MI: Zondervan, 2006), pp. 64-65. (「기도-하나님께 가는 가장 쉽고도 가장 어려운 길」, 청림출판사)

24 이야기의 결말은 희망

1. 이 은유는 다음 책에서 얻은 것이다. Frederick Buechner, *Telling the Truth: The Gospel as Tragedy, Comedy, and Fairy Tale* (New York: HarperCollins, 1977).
2. 다음 책에 인용된 말이다. Alan Jacobs, *The Narnian: The Life and Imagination of C. S. Lewis* (San Francisco: HarperSanFrancisco, 2005), xxv.
3. Jacobs, xxiii.

25 복음의 이야기 속에 살아가라

1. 다음 기사에 실렸던 이야기다. "Loving Kim," *Discipleship Journal*, 131호 (2002년 9~10월).
2. Yann Martel, *The Life of Pi* (New York: Harcourt, 2001), p. 53. (「파이 이야기」, 작가정신)
3. C. S. Lewis, *Voyage of the Dawn Treader* (New York: Macmillian, 1967), p. 89. (「새벽 출정호의 항해」, 시공사)
4. Carl Sandburg, *Abraham Lincoln: The Prairie Years and the War Years* (One Volume Edition) (New York: Harcourt, 1954), p. 664.
5. Sandburg, p. 665.

26 기도 도구들을 활용하라

1. James D. G. Dunn, *The Epistles to the Colossians and to Philemon* (Grand Rapids, MI: Eerdmans, 1996), p. 316.

27 기도 카드_ 이야기 기록하기

1. Geraldine Taylor, *Behind the Ranges* (Chicago: Moody, 1964), pp. 140~158. *Mountain Rain* 이라는 제목으로 재출간되었다.

30 기도 일기 쓰기

1. St. Augustine, *Confessions*, Book VIII, Section 12.29, http://ccat.sas.upenn.edu/jod/augustine/Pusey/book08.
2. Peter J. Leithart가 Edward Said, "Bunyan, Defoe, and the Novel," 2005년 11월 5일, http://www.leithart.com/archives/print/001586.php.을 요약한 것이다.
3. St. Augustine, *The Confessions of St. Augustine* (Grand Rapids, MI: Revell, 2008), p. 11.

32 끝나지 않은 이야기들

1. Tony Snow, "Cancer' s Unexpected Blessings," *Christianity Today 51*, no. 7 (2007년 7월). http://www.christianitytoday.com/ct/2007/july/25.30.html.

삶이 춤추는 일상기도

삶과 기도 사이의 경계를 허물고 일상이 기도가 되고
기도가 일상이 되는 자리로 초대합니다.